사회복지현장실습과 세미나

길귀숙

SOCIAL WORK PRACTICUM and SEMINAR

YANGSEOWON
양서원

머리말

사회복지현장실습은 사회복지학을 전공하여 공부하는 학생들이 사회복지사 자격을 갖추기 위하여 반드시 진행하고 이수하여야 하는 중요한 경험의 과정이다. 사회복지현장실습은 사회복지사 자격 취득을 위한 필수 교과목으로 학생들이 이수하는 사회복지 과목들의 총집합체로 사회복지 현장에서 경험되어지는 실제적 접근인 것이다. 사회복지 현장에 대한 확실한 접근과 경험으로 학생들이 사회복지현장실습을 통하여 사회복지사의 길을 가겠다고 결단하기도 하며, 사회복지사로서의 정체성이 확립되기도 한다. 예비 사회복지사로서 학교 강의실에서 배운 사회복지실천의 가치 및 윤리, 지식, 그리고 사회복지실천과정 및 기술 등을 사회복지실천 현장에 실제로 적용하는 기회로 제공되는 현장실습을 통해 자기인식을 하면서 학생들은 전문직으로서의 사명감과 필요한 실천능력을 학습하고 훈련받는 중요한 의미가 '사회복지현장실습'에 있다.

시대의 흐름에 따라 사회복지 현장도 함께 변화하고 있다. 최근 우리 사회도 팬데믹의 영향과 4차 산업혁명시대의 도래 등에 따른 사회복지 대상자들의 욕구와 상황의 많은 어려움과 다양한 변화를 겪고 있다. 이러한 급격한 변화에 따라 사회복지사가 근무하는 다양한 사회복지실천 현장의 변화도 부각되고 있다. 이에 따라 사람을 대하는 사회복지의 직무 특성으로 사회복지현장실습의 중요성이 더 강조되면서 사회복지현장실습 기준이 강화되었다. 2020년부터 「사회복지사업법 시행규칙」 일부 개정으로 기관실습 시간은 160시간 이상, 실습세미나 수업은 30시간 이상으로 운영되고 있다. 실습기관은 사회복지사업을 수행하는 기관, 법인, 시설 또는 단체이어야 하며, 자격요건을 갖춘 실습지도자는 2명 이상 근무하고 있어야 한다. 또한 사전에 한국사회복지사협회에 실습기관으로 선정이 된 기관에서만 실습이 가능하게 되었다. 학생들이 예비 사회복지사로서 훈련받을 수 있는 사회복지현장실습 체계가 강화되는 만큼 학생들도 사회복지현장실습을 철저히 준비하는 과정이 요구된다.

이 책 「사회복지현장실습과 세미나」는 다양한 사회 변화에 맞는 사회복지 환경과 교육 환경을 고려하여 '사회복지현장실습'을 이수하는 중에 예비 사회복지사로서의 자기인식과 정체성을 갖춰 나가도록 사회복지학 전공 학생들이 사회복지현장실습에 대한 기본적인 이해를 하면서 다양한 클라이언트의 특성을 이해하고, 클라이언트들을 체계적으로 지원하는 사회복지 기관 및 시설들의 기능과 역할을 이해하여 사회복지실천 지식과 기술을 어떻게 적용하는가를 이해할 수 있기를 바라는 마음으로 본 교재 내용을 구성하고 집필하였다.

PREFACE

이 책은 총 13장으로 구성되어 있다.

사회복지현장실습에 대한 전반적인 내용을 개관하면서 제1장은 사회복지현장실습의 이해, 제2장은 사회복지현장실습의 진행, 제3장은 실습 준비 단계 및 초기 단계, 제4장은 실습 중간 단계 및 종결 단계, 제5장은 사회복지현장실습 분야를 살펴보았다. 사회복지현장실습의 실제에 대한 내용으로 사회복지실천 지식과 기술을 설명하면서 제6장은 사회복지실천 현장에서의 윤리, 제7장은 실습생이 부딪히는 문제들과 대처 방법, 제8장은 개입기술 및 관계형성기술, 제9장은 면접기술 및 면접기록, 제10장은 사회복지현장실습 슈퍼비전을 기술하였다. 사회복지현장실습 기록에 대한 내용을 설명하면서 제11장은 사회복지현장실습 보고서 작성 방법, 제12장은 사회복지 프로그램 프로포절 작성 방법, 제13장은 사례관리 과정 기록을 기술하였다.

오랫동안 사회복지실천 현장에서의 실습지도자 경험과 대학교 사회복지학과 전임교수로 '사회복지현장실습' 강의를 담당하면서 사회복지현장실습을 준비하고 진행하는 단계에서 많은 학생들이 겪는 두려움, 걱정, 어려움 등을 지켜보면서 도움을 되는 내용을 이 책에 담고자 노력하였다. 사회복지현장실습을 준비하는 단계와 사회복지 현장에서 실습을 진행하는 단계뿐만 아니라 현장실습 세미나를 논의하는 단계에서 학생들이 사회복지현장실습을 주체적으로 경험하며 훌륭한 사회복지사로 성장하는 데 이 책이 조금이나마 도움이 되기를 바란다.

이 책의 미흡한 부분과 한계점 등에 대해서는 아낌없는 조언을 바라며, 최선을 다해 수정 · 보완해 나갈 것을 약속드린다. 끝으로 이 책을 출판하는 데 지원해 주시고 수고해 주신 양서원 가족 여러분께 진심으로 감사드린다.

2022년 11월

길 귀 숙

차 례

CONTENTS

제 3 장

실습 준비 단계 및 초기 단계

제 4 장

실습 중간 단계 및 종결 단계

제 5 장

사회복지현장실습 분야

제 6 장

사회복지실천 현장에서의 윤리

제 7 장

실습생이 부딪히는 문제들과 대처 방법

제 8 장

개입기술 및 관계형성기술

제 11 장

사회복지현장실습 보고서 작성 방법

제 12 장

사회복지 프로그램 프로포절 작성 방법

제 13 장

사례관리 과정 기록

제 1 장

사회복지현장실습의 이해

| Ⅰ. 사회복지현장실습 교육의 개념 |

| Ⅱ. 사회복지현장실습의 기준 |

Social Work Practicum and Seminar

I 사회복지현장실습 교육의 개념

1. 사회복지현장실습 교육의 목적

1) 사회복지현장실습의 방향

사회복지현장실습은 실천학문으로서 사회복지학의 역사와 함께 하는 필수적인 교육과정이며, 대학에서 제공하는 교과과정이면서도 사회복지실천 현장에서 이루어지는 것을 기본으로 하고 있다. 이러한 특성으로 인해 학계와 현장이 함께 책임을 져야 하는 특수한 교과목인 것이다(한국사회복지사협회, 2017).

사회복지교육의 본질적 핵심은 전문적으로 사회복지를 실천할 수 있도록 훈련하는 것으로 이는 학교의 교육과 이를 실천해 볼 수 있는 사회복지현장실습 경험을 통해 달성할 수 있다(오수경 외, 2012). 따라서 사회복지현장실습 슈퍼비전은 실습지도자가 실습생이 하는 일에 대해 책임을 지고 지켜보며 가르치는 일로 일에 대한 감시나 감독이 아니라 교육・훈련・지도・지원하는 교육 및 지도의 형태여야 하며, 전문가로서 성장을 할 수 있도록 교육하는 형태여야 한다(양옥경 외, 2017).

사회복지현장실습은 사회복지사 자격 취득을 위한 필수교과목(사회복지사업법 시행규칙 별표 1)으로 사회복지현장실습에 관한 기준을 준수하여야 한다.

2) 사회복지현장실습의 목적

사회복지현장실습의 목적은 학교에서 학습한 사회복지실천의 가치 및 윤리, 지식 그리고 사회복지실천과정 및 기술을 사회복지실천 현장에 실제로 적용하는 현장실습을 통해 전문직의 사명감과 실천능력을 겸비한 사회복지사로 양성하고자 교육・훈련하는 사회복지교육의 핵심과정이다(한국사회복지사협회, 2017).

사회복지현장실습 시 다음의 구체적인 목적하에 실습지도를 수행해야 한다.

① 실천 현장의 문제해결 및 서비스 제공 과정에서의 사회복지 가치 및 윤리강령의 내용, 지식 및 기술을 적용할 수 있는 능력을 향상한다.

② 클라이언트 체계의 문제 확인, 정보수집, 사정, 개입계획 및 개입수행, 평가과정을

통해 문제해결에 대한 적합한 지식과 기술을 습득한다.

③ 지역사회 내 위험집단 및 표적집단의 특성, 강점, 자원에 대한 지식을 활용할 수 있는 능력을 배양한다.

④ 사회복지시설, 기관 및 조직의 사명, 정책 및 행정에 대하여 이해한다.

⑤ 실천 현장에서 국가 및 지역(지방자치단체)의 사회복지정책 및 전달체계를 분석하고 실천에 적용한다.

⑥ 사회복지사로서의 자아인식을 증진시키고 전문직 정체감을 형성한다.

⑦ 클라이언트 체계(개인, 가족, 집단, 지역사회)를 대상으로 실천가로서 전문기술과 능력을 개발한다(한국사회복지사협회, 2017).

2. 사회복지현장실습 교육의 목표

사회복지현장실습 교육의 주요 목표는 사회복지실천의 가치와 지식 그리고 전문적인 기술을 갖춘 사회복지사를 양성하는 것이다(이경아 외, 2011).

1) 지식의 습득

① 인간과 환경 간의 공식, 비공식 체계 간의 상호관련성을 이해한다.

② 생태학적 관점(ecological perspective)에서 클라이언트를 보다 포괄적이고 실제적으로 이해한다.

- 클라이언트 체계와 다양한 변수들(즉, 생물 · 심리 · 사회적 특성 · 문화 차이 등)과의 상호관련성을 이해한다.
- 클라이언트 체계에 영향을 미치는 요소들에 대해 이해한다. 빈곤, 차별, 연령, 생활방식, 장애, 성(性) 등을 포함할 수 있다.
- 생태학적 체계의 영향, 기존 전달체계의 기능들, 보다 효과적인 원조를 위해 클라이언트 체계와 전달체계를 어떻게 변화 · 개선할 수 있을지에 대해 이해한다.

③ 이러한 체계에 효과적으로 개입할 수 있는 직접적인 실천 방법에 대해 이해한다.

④ 원조과정의 기본적 원칙을 이해한다.

⑤ 사회복지실천을 평가하는 방법을 이해한다. 즉, 실천 분야에서 활용하는 개입 방법과 결과에 대해 평가하는 방법을 이해한다.

⑥ 생태체계 관점에서 사회복지사의 역할, 지역사회 내에서의 사회복지기관과의 관계를 이해한다.
⑦ 다양한 사회복지실천 분야에 대한 사회복지 정책 · 행정과의 관계, 역동성을 이해한다.
⑧ 전문사회복지사로서의 철학, 가치, 윤리와 실습생 자신의 개인적인 가치와의 관계를 이해한다.
⑨ 인접 학문에 대한 이해와 상호관련성에 대해 이해한다. 이는 학교에서 배운 이론과 실천기술들을 통합하는 데 요구된다.

2) 전문적인 기술의 개발

① 생태체계 관점에서 클라이언트의 욕구와 상황을 사정할 수 있어야 한다.
② 획득한 정보와 자료를 조직화하고, 환경요인의 영향을 평가하고, 문제 상황과 관련된 사회정책 및 프로그램들을 평가하는 기술을 개발한다.
③ 클라이언트가 자신의 욕구와 상황을 인식할 수 있도록 돕는다.
④ 클라이언트의 능력과 동기 등을 포함한 강점사정을 한다.
⑤ 클라이언트를 지원하기 위해 현실적인 개입목표와 실천 방법을 설정할 수 있도록 한다.
⑥ 클라이언트의 욕구충족을 위하여 타 전문직과 기관의 서비스를 활용할 수 있다.
⑦ 실천과정에서 요구되는 다양한 의사소통 기법들을 활용할 수 있도록 한다.
⑧ 지역사회에서 이용 가능한 자원들을 개발하고, 클라이언트의 욕구와 능력에 따라 이들 자원과 연결할 수 있는 연결자, 중재자로서의 기술을 습득해야 한다. 또한 필요시 클라이언트를 공식, 비공식으로 타 기관에 의뢰할 수 있어야 한다.
⑨ 종결과정에 포함되는 사회복지사, 클라이언트, 기관의 과업과 역할을 실행할 수 있어야 한다.
⑩ 업무량을 적절히 관리하고, 서비스 관련 기록(전문적인 기록)을 유지 · 보관하며, 전문적인 의견이 반영된 보고서를 작성, 다른 전문직들과 협조하는 기술을 갖추어야 한다.
⑪ 기관조직 내에서 적절한 역할을 수행하고, 기관 내 서비스의 장단점을 분석하여 서비스 개선방안을 제시할 수 있다.
⑫ 거시적인 관점에서 정부의 정책과 제도 등을 분석, 평가하는 기술을 갖추어야 한다.
⑬ 클라이언트를 존중하며 효과적으로 서비스를 제공하는 기술을 개발한다.
⑭ 잠재적 클라이언트 체계에 전문적으로 접근할 수 있는 방안을 개발한다.

⑮ 예비 사회복지사로서 자신의 강점과 약점, 한계에 대하여 평가할 수 있어야 한다.

3) 전문인으로서 태도의 개발

① 클라이언트의 최상의 이익(best interest)을 목적으로 실천한다.
② 클라이언트에 대한 실습생 자신의 감정과 태도를 인식하고 전문직으로서 책임성 있는 태도를 기른다.
③ 거시적 관점에서 사회 내에 발생하는 쟁점과 문제들을 평가할 수 있는 태도를 기른다.
④ 사회복지실천의 성과를 과학적으로 평가하는 것의 중요성을 인식한다.
⑤ 기관 내 슈퍼바이저와 실무자, 그리고 타 실습생들의 제안을 경청하고 이에 적절히 반응하여 실습업무를 책임감 있게 수행한다.
⑥ 끊임없이 학습하는 노력이 필요하다. 이를 통해 전문가로서 성장할 수 있다.
⑦ 실습생으로서 업무를 수행함에 있어 사회복지 전문직의 가치와 윤리를 준수한다.

3. 사회복지현장실습의 주요 내용

1) 사회복지기관에 대한 이해

사회복지기관의 구조 및 운영에 대해 이해하고, 실습을 통하여 기관이 제공하는 복지서비스에 대해서 이해하게 된다.

2) 지역사회에 대한 이해

실습기관이 위치해 있는 지역사회에 대한 이해를 바탕으로 지역사회 문제를 규명하고 이를 해결하는 데 활용 가능한 지역자원체계를 파악하여 활용한다.

3) 사회복지실천과정의 적용

사회복지실천에서 사회복지사는 클라이언트 체계(개인, 가족, 집단, 조직, 지역사회 등)에 직접적인 서비스를 제공하게 되는데, 실습을 통해 문제를 확인하고, 이와 관련된 정보를 수집하고 분석할 수 있으며, 개입계획을 수립·실천하고, 개입노력을 평가하는 사회복지실천과정을 경험한다.

4) 사회복지사로서의 전문적 가치관과 의식 함양

실습생의 실습과정 기록을 토대로 기관의 실습지도자와 학교의 실습지도교수가 제공하는 현장학습지도를 받으면서, 사회복지사로서 전문적 가치관과 역할, 지식, 기술, 자아인식과 복지 마인드를 가지게 된다. 또한 기관 내 다른 직원 및 타 학교 실습생과의 유대관계를 통하여 인적 · 사회적 자원을 연계할 수 있다(오혜경 외, 2010).

Ⅱ 사회복지현장실습의 기준

1. 사회복지현장실습 기관의 기준

□ 법적 기준: 「사회복지사업법 시행규칙」

2020년 1월 1일부터 보건복지부장관이 선정한 기관, 법인, 시설 또는 단체에서 기관실습을 받도록 「사회복지사업법 시행규칙」이 개정되었다.

① 「사회복지사업법」 제2조 제1호에 따른 사회복지사업과 관련된 법인 · 시설, 기관 및 단체
② 「사회복지사업법」에 따른 사회복지법인 · 사회복지시설
③ 사회복지사업과 관련된 기관 및 단체
- 사단법인 · 재단법인: 관청의 허가를 받은 단체로 사회복지사업을 목적으로 하는 비영리단체

* '사회복지사업'이란 「사회복지사업법」에 명시된 '정의'를 말한다.

④ 공공기관: 지방자치단체, 자원봉사센터 등
⑤ 사회복지서비스를 제공하는 병원, 상담소, 학교, 교정기관, 조사연구기관, 시민사회단체 등

* 관할관청의 인 · 허가를 받은 상태 또는 신고된 상태여야 한다. 설치 뒤 1년이 지나지 않은 경우 등록 불가, 심사 시 정관, 실습계획서 등 추가 서류를 요청할 수 있다.

※ 실습기관은 반드시 법적 기준에 따른 기관실습 지도자가 2명 이상 상근하고 있어야 한다.

표 1-1 실습지 선택 센스

센스 1	실습지 선택하는 방법은 ① 관심 있는 기관, ② 관심 있는 실습 내용을 고려하여 선택하는 것이 바람직하며, 최소한 ① 자격 있는 슈퍼바이저가 선임되어 있으며, ② 체계적인 실습과정이 수립되어 있는 기관을 선택하는 것이 중요하다.
센스 2	실습기관에 대한 법적인 근거나 관련 규정 등을 사전에 입수 또는 확인한다면 더욱 센스 있는 실습생이 될 수 있으며 전문실습생으로 거듭나게 될 것이다.

※ 실습기관 선정 시 참고사항: 한국사회복지사협회 홈페이지(http://www.welfare.net) → 취업정보 → 현장실습 → 실습기관정보

2. 사회복지현장실습 기관 실습지도자의 기준

1) 법적 기준: 「사회복지사업법 시행규칙」 제3조

사회복지사 1급 자격증 취득 후 3년 이상 사회복지사업 실무경험자 또는 사회복지사 2급 자격증 취득 후 5년 이상 사회복지사업 실무경험자

예시) 현재 [기준 1]에 해당되지 않으나, 이미 [기준 2]에 해당되면 실습지도가 가능하다.

2) 실습지도자 기준

① 아래의 기준 중 어느 하나의 기준을 만족하면 실습지도자 인정이 가능하다.

- [예시 1] 사회복지사 1급 자격증을 교부 받은 후 3년 이상 사회복지 실무경험이 있는 경우 인정 가능
- [예시 2] 사회복지사 2급 자격증을 교부 받은 후 5년 이상 사회복지 실무경험이 있는 경우 인정 가능
- [예시 3] 사회복지사 2급 자격증을 교부 받은 후 4년의 사회복지 실무경험이 있고, 1급으로 승급 후 사회복지 실무경력이 1년 이상인 경우(최초 자격증을 취득한 2급 발급일로부터 5년 이상 실무경험이 있으므로 인정 가능)
- [예시 4] 사회복지사 2급 자격증을 교부 받은 후 6년의 사회복지 실무경험이 있고,

1급으로 승급 후 사회복지 실무경력이 6개월인 경우(최초의 자격증을 취득한 2급 발급일로부터 5년 이상 실무경험이 있으므로 인정 가능)

② 「사회복지사업법」 제2조에 따른 사회복지 관련 법령에 의해 신고된 법인, 시설, 기관 및 단체에서 사회복지사로 상근한 경력(사회복지사 자격증 발급일로부터의 경력만 인정)

- 시설신고증, 경력 · 재직증명서, 업무분장표, 정관 등을 통해 심사한다.
- 실습지도자의 경우 상근직으로 근무해야 하며, 직위가 대표일 경우 상근임을 증명해야 한다.

3) 실습지도자 윤리

① 실습지도자는 개인적인 이익 추구를 위해 자신의 지위를 이용해서는 안 된다.

② 실습지도자는 전문적 기준에 의해 공정하게 책임을 수행하며, 실습생에 대한 평가는 실습생과 공유해야 한다.

③ 실습지도자는 실습생에 대해 인격적 · 성적으로 수치심을 주는 행위를 해서는 안 된다.

④ 실습지도자는 보다 내실 있고, 전문적인 실습지도를 위해 한국사회복지사협회 등 관련 단체에서 진행하는 실습지도자를 위한 교육을 통해 실습지도자로서의 전문지식과 기술, 능력을 향상시킬 수 있도록 노력해야 한다(보건복지부 · 한국사회복지사협회, 2021).

4) 실습지도자 실습지도 기준

한국사회복지사협회는 「사회복지사업법」 제46조에 의거한 법정 단체로, 보건복지부장관으로부터 사회복지사 자격증 교부 및 보수교육 관리 · 운영을 위탁받아 시행하고 있으며, 특히 사회복지사의 처우개선과 복지증진을 위한 다양한 사업을 수행하고 있다.

한국사회복지사협회는 「기관실습 실시기관 선정 및 선정 취소 등 사회복지현장실습 운영에 관한 고시」 제2조에 의거, 보건복지부장관으로부터 사회복지현장실습 기관 운영에 대한 업무를 수탁하여 시행하고 있다.

최근 법적 요건을 갖추지 않은 사회복지현장실습으로 인해, 실습생의 자격증 발급이 보류, 취소되는 등 실습생들의 피해와 갈등이 발생하고 있어 이를 예방하고자 한국사회복지사협회는 「사회복지사업법 시행규칙」 제3조 [별표 1] 및 보건복지부 고시에 따른 사회복지현장실습 법적 기준을 안내하고 있으니 실습 운영에 적용하여야 한다.

가. 「사회복지사업법 시행규칙」 제3조 [별표 1]에 따라 사회복지현장실습 실시기관은 법적 요건을 모두 갖춘 실습지도자가 반드시 2명 이상 상근해야 한다.

나. 실습지도자는 기관실습이 실시되는 연도의 전년도에 8시간 이상의 보수교육을 이수해야 한다.

- 「사회복지사업법」 제2조 제1호 각 목의 법률에 따른 보수교육을 받은 자는 한국사회복지사협회 온라인교육센터(on.welfare.net)에서 면제신청을 하여야 한다.
- 실습기관 선정 이후로도 실습지도자는 기관실습이 실시되는 연도의 전년도 보수교육을 매년 이수하여야 한다(보수교육 이수증이 나온 시점부터 실습지도가 가능하며, 보수교육 미이수 시 현장실습 미인정, 실습기관 취소로 이어질 수 있다).

다. 기관실습 지도자 1명이 동시에 지도할 수 있는 학생 수는 5명 이내이어야 한다.

- 2022년 1월부터 실습지도자 1명이 동시에 지도할 수 있는 학생 수는 5명 이내이다.

라. 보건복지부장관이 선정한 사회복지현장실습 실시기관은 보건복지부 고시에 따라 등록된 실습지도자의 인사변동, 실습비 변경, 실습지도자 추가 등 변경사항 발생 시 변경신청을 하고 승인을 받은 후 기관실습을 실시해야 한다.

- 실습지도자의 인사변동: 퇴사, 인사발령, 휴직, 질병 등의 사유로 상근하지 않는 경우

5) 실습기관 · 실습지도자의 역할

사회복지현장실습은 사회복지시설의 맥락에서 행해지기 때문에 무엇보다도 수행기관의 현장실습과 관련된 의지와 제반 여건이 실습의 질에 중요할 수 있다. 따라서 사회복지현장실습 기관의 구체적인 역할을 논의하기에 앞서 이들 실습기관의 현장실습과 관련된 기본적인 요건 및 기준을 제시해 보고자 한다(한국사회복지사협회, 2017).

(1) 사회복지현장실습 지도를 위한 실습기관의 요건

① 실습을 기관의 공식 업무로 규정하고 있는 기관

실습지도의 공식 업무화는 1개년 사업계획서상에 명시된 것만을 의미하지는 않는다. 각 사회복지기관에서 실습을 기관 업무의 일부로 간주하여 이에 대한 계획, 실행, 평가의 과정을 거치는 것을 의미한다.

② 실습에 대한 명료한 목적을 전 직원이 공유하고 있는 기관

실습이 기관의 인력보충 방편이 되어서는 안 된다. 사회복지현장실습의 목적에 대해 기관 전체가 명료하게 인식하여 실습의 본래 목적이 퇴색되지 않도록 해야 한다.

③ 실습지도자에 대한 업무조정이 가능하고 이를 실행하는 기관

업무의 공식화와 같은 맥락에서 이해될 수 있다. 업무과중으로 인해 실습지도에 어려움을 겪고 있는 기관이 적지 않기 때문에 실습이 부가적인 업무가 아니라 기관의 공식 업무의 하나로 개인에게 할당된 것이라는 인식하에 실습을 지도할 수 있도록 업무를 조정한다.

④ 실습지도자가 실습지도를 제대로 할 수 있도록 성장의 기회를 제공할 수 있는 기관

실습지도자가 실습생에 비해 상위의 지식과 기술을 겸비해야 함을 감안하여 교육이나 훈련의 기회를 제공하므로 질적 수준을 담보하는 실습을 지향한다.

⑤ 실습지도를 위한 공간 확보 및 사무기기의 활용이 가능한 기관

실습기간 중 실습생을 조직성원의 일부로 고려하여 업무를 위한 공간 및 실습과 관련된 사무용품을 활용할 수 있도록 배려한다.

⑥ 자격 있는 실습지도자가 있는 기관

사회복지사 1급 자격증을 소지한 자로서 3년 이상 또는 사회복지사 2급 자격증을 소지한 자로서 5년 이상 사회복지사업의 실무경험을 가진 실습지도자가 있는 기관에서 실습을 지도하여야 함은 물론이고 효과적인 슈퍼비전과 전문적 실습교육을 제공할 수 있는 능력 있는 사회복지사가 있는 기관이어야 한다.

⑦ 다른 기관들의 기준과 비교하였을 때 건전성을 갖고 프로그램과 재정적 지원에서 안정성을 갖추고 있는 기관

기관의 운영지침이나 원칙이 사회복지의 가치와 부합하면서 재정적인 건실성을 갖고 실습생으로 하여금 자원모금이나 후원자 개발을 강요하지 않는 기관이어야 한다.

⑧ 사회복지 전문직의 윤리와 가치에 부합되는 사회복지기관

사회복지사 윤리강령을 강조하면서 기관의 운영원칙이 윤리적 실천에 부합되어야 하며 더 나아가서 다양한 학생들을 동등하게 교육할 수 있는 능력이 있으며 학생에 대한 공식적인 안전 절차와 규정을 마련해 놓은 기관이어야 한다.

(2) 사회복지현장실습 기관의 역할

사회복지현장실습 수행기관의 최우선적인 역할은 실습생에 대한 실습을 체계적이며 내실있는 교육 내용으로 수행하는 것이다.

실습지도를 위한 기관의 사전 준비, 역할, 슈퍼비전과 관련된 내용은 다음과 같다.

① 실습기관의 실습을 위한 준비

- 기관의 실습규정 구비 및 실습 관련 직무분석
- 실습지도와 관련된 기관의 기획
- 실습지도를 위한 자격 있는 실습지도자 보유
- 실습생 모집 공고 및 실습생 선발
- 실습시작 전 실습생 대상 사전미팅 진행, 실습계약 및 오리엔테이션 진행
- 실습비 공지 및 실습비 공식 수령
- 실습생의 실습 시 의복 및 태도에 대한 안내

② 실습 진행과 관련된 실습기관의 역할

- 실습계획서 제공 및 계획서에 준한 실습지도
- 실습에 활용되는 표준화 양식 소개
- 기관, 지역사회, 클라이언트에 대한 이해
- 실습 시 안전수칙 및 실습생의 권리와 의무에 대한 구체적인 안내
- 실습일지에 대한 피드백
- 정기적인 슈퍼비전 제공
- 실습 시 소요되는 비용에 대한 행정적인 처리 방법 안내
- 실습생 근태관리
- 실습생 소속 대학과의 연계
- 실습 중간 평가 진행 및 평가 내용 공유, 반영
- 실습 종결 평가 진행 및 실습평가서 작성
- 실습 평가 내용에 대해서 실습생에 대해 피드백을 제공

③ 사회복지현장실습 기관의 실습지도

가. 슈퍼비전 원칙

- 실습기관과 교육기관의 모든 슈퍼비전은 정기적 · 규칙적이며 구조적으로 실습지도자나 실습지도교수가 직접 지도해야 한다.
- 실습과정 중에 슈퍼비전의 내용이 반영되어야 한다.

나. 실습기관의 실습지도

- 실습기관 및 실습 내용에 대한 전반적인 오리엔테이션 실시
  - 실습기관 소개
  - 실습의 의미, 의의 및 목표 수립
  - 실습생의 자세 및 태도 교육
  - 사회복지 기록 관련 교육
  - 실습일지를 포함한 각종 보고서 작성 요령 안내

다. 실습 내용에 대한 직접적인 슈퍼비전 실시

- 실습일지를 정기적으로 점검하고 피드백 제공
- 실습에서 케이스 리코딩에 대한 슈퍼비전 제공
- 프로그램 기획서의 검토 및 타당성과 관련된 피드백 제공
- 그 외의 실습 전반에 대해 정기적인 슈퍼비전을 진행한다.

라. 실습 1일 이수시간

- 최소 4시간 이상, 최대 8시간 이하(실습이수시간 중 실습생의 아침 · 점심 · 저녁 식사 시간은 제외. 단, 실습계획에 식사지도가 포함되는 경우는 실습시간으로 인정) 실습계획에 의거 프로그램 특성상 기준을 넘기는 실습시간 등은 실습생, 실습기관, 학교(교육기관)가 상의하여 실습계약과 실습계획에 의거 결정하여야 하며, 상의하여 결정한 경우라 하더라도 한국사회복지사협회는 자격 심사 시 별도 추가 서류를 요청할 수 있다.

마. 실습지도 인원

- 실습지도자 1인당 1회기 기준 5명 이내로 하며, 연간 20명을 초과할 수 없다.

3. 사회복지현장실습 시간의 기준

1) 법적 기준: 「사회복지사업법 시행규칙」 제3조

현장실습 시간은 160시간 이상(이수학점: 3학점)

2) 운영 기준

① 사회복지현장실습은 교육기관에서 진행하는 실습세미나와 실시기관에서 진행하는 기관실습의 과정으로 구성되었으며, 교육기관과 실시기관은 각각 법적 요건에 맞도록 실습과정을 운영하여야 한다.

② '사회복지학 전공 교과목과 사회복지 관련 교과목' 이수 시점에 따라 120~160시간의 실습 실시(2020년도 기준 이전 이수 교과목 상황에 따라 120시간 실습 이수 가능한 학생들이 있으나 2020년 1월 1일 이후 교과목 이수하는 학생들은 160시간 사회복지현장실습을 이수하여야 함.)

③ 기관실습 지도자가 부여한 평가점수와 실습세미나 교수가 부여한 평가점수를 합산한 최종평가점수를 실습세미나 교수가 부여하는 과정을 거쳐야 한다(교과목 이수 완료 후 기관실습 진행 시 자격증 발급 불가).

④ 사회복지현장실습 교과목은 학과 수업의 하나로서 교과 이수 시 부여되는 학점당 이수시간에 따라 기관실습이 해당 학기 내에 이루어지는 것이 원칙이며, 일반 원칙과 달리 학기 외 기간에 운영되는 사회복지현장실습은 학칙 등으로 운영 근거를 명확히 규정하여 이루어져야 한다.

* (학기 외 기관실습) 학기 외 기관실습은 '사회복지현장실습' 교과목 개설학기 직전 방학 중 실시한 실습을 뜻한다. 예를 들어, 3학년 여름방학(7~8월)에 사회복지시설에서 기관실습 후 3학년 2학기 또는 그 이후에 세미나 등의 형식으로 교과목 개설 및 학점 이수한 경우가 해당된다.

3) 실습시간 예시

(1) 학기 중 실습

- 주당 1일 8시간 기준 실습기관에 출석하여 최소 160시간 이상(중간, 기말시험 기간 포함) 실습 시행
- 8시간(매주)×15주 이내 20회 실시=총 160시간

(2) 방학 중 실습

- 1일 8시간 주 5회 실습기관에 출석하여 최소 160시간 이상 실습 시행
- 8시간(주 5회 기준)×총 20회 실시=총 160시간

※ 참고

- 생활시설에서 실습할 경우 인정될 수 있는 시간은 1일 8시간으로 최소 160시간 이상 실습 시행
- 실습기관 및 실습생의 상황에 따라 주말 등을 이용하여 실습 가능

(3) 실습지도 1일 지도시간

최소 4시간 이상, 최대 8시간 이하(실습이수시간 중 실습생의 아침 · 점심 · 저녁 식사시간은 제외. 단, 실습계획에 식사지도가 포함되는 경우는 실습시간으로 인정) 실습계획에 의거 프로그램 특성상 기준을 넘기는 실습시간 등은 실습생, 실습기관, 학교(교육기관)가 상의하여 실습 계약과 실습계획에 의거 결정하여야 하며, 상의하여 결정한 경우라 하더라도 한국사회복지사협회는 자격 심사 시 별도 추가 서류를 요청할 수 있다.

4. 사회복지현장실습생의 기준

1) 실습생 기준

① 교육기관에서 지정하는 실습 전 선수과목을 이수하되, 아래 과목 중심으로 **4과목 이상 이수 권장**

- 사회복지학개론, 인간행동과 사회환경, 사회복지실천론, 사회복지실천기술론, 지역사회복지론, 사회복지정책론, 사회복지윤리와 철학, 사회복지조사론, 프로그램 개발과 평가 등

② 실습기관의 기준에 따라 아래 과목 중심으로 **2과목 이상 이수 권장**

- 노인복지론, 장애인복지론, 아동복지론, 청소년복지론, 가족복지론, 여성복지론, 학교사회복지론, 의료사회복지론, 정신건강사회복지론 등

③ 사회복지현장실습 교과목을 포함하여 사회복지사 2급 자격 취득을 위하여 이수하여야 하는 ㉠ 사회복지학 전공 교과목과 사회복지 관련 교과목 및 학점 ㉡ 필수과목

중 사회복지현장실습의 기준에 관한 구체적인 내용은 다음의 〈표 1-2〉 「사회복지사업법 시행규칙」에서 확인하여야 한다.

표 1-2 「사회복지사업법 시행규칙」 [별표 1] 〈개정 2019. 8. 12.〉 [시행 2019. 10. 1.]

사회복지학 전공 교과목과 사회복지 관련 교과목(제3조 관련)

1. 사회복지학 전공 교과목과 사회복지 관련 교과목 및 학점

구분	교과목		이수과목(학점)	
			대학 · 전문대학	대학원
필수 과목	사회복지학개론 사회복지법제와 실천 사회복지실천기술론 사회복지실천론 사회복지정책론	사회복지조사론 사회복지행정론 사회복지현장실습 인간행동과 사회환경 지역사회복지론	10과목 30학점 (과목당 3학점) 이상	6과목 18학점 (과목당 3학점) 이상
선택 과목	가족복지론 가족상담 및 가족치료 교정복지론 국제사회복지론 노인복지론 복지국가론 빈곤론 사례관리론 사회문제론 사회보장론 사회복지역사 사회복지와 문화다양성 사회복지와 인권 사회복지윤리와 철학	사회복지자료분석론 사회복지지도감독론 산업복지론 아동복지론 여성복지론 의료사회복지론 자원봉사론 장애인복지론 정신건강론 정신건강사회복지론 청소년복지론 프로그램 개발과 평가 학교사회복지론	7과목 21학점 (과목당 3학점) 이상	2과목 6학점 (과목당 3학점) 이상

※ 비고: 교과목의 명칭이 위 표의 교과목 명칭과 같지 않더라도 보건복지부장관이 위 표의 교과목과 내용이 같다고 인정하는 경우에는 그 교과목을 위 표의 교과목으로 본다.

2. 필수과목 중 사회복지현장실습의 기준

가. 기관실습

1) 기관실습 시간은 160시간 이상으로 할 것

2) 기관실습 실시기관은 다음의 요건을 모두 갖추었을 것

가) 사회복지사업을 수행하는 기관, 법인, 시설 또는 단체일 것

나) 보건복지부장관으로부터 선정되었을 것

다) 다음의 요건을 모두 갖춘 기관실습 지도자가 2명 이상 상근할 것

(1) 1급 사회복지사 자격증을 취득한 이후 3년 이상의 사회복지사업 실무경험이 있거나 2급 사회복지사 자격증을 취득한 이후 5년 이상의 사회복지사업 실무경험이 있을 것

(2) 기관실습이 실시되는 연도의 전년도에 8시간 이상의 보수교육을 받았을 것

3) 기관실습 지도자 1명이 동시에 지도할 수 있는 학생 수는 5명 이내일 것

나. 실습세미나

1) 1회당 2시간 이상의 실습세미나를 총 15회 이상 실시할 것. 이 경우 정보통신망을 이용한 온라인 교육을 실시하는 교육기관의 실습세미나에는 대면 방식의 세미나가 총 3회 이상 포함되어야 한다.

2) 학사, 석사 또는 박사 학위 중 2개 이상의 학위를 사회복지학 전공으로 취득한 사람으로서 3년 이상의 사회복지학 교육경험 또는 3년 이상의 사회복지사업 실무경험이 있는 교수가 지도할 것

3) 한 세미나에 참여하는 학생 수는 30명 이내일 것

다. 기관실습 지도자가 부여한 평가점수와 실습세미나 교수가 부여한 평가점수를 합산한 최종 평가점수를 실습세미나 교수가 부여한다.

라. 가목부터 다목까지에서 규정한 사항 외에 기관실습 실시기관의 선정 · 선정 취소, 사회복지현장실습의 내용 및 방법 등에 관한 구체적인 사항은 보건복지부장관이 정하여 고시한다.

2) 교육기관(학교)의 역할

(1) 교육기관(학교)의 요건

① 현재 전국적으로 사회복지학과가 개설된 교육기관이 다양하기 때문에 가능한 교과과정의 운영이 한국사회복지교육협의회의 사회복지학 교과목 지침서에 준거하여 운영되어야 하며, 무엇보다도 실습교과목의 경우 사회복지사의 자격을 갖추고 현장 실무경험이 풍부한 실습지도 전임교수에 의해 실습지도가 행해지도록 해야 한다.

② 사회복지사 자격이 있는 전임교원에 의해 실습지도 및 세미나가 운영되는 교육기관(학교)

- 실습지도교수의 경우 사회복지사 1급 자격증 소지자로서 다음 중 어느 하나에 해당하는 자로 권고한다.
  - 석사학위 소지자: 교육과정 중 최소 한 학기 이상 실습을 받은 경험이 있거나, 사회복지기관에서 5년 이상 근무하면서 실습지도의 경험이 있는 자
  - 박사학위 소지자: 교육과정 중 최소 한 학기 이상 실습을 받은 경험이 있거나, 사회복지기관에서 1년 이상 근무하면서 실습지도의 경험이 있는 자

  ※ 현장 실무경험이 풍부한 실습지도 전임교수를 채용하여 가능한 한 전임교수가 실습지도를 담당하도록 권장한다.

③ 실습 전 실습생의 자세와 역할, 실습동기화 교육을 실시하는 대학

- 실습을 시작하기 전에 학생들에게 실습생의 기본자세와 역할, 실습동기화에 대한 교육을 실시하는 교육기관(학교)이어야 한다.

④ 실습생의 원활한 지도를 위해 실습기관과 의사소통을 하는 교육기관(학교)

- 실습지도교수는 실습 내용에 대해서 실습기관의 상황을 존중해 주어야 한다. 실습계획서 내용과는 다른 사항들을 기관에 요구하지 않도록 해야 하며, 기관을 존중하며 실습지도에 형식적이 아닌 실질적 책임을 갖고 의사소통하는 자세와 노력이 전제되어야 한다.

(2) 교육기관(학교)의 역할

① 교육기관(학교)는 실습교육을 위한 강의, 토의, 슈퍼비전, 기관방문 등을 통해 실습지도를 진행해야 하며, 실습교육 시 실습조교를 배치하여 실습기관 및 실습학생에 대한 연락, 실습 상황 검토, 실습보고서와 평가서 정리 등의 업무를 처리해야 한다.

② 실습지도교수는 실습기관 방문, 전화, 온라인의 방법으로 실습기관과 긴밀한 관계를 유지해야 한다.

③ 실습세미나의 경우 교육기관(학교)의 상황에 맞춰 수업의 한 형태로 진행해야 하며 실습보고서를 통한 실습지도와 실습생의 실습보고 세미나 방법이 있다.

(3) 대학에서의 실습지도

교육기관(학교)에서의 실습지도는 기본적으로 교육기관(학교)에서의 수업의 한 형태인 실습세미나로 진행한다.

① 실습기관 접촉 및 실습 상황 검토

교육기관(학교)의 실습지도교수는 실습기관 방문, 전화, 온라인의 방법 등을 통해 실습지도자와 직접적인 의사소통을 유지하며, 실습기관과 긴밀한 관계를 유지해야 하는데, 이는 아래의 목적을 달성하기 위한 것이다.

- 실습지도자와 개별 학생의 실습목표 협의
- 학생의 실습목표 성취 정도와 실습 상황 검토
- 실습 관련 문제 발생의 예방 또는 문제 상황 중재

② 실습세미나를 통한 실습교육

- 실습보고서 제출: 실습생은 실습일지, 사례기록, 집단지도 보고서(실습생이 사용하는 양식 및 도구, 한국사회복지사협회 홈페이지 및 이 교재의 부록 서식 참조) 등 각종 보고서를 작성하여 실습기관

의 실습지도자 확인을 받은 후 대학의 실습지도교수에게 제출한다.

- 실습보고서 검토 후 실습지도: 학교에서 학생과 면담(개별 또는 집단 면담)하여 문제점과 개선점을 토의하고 필요한 경우 실습기관 실습지도자와 협의하여 문제점을 해결한다.

③ 실습세미나의 주요 내용

- 학생의 실습과정에 관한 강점 및 개선점을 점검한다.
- 현장에서 적용한 사회복지실천의 방법 및 기술을 이론적으로 정리하여 지식과 경험을 통합할 수 있도록 지도한다.
- 실습 현장에서 직 · 간접적으로 경험한 사회복지실천과정이 다양한 클라이언트 체계에 미치는 영향에 대해 탐색하도록 지도한다.
- 사회복지조직으로서의 실습기관에 대한 기능과 역할에 대해 이해하도록 토론을 유도한다.
- 실습기관이 속한 지역사회 욕구를 파악한 것을 토대로 실습기관 서비스 간의 연계에 대해 이해하도록 토론을 유도한다.
- 실습 내용을 사회복지 정책, 사회복지 법규 및 제도와 연계하여 이해하도록 토론을 유도한다.
- 사회복지실천 현장에서 직면하는 윤리적 딜레마에 대해 토의한다.
- 사회복지사로서의 전문적 자기인식에 대해 정리한다.
- 실습생이 자신의 실습과정에 대한 평가를 통해 반영적 실천을 경험하도록 지도한다(보건복지부 · 한국사회복지사협회, 2014).

3) 실습생의 역할

(1) 실습 사전 준비

① 평소 관심 있는 사회복지 분야를 탐색한다.

② 자원봉사활동, 선배들의 실습 보고자료 등을 참고하여 자신이 원하는 실습기관을 선정한다.

③ 실습생 프로파일 작성과 실습지원 기관의 면접을 준비한다.

④ 기관실습 지도자와 사전 면담 시 실습목표와 자신이 관심 있는 실습활동, 실습을 통해 바라는 점 등을 명확하게 전달한다.

⑤ 실습 시작 전에 반드시 학교와 실습지도교수에게 정확한 실습일정을 보고한다.

(2) 실습 진행 중 할 일

실습생은 배우는 자세로 정해진 실습활동과 실습과제를 성실하게 수행해야 한다. 실습 중 해야 할 일은 다음과 같다.

① 실습지도자의 슈퍼비전을 받기 위해 실습일지 등을 꼼꼼하게 준비

② 궁금한 점이나 상의하고 싶은 사항들은 미리 적어두고 실습지도 시간을 이용하여 해결할 수 있도록 한다.

③ 실습일지 등 실습과제 기록과 제출

④ 클라이언트 체계의 욕구와 어려움 확인, 정보수집 및 사정, 개입계획 수립 및 실행, 그리고 평가의 전 과정을 수행

⑤ 사회복지시설 및 조직의 사명, 관련 정책 및 행정을 이해하고 이를 실천에 적용

⑥ 실습 중 문제 상황 발생 시 실습지도자와 개별 면담하여 해결하도록 노력하고 결근, 실습 중단과 같은 극단적인 상황을 예방

⑦ 위와 같이 대처하더라도 문제 상황이 해결되지 않는다면 실습지도교수에게 알리고 상담을 통해 실습 진행에 문제가 발생하지 않도록 해야 한다.

(3) 실습 종료 후 할 일

① 실습생에게는 현장실습일지, 사례기록, 과정 기록, 기관분석보고서, 중간평가서, 최종평가서 등 실습 활동과 관련된 다양한 과제물을 제출해야 히는 책임이 있다.

② 학교에서의 실습세미나에 출석하여 자신의 실습활동과 경험을 발표하고 다른 실습생들과 공유하고 토론하면서 실습에 대해 성찰하는 시간을 가진다(홍나미 외, 2022).

4) 실습생이 갖추어야 할 태도

(1) 기본 태도

사회복지현장실습생으로서 사회복지사윤리강령과 다음 사항을 준수한다.

① 실습의 목적과 중요성을 충분히 이해하고 실습계약 사항을 이행하기 위하여 최선의 자세로 실습에 임한다.

② 실습은 대학에서 학습된 이론을 구체적으로 적용하는 과정임을 인식하여 이에 최선을 다한다.

③ 기관의 정책을 이해하고 수용하며 실습과정에서 준수하도록 한다.

④ 실습지도자의 지시뿐 아니라 타 직원의 지도 또한 잘 이행하며 실습효과를 최대화하도록 한다.

⑤ 직무에 강한 책임감과 열의를 갖고 적극적으로 임하며 타인에게 책임을 전가하거나 태만하게 행동하지 않는다.

⑥ 실습교육기관의 구성원이라는 생각으로 타 구성원과 협력하며 친화적 태도를 취한다.

⑦ 안전사고에 만반을 기하도록 하며 안전사고와 관련된 기관의 규정을 사전에 숙지하여 그에 준하여 처리하도록 한다.

⑧ 실습 종료 후, 실습 관련 내용을 학회지 등에 게재하고자 할 때는 반드시 실습지도자와 상의하여 허락을 받아야 한다.

⑨ 실습지도자의 지도 혹은 타 실습생의 실습을 견학, 관찰할 경우 배우는 자세로 진지한 태도를 취한다.

⑩ 기관의 직원, 클라이언트 등에 대하여 예의를 지킨다.

⑪ 실습일지를 비롯한 각종 실습기록은 사실에 근거하여 정확하고 구체적으로 정리하여 실습 시 실습지도자와 실습지도교수의 강평을 받는다.

⑫ 실습기간 내에 사회복지기관 내부 혹은 주변에서 흡연 및 음주하지 않는다.

⑬ 실습 중에는 휴대폰을 사용하지 않는다.

⑭ 실습과정 중 어떤 경우라도 사례금 등의 금품을 절대 주거나 받지 않는다.

⑮ 실습으로 인하여 알게 된 클라이언트의 사적인 정보를 교육적 목적(대학실습지도 등) 이외에는 절대 발설하지 않으며, 교육적 목적이라 하더라도 가명을 사용하여 개인의 비밀이 침해되지 않도록 한다.

⑯ 과제물은 정해진 기일에 제출하고 출근 전에 작성을 마친다.

⑰ 기관의 명칭을 사적으로 활용하지 않으며 실습생의 신분을 지킨다.

⑱ 기관을 대표한다는 자세로 실습교육기관의 직원들과 동일한 업무 태도와 자세를 취한다.

⑲ 실습 진행이나 출결 등 변동 사항이 발생할 경우 반드시 학과에 전화로 알린다.

⑳ 실습 진행과정에서 예비 사회복지사로서 갖추어야 할 지식, 기술, 태도를 연마하도록 노력한다.

(2) 근무시간

① 근무시간은 기관의 규정에 준하며 직원과 동일한 자세로 근무시간에 임하도록 한다.

② 실습 시작 최소 10분 전에 출근하여 출근을 확인하며, 업무에 관계된 사항을 사전에 준비하도록 한다.

③ 결근, 조퇴, 지각 등 근태와 관련된 사항은 반드시 실습지도자에게 사전에 보고하여 허락을 받도록 한다.

(3) 용모와 복장

① 복장, 소지품은 실습기관의 특성과 상황에 맞게 취하되 가능한 화려한 것을 피하고 검소하며 단정한 것으로 착용하도록 한다(색이 너무 튀는 머리 염색, 짙은 향수, 매니큐어, 핫팬츠, 미니스커트, 민소매, 알반지 등은 자칫 클라이언트에게 부정적인 영향과 안전을 위협할 수 있으므로 삼갈 것).

② 신발은 슬리퍼, 하이힐을 피하고 활동하기 쉬운 신발을 착용한다.

표 1-3 실습생의 태도 센스

센스 3	실습생들에게 있어서 실습은 힘든 과정이다. 이 과정에서 가장 인상적인 실습생은 뛰어난 학생이 아니라 최선을 다하고, 즐겁게 일하는 실습생이다.
센스 4	실습 전 실습기관 사전 연락은 기본 중에 기본, 선택 아닌 필수!! 연락을 드리지 않고 실습을 하면 처음에 선생님들은 당황스러워하기 때문에 사전연락을 통해 간단한 오리엔테이션, 사전안내를 받는다.
센스 5	시키는 업무만 하는 사람보다는 찾아서 업무를 수행하는 실습생이 보다 인상적이다. 그렇지만 주의할 점은 실습생의 책임과 권한을 넘어서서는 안 된다는 것이다.
non-sense	지각, 결석은 명예를 실추시키는 일이다. 절대 있어서는 안 될 일이다. 출근은 정해진 시간보다 10분 일찍 출근하여 그날의 실습교육을 준비할 수 있도록 하며, 출근 및 퇴근 시에는 직원들에게 인사하는 자세를 갖추도록 한다.

제 2 장

사회복지현장실습의 진행

| Ⅰ. 사회복지현장실습 진행 절차 |

| Ⅱ. 사회복지현장실습 시작 전 제출 양식 |

Social Work Practicum and Seminar

I 사회복지현장실습 진행 절차

1. 사회복지현장실습의 진행과정

사회복지현장실습의 진행과정은 사회복지현장실습의 기준에 맞추어 실습생, 교육기관(학교), 실습기관의 세 가지 구성요소의 역할에 따라 진행되며, 실습 절차에 따른 세 가지 요소의 역할에 따른 실습의 전 과정 개요를 도식적으로 살펴보면 [그림 2-1]과 같다.

대체적으로 사회복지현장실습 진행과정은 준비 단계, 초기 단계, 진행 단계, 종결 단계로 진행된다고 볼 수 있다. 이 책에서 구체적인 사회복지현장실습 단계적 진행과정은 다음의 제3장과 제4장에서 다루고자 한다. 이 제2장 단원에서는 개관하여 사회복지현장실습 진행 절차를 [그림 2-2]와 같이 살펴보고자 한다.

실습을 준비하는 학생들과 교육기관, 실습기관에서 사회복지현장실습 단계적 진행과정에서 하여야 할 과업들은 다음과 같다.

1) 실습 준비 단계

① 사회복지현장실습 교육계획 수립
② 사회복지현장실습 오리엔테이션 실시
③ 사회복지현장실습 사전 점검
④ 실습을 위한 선수과목 확인
⑤ 실습기관에 대한 정보 탐색
⑥ 실습기관 선정
⑦ 실습신청서 및 실습생 프로파일 작성
⑧ 실습 신청
⑨ 실습생의 공문 발송 요청서를 작성하여 교육기관에 제출
⑩ 교육기관의 사회복지현장실습 의뢰서 공문 및 실습평가서, 프로파일 발송
⑪ 실습기관의 사회복지현장실습 의뢰 수락서 공문을 교육기관에 회신 발송
⑫ 실습학생 확정 및 실습 시작 통보
⑬ 실습학생별 실습목표 수립 및 실습계획서 작성

2) 실습 초기 단계

① 실습기관의 실습지도자 배정
③ 실습지도자의 실습지도 계획서 작성
④ 실습지도자의 실습 오리엔테이션 실시
⑤ 기관 및 지역사회 소개, 클라이언트 관련 실습 업무 분장
⑥ 실습지도자, 타 직원, 동료 실습생, 클라이언트와의 관계형성

3) 실습 중간 단계

① 사회복지현장실습 지도에 따른 학습 및 실습 진행
② 실습생 출근부를 실습기간동안 작성
③ 실습일지를 실습기간동안 작성
④ 기관분석보고서 작성
⑤ 실습 중간 평가서 작성
⑥ 실습 수행에 관련된 업무 및 실습과제 수행

4) 실습 종결 단계

① 실습 종결 및 평가 업무 수행
② 실습 종결 평가서 작성
③ 실습평가서 작성
④ 실습기관의 실습 평가회 참석
⑤ 실습 종결
⑥ 실습 종결 시 발급 서류 확인(실습확인서, 실습교육 수료증)
⑦ 실습기관의 실습생에 대한 실습평가서 작성 및 교육기관으로 발송
⑧ 교육기관에서의 실습세미나 실시 및 학생의 수업 참여(방학 중 실습인 경우 실습 종결 후 학기 중에 세미나 수업이 실시될 경우가 대부분일 것이고, 학기 중 실습인 경우 실습 준비, 초기, 중간, 종결 단계에 걸쳐서 학기 내내 세미나 수업에 학생이 참석해야 함)
⑨ 실습일지, 실습확인서, 실습과제 등 실습서류를 제본하여 실습기관의 실습지도자, 교육기관의 실습지도교수에게 제출하고 실습생 본인도 보관

⑩ 교육기관의 실습지도교수의 실습 평가

⑪ 실습기관 실습지도자의 실습생 실습 평가 점수, 교육기관 실습지도교수의 실습생 실습 과제 및 세미나 평가 점수, 세미나 수업 출석 점수 등을 고려한 최종 학점 부여로 '사회복지현장실습' 교과목 이수 여부 확정

⑫ 사회복지현장실습 확인서 원본은 실습생이 보관하여 졸업 시 한국사회복지사협회에 사회복지사 2급 자격증 발급 신청할 때에 제출

이와 같이 사회복지현장실습 단계적 진행과정을 통해 실습생들은 실습을 준비하고 경험하게 된다.

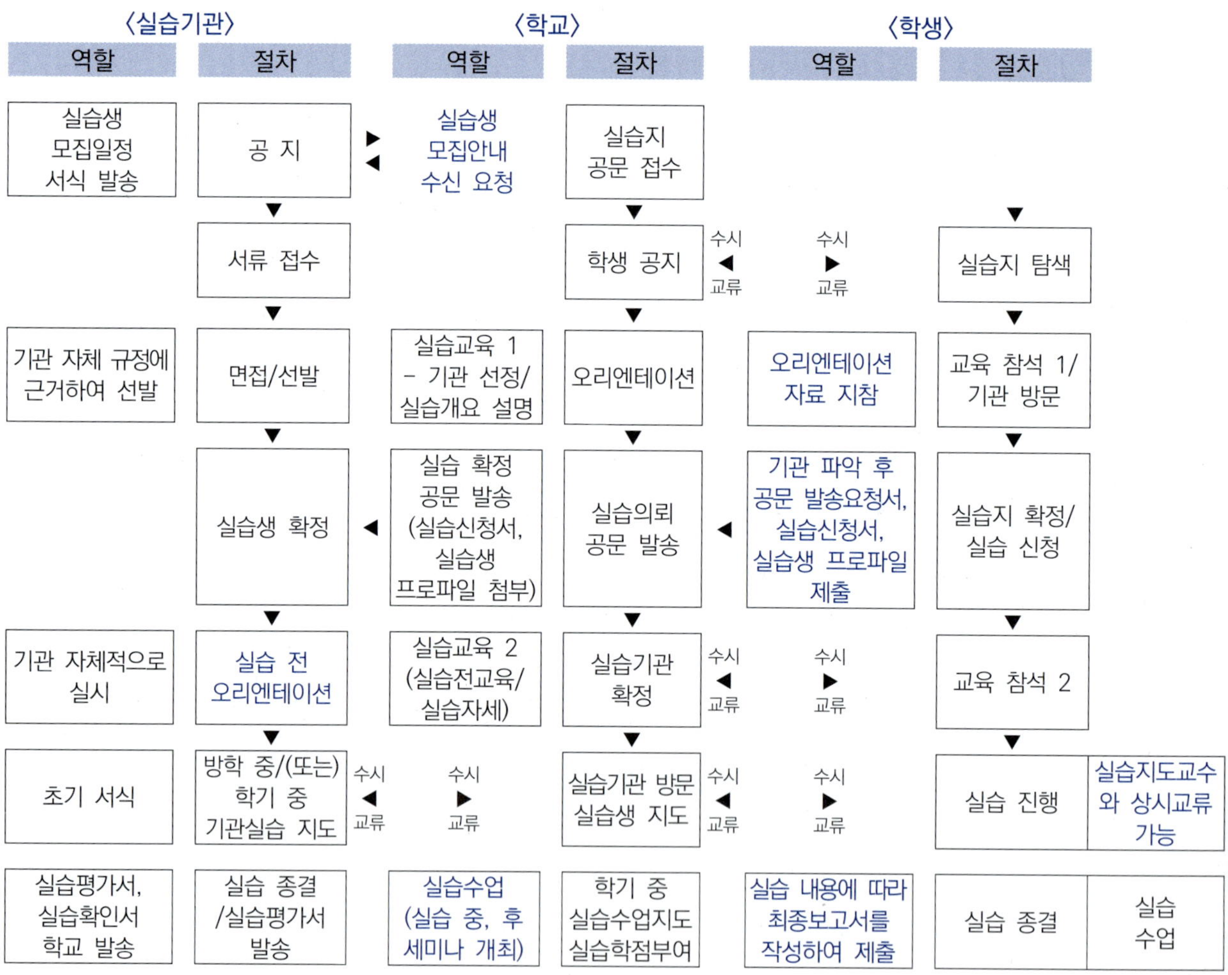

(※ 실습양식과 목록은 한국사회복지사협회 홈페이지와 이 책의 부록을 참조할 것)

그림 2-1 실습의 전 과정 개요(실습 절차에 따른 세 가지 요소의 역할)

2. 사회복지현장실습 진행과정의 유의사항

실습생들은 사회복지현장실습을 준비하면서 실습기관을 선정하고 실습을 신청하면서 스스로에게 물어볼 수 있는 질문들과 실습 슈퍼바이저가 학생에게 물어볼 수 있는 질문들로 자기점검을 해 볼 수 있다.

또한 실습생들은 실습 계약, 학습배경 설정, 실습을 시작하면서 실습 슈퍼바이저에게 기대할 수 있는 것들, 실습을 최대한 활용하는 방안, 기관에서 슈퍼바이저 및 다른 직원과 관계를 잘 유지하는 지침들을 유의하여 사회복지현장실습이 잘 진행되도록 하여야 할 것이다.

그리고 실습 전 과정을 통해 사회복지실천 업무를 익히고 클라이언트, 실습지도자, 기관 직원들, 동료 실습생, 실습지도교수, 동급생들과의 관계형성과 유지능력 함양 및 실습 진행과 종결, 평가 수행, 세미나 수업을 통해 사회복지사로서의 자기인식, 정체성을 확립하는 경험 및 능력 배양의 기회로 삼을 수 있도록 최선을 다하여 노력하여야 할 것이다.

1) 준비 단계: 실습기관 선정과 실습 신청

◎ 실습지 선택과정 중 실습생이 스스로에게 물어볼 수 있는 질문(Berg-Weger et al., 2000)

- 관심을 갖는 클라이언트의 체계(개인, 가족, 집단, 지역사회, 조직 등)는?
- 관심을 갖는 클라이언트의 유형(아동, 노인, 미혼모 등)은?
- 관심을 갖는 클라이언트의 문제 유형(노숙, 정신건강, 아동학대와 방임, 문제청소년 등)은?
- 선호하는 세팅의 유형(학교, 지역사회정신건강센터, 지역사회복지관, 지역복지운동단체, 시민운동단체 등)은?
- 실습경험의 결과로 얻기를 바라는 기술은?
- 졸업 후에 종사하겠다고 생각해 보는 영역은?

◎ 실습 슈퍼바이저가 학생에게 물어볼 수 있는 질문(Berg-Weger et al., 2000)

- 특정 인구집단/기관 등에 관심을 갖은 이유는?
- 이수한 과목 중 세팅/업무와 관련이 있을 수 있는 과목들은?
- 사회복지실천기술과 지식에 관한 본인의 강점들과 약점들은?
- 이 실습이 본인의 장기 목표를 달성하도록 도움을 줄 수 있는 방법은?
- 다른 실습생들이 갖고 있는 것과 다른 본인의 경험/관심/기술은?

2) 시작 단계: 계약, 학습배경 설정, 실습을 시작하면서

◎ 실습 슈퍼바이저에게 기대할 수 있는 것(Berg-Weger et al., 2000)

- 실습생에 대한 존중과 공평한 처우
- 학습계획 개발: 오리엔테이션, 실습지도자, 다른 직원들을 관찰할 기회
- 실습생 역할에 관한 정보를 공유: 실습구조와 범위, 기관문화, 학습계획, 자원봉사자나 직원 또는 다른 실습생의 역할
- 학습 필요 정보: 기관/전문적 정보와 자원(정책, 절차 교범 안내서 등), 행정 등에 관한 정보
- 지역사회 자원에 관한 정보(의뢰, 의뢰를 위한 정보 제공)
- 특별한 학습기회 및 스케줄 정보 제공(연간 모임, 컨퍼런스, 모금행사 등)

◎ 실습을 최대한 활용하는 방안(Baird, 1999)

- 학문적 환경과 현실 세계가 다르다는 것을 인정한다.: 대학에서는 아는 것(knowledge, perspective)에 초점을 두지만, 실습에서는 하는 것(practice)에 초점을 둔다. 실습경험이 대학의 수업과 연결되어 있기는 하지만, 엄청나게 다르다는 것을 인정하는 것이다.
- 무지를 최대한 활용한다.: 가치 있는 학습과 성장은 약점이 있을 때 가능하다.
- 학습끝머리(learning edge)와 가까운 데서 일하라(벼랑 끝까지 가보는 것): 현재의 지식이나 기술 수준을 막 넘어서는 시점을 말한다. 발전시킬 필요가 있는 지식이나 기술 영역이 있다면 다소 불편한 느낌을 가질 수 있는데 이 불편과 압력은 발전을 위해 수용할 필요가 있다.
- 무엇인가 알고 있음을 기억해 둔다.: 실습은 이론과 현실을 비교할 기회가 된다. 아는 것을 가지고 할 수 있는 일에 초점을 두는 것이다.
- 학생임을 기억해 둔다.: 실습생이 자기의 한정된 지식이나 기술에 대해 솔직해지는 것이다. 배울 필요가 있는 것들이 얼마나 많은지에 대해 솔직해져야 한다.

◎ 기관에서 슈퍼바이저 및 다른 직원과 관계를 잘 유지하는 지침(Royse, 1999)

- 시간을 엄격하게 지킨다. 출근 시 늦지 않기, 약속시간 지킬 것
- 충분한 일이 주어지지 않는다면 추가 임무를 요구할 것
- 어떤 일에 대한 책임이 주어지면 수행할 것
- 기관 종사자들의 결함에 대한 기관의 가십이나 토론은 피할 것
- 기관이 이상적 이미지에 맞지 않더라도 배울 것은 많다. 소극적 태도를 보이지 말 것

3) 실습 전 과정의 요약

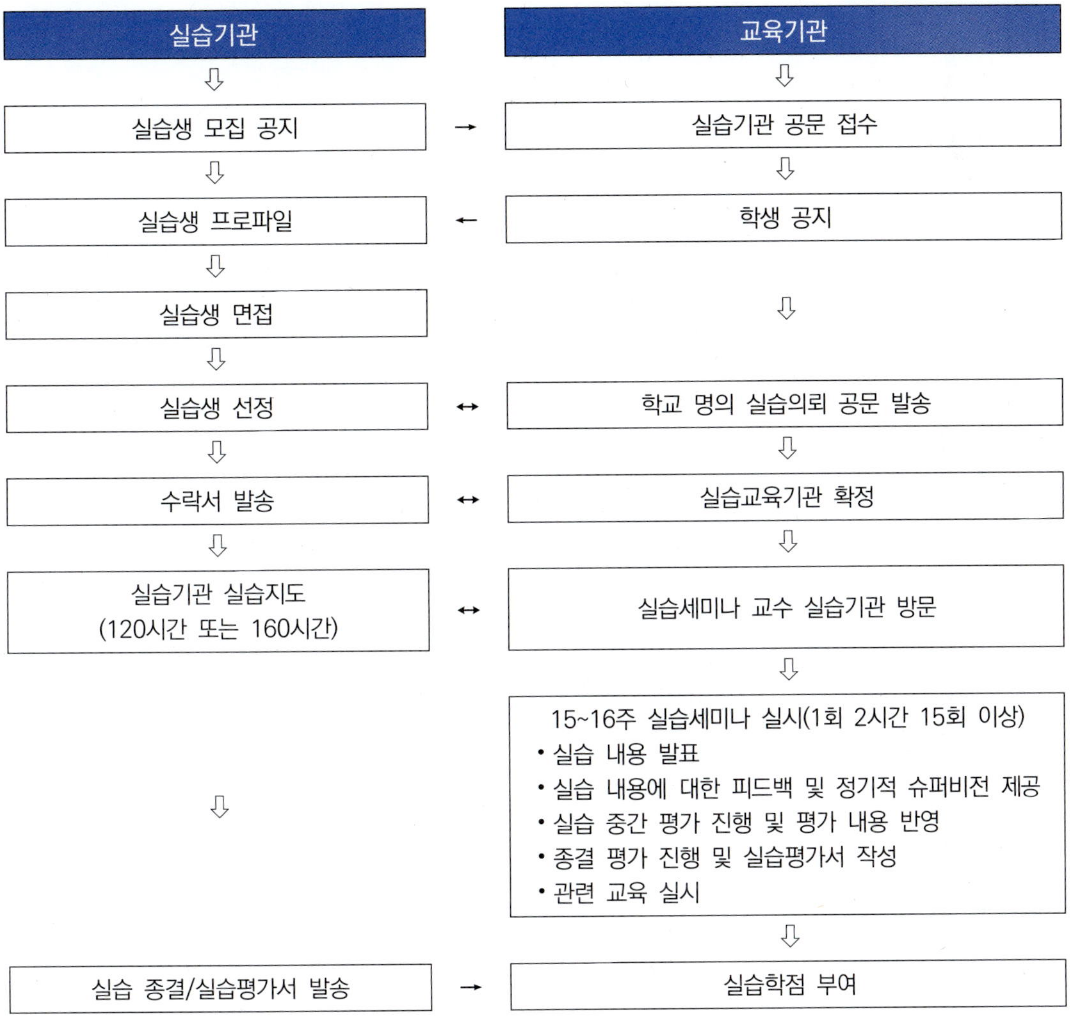

※ 온라인 교육을 실시하는 교육기관의 실습세미나에는 대면 방식의 세미나가 총 3회 이상 포함되어야 하며, 이때 대면 방식의 세미나는 주 1회를 초과하여 실시할 수 없음

출처: 보건복지부 · 한국사회복지사협회(2021: 50)

그림 2-2 사회복지현장실습 진행 절차

3. 사회복지현장실습 단계의 진행 절차

사회복지현장실습 단계의 진행 절차를 도식적으로 제시하면 [그림 2-3]과 같다.

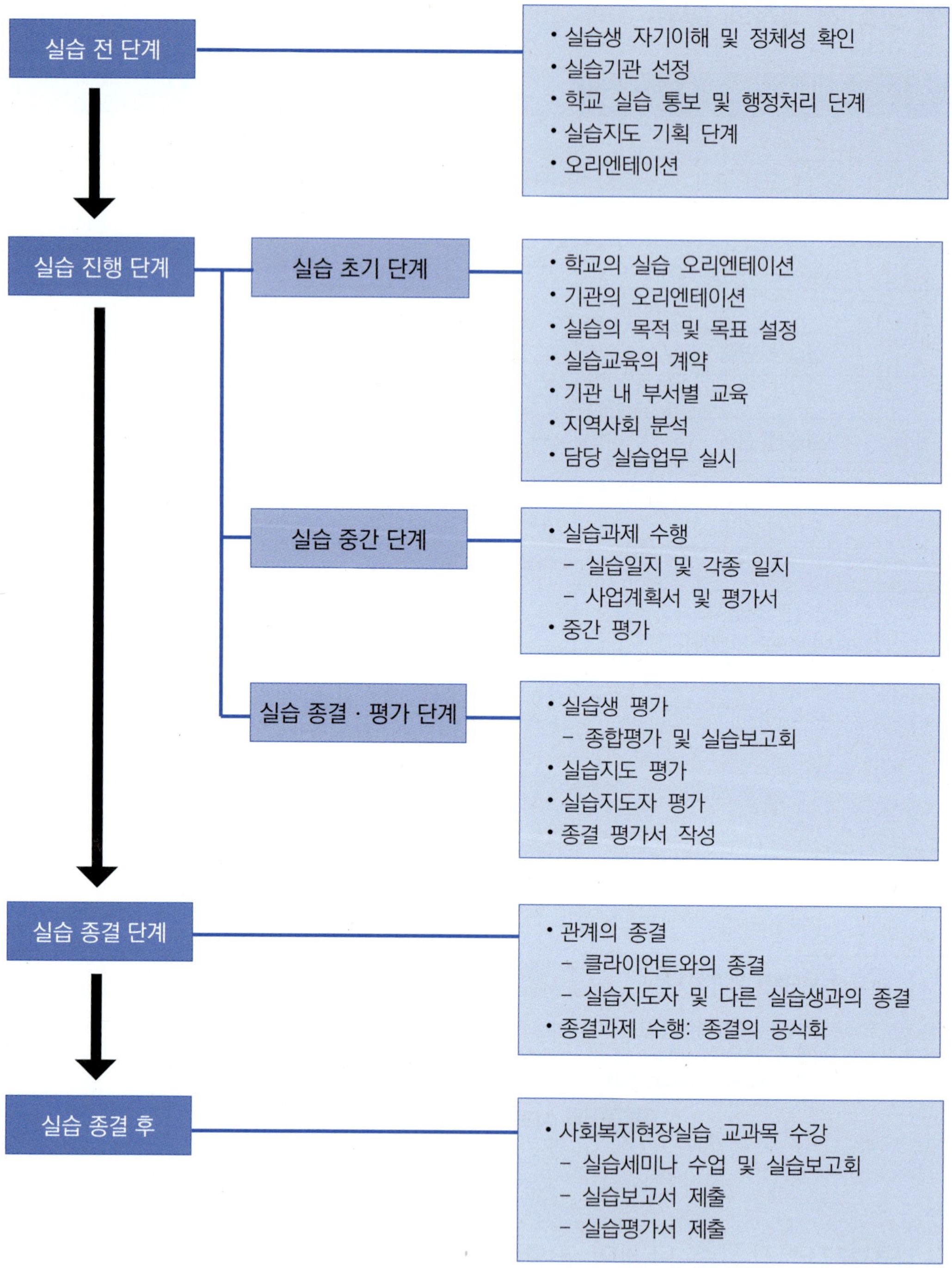

그림 2-3 사회복지현장실습 단계의 진행 절차

1) 실습생 모집

실습기관의 실습지도자는 실습 내용과 일정 등을 포함한 실습계획을 수립하여 교육기관에 실습생 모집을 공지(공문 발송 또는 사회복지 관련 홈페이지에 공지)한다.

※ 한국사회복지사협회 홈페이지(www.welfare.net) 실습생 모집 게시판 참고

2) 실습생 선정

① 실습기관은 선정기준을 정하여 서류전형, 실습생 태도 및 자질 등을 파악할 수 있는 면접 등을 활용한다.

※ 실습생 선정기준 예시: 사회복지현장실습에 대한 실습생의 태도, 실습 전 전공이수 과목 정도, 자원봉사 경력 등

② 교육기관은 실습생 선정이 완료되면 실습기관에 실습의뢰 공문을 발송한다.

3) 실습생 수락

실습기관은 선정된 실습생이 소속된 교육기관에 실습 의뢰 수락서를 공문으로 발송한다.

〈실습기관 선정 시 참고사항〉

실습생의 상황에 따라 실습생이 직접 실습기관을 선정할 수 있으나, 실습기관 선정에 필요한 교육기관 간 행정 절차(실습생 선정 공문 발송, 실습의뢰 수락서 공문 발송 등)는 반드시 거쳐야 한다.

4) 실습 준비 및 오리엔테이션

실습기관 행정담당자 주관하에 실시한다.

5) 실습지도

실습지도자는 실습계획에 따라 실습을 진행하고, 실습기관과 교육기관은 중간 평가와 종결 평가를 실시한다.

〈실습 평가 종류〉

- 개별 평가: 수시로 실습생의 자기 평가를 돕고, 수행 의지를 고취하며 실습생의 의견을 반영하기 위한 평가
- 중간 · 종결 평가: 실습생의 수행 정도를 객관적으로 평가하고 실습지도를 통해 교육 효과를 향상시키기 위한 평가

6) 실습 종결

① 실습기관의 실습지도자는 실습평가서를 작성하여 해당 교육기관에 공문으로 발송한다.

② 교육기관의 실습지도교수는 실습기관의 실습평가서, 실습생의 실습일지 및 과제물, 세미나 수업 참여 등을 참고하여 실습학점을 부여한다.

4. 사회복지현장실습 교육 내용

1) 필수 공통: 모든 실습교육에 필수적으로 구성

구분	실습 내용	과제물
필수 공통 내용	1. 오리엔테이션 1) 기관 소개 및 지역 소개 2) 대상 집단의 이해 3) 실습생의 자세와 역할 4) 실습 일정과 과제 안내	각 내용에 따른 보고서 및 일지 작성 제출
	2. 행정업무 1) 훈련목적 하의 각종 기안서(공문, 품의, 지출결의 등) 작성 및 결재과정 참여 2) 기관운영과 관련된 규정 검토 3) 예 · 결산서 작성 연습	실습 내용에 대한 실습생의 의견서 및 관련 서식 작성 제출

2) 필수 선택: 3개 내용 중 최소 1개 내용을 선택하여 구성

구분	실습 내용	과제물
필수 선택 내용	3. 사례관리 1) 사례접수(intake) 2) 사례회의 3) 자원연결 4) 개입 5) 사후관리	각 내용 중 실습 내용에 해당되는 자료와 기록을 작성 제출
	4. 집단지도 1) 소집단지도(집단 역동성 중심의 프로그램) 2) 대집단 프로그램(프로그램 개발과 운영, 캠프, 자원봉사관리 등)	집단 프로그램 계획서와 집단지도 및 활동기록을 작성 제출
	5. 지역복지 및 정책 개발 1) 지역사회조직(지역자원개발, 주민조직화, 주민교육, 복지 네트워크 구축 등) 2) 정책 개발 및 평가 3) 사회행동, 홍보, 옹호 등	과정 기록, 계획서 및 평가서 등을 작성 제출

3) **자유 선택 내용:** 기관 여건에 따라 필요한 부분을 선택하여 구성

구분	실습 내용	과제물
자유 선택 내용	6. 개별상담	사례에 대한 전체과정 기록 3회 이상 작성 제출
	7. 가족상담 및 치료	3대 이상 가계도, 전체과정 기록 1회 이상 작성 제출
	8. 프로포절 작성	해당 단체 양식에 부합하여 1개 이상 작성 제출
	9. 사회조사	설문지 작성, 조사 참여, 코딩과 분석과정 전체 참여 및 보고서 작성 제출
	10. 타 기관 방문	실습목적에 맞춰 2개 이하 기관 방문 및 보고서 작성 제출
	11. 지역 탐방	지역의 특성과 자원에 대한 사정 및 분석 보고서 작성 제출

5. 기타 확인 내용

1) 실습비

① 실습비는 실습기관의 기준에 따라 책정되며, 학생이 실습기관에 개별적으로 납부하도록 한다.

② 교육기관에서 실습지도 지원 예산을 편성하여 실습비를 전액 또는 일부를 지원받을 수도 있으나 기본적으로 실습생의 부담이 원칙이다.

2) 사회복지현장실습 확인서

사회복지사 자격증 신청 시 "사회복지현장실습 확인서"를 자격증 신청서류(졸업증명서, 성적증명서 등)와 함께 제출하여야 한다.

표 2-1 사회복지현장실습 확인서(기관 작성용)

<table>
<tr><td colspan="7" align="right"><2021.04.15. 개정></td></tr>
<tr><td colspan="7" align="center">사회복지현장실습 확인서</td></tr>
<tr><td colspan="5">[ ]신규발급, [ ]재발급</td><td colspan="2" align="right">(앞쪽)</td></tr>
<tr><td rowspan="2">실 습 생 인적사항</td><td>성 명</td><td></td><td>생년월일</td><td colspan="3">※「주민등록번호」 앞자리 6자리를 기재 바랍니다.</td></tr>
<tr><td>휴대전화번호</td><td></td><td>학 교 명</td><td colspan="3">※ 현재 소속 중인 학교명을 기재 바랍니다.</td></tr>
<tr><td rowspan="3">실습기관 및 실습 지도자</td><td>실습기관명</td><td colspan="2"></td><td>실습기관 관리번호</td><td colspan="2">※ 실습기관 선정 시 부여된 등록번호</td></tr>
<tr><td>기관 주소</td><td colspan="2">※「도로명 주소」로 기입해 주세요</td><td>전화번호</td><td colspan="2"></td></tr>
<tr><td>실습지도자명</td><td>※ 실습생의 실습을 지도한 지도자명 기재</td><td colspan="2">사회복지사자격번호
(취득일자)</td><td colspan="2">제 - 호
(. . .)</td></tr>
<tr><td rowspan="2">실습기간</td><td>실습기간</td><td colspan="5">20 년 월 일 ~ 20 년 월 일</td></tr>
<tr><td>실습시간</td><td colspan="5">총 시간 (총 회, 1일 평균 시간)</td></tr>
<tr><td colspan="7">실습기관은 「사회복지사업법 시행규칙」 제3조 [별표 1]의 규정에 따라 자격요건을 갖춘 실습기관과 실습지도자에 의해 기관 실습을 진행하였으며, 상기 실습생이 위와 같이 기관실습을 하였음을 확인합니다.
20 년 월 일
기관실습 지도자: (서명 또는 인) 기관실습 실시기관: (직인)</td></tr>
<tr><td rowspan="3">교육기관 및 세미나 교수</td><td>교육기관 유형</td><td colspan="2">[ ]오프라인 / [ ]온라인</td><td>교육기관명</td><td colspan="2">※ 실습세미나 교육기관명을 기재 바랍니다.</td></tr>
<tr><td>실습세미나 교수명</td><td colspan="2"></td><td>학 과 명</td><td colspan="2"></td></tr>
<tr><td>실습세미나 교수 취득학위(사회복지학 또는 사회사업학)</td><td colspan="2">[ ]학사, [ ]석사, [ ]박사</td><td>교육기관 전화번호</td><td colspan="2"></td></tr>
<tr><td rowspan="3">실습 세미나</td><td>실습세미나 기간</td><td colspan="5">20 년 월 일 ~ 20 년 월 일</td></tr>
<tr><td>실습세미나 횟수(시간)</td><td>총 회 (시간)</td><td colspan="2">대면방식 세미나 횟수 (시간)</td><td colspan="2">총 회 (시간)</td></tr>
<tr><td>오프라인 세미나</td><td>총 회</td><td colspan="2">실시간 온라인 화상 세미나</td><td colspan="2">총 회</td></tr>
<tr><td colspan="7">교육기관은 「사회복지사업법 시행규칙」 제3조 [별표1]의 규정에 따라 자격요건을 갖춘 실습세미나 지도교수에 의해 실습세미나를 진행하였으며, 상기 실습생은 위와 같이 실습세미나를 이수하였음을 확인합니다.
20 년 월 일
실습세미나 교수: (서명 또는 인) 학 과 장: (직인)
한국사회복지사협회장 귀하</td></tr>
</table>

재발급 사유	※ 사회복지현장실습 확인서 재발급 시 재발급 사유 기재 바랍니다.

[사회복지현장실습에 관한 기준] - 사회복지사업법 시행규칙[별표1] 사회복지 관련 교과목(제3조 관련)
① 기관실습 실시기관: 보건복지부장관으로부터 선정된 사회복지사업을 수행하는 기관, 법인, 시설 또는 단체
② 기관실습 지도자: 사회복지사 1급 자격증을 취득한 이후 3년 이상 또는 사회복지사 2급 자격증을 취득한 이후 5년 이상 사회복지사업의 실무경험이 있는 자로 기관실습이 실시되는 연도의 전년도에 8시간 이상의 보수교육을 받은 자
③ 기관실습 시간: 160시간 이상으로 한다(단, 시행일 2020.1.1. 기준일 2019.12.31. 사회복지학 전공 교과목과 사회복지 관련 교과목의 전부 또는 일부 이수하였거나 수강하고 있는 사람은 120시간 이상).
④ 실습세미나: 1회당 2시간 이상의 실습세미나를 총 15회 이상 실시하며, 정보통신망을 이용한 온라인 교육을 실시하는 교육기관의 실습세미나에는 대면 방식의 세미나가 총 3회 이상 포함되어야 하며, 한 세미나에 참여하는 학생 수는 30명 이내일 것
⑤ 실습세미나 교수: 학사, 석사 또는 박사 학위 중 2개 이상의 학위를 사회복지학 또는 사회사업학 전공으로 취득한 사람으로서 3년 이상의 사회복지학 교육경험 또는 3년 이상의 사회복지사업 실무경험이 있는 교수가 지도할 것
※ 법령이 정한 상기 기준은 모두 충족해야 하며, 미충족 시 사회복지사 자격증을 교부할 수 없습니다.

출처: 한국사회복지사협회 홈페이지(www.welfare.net)

3) 기타 실습형태

◎ 근무지 내 실습

- 근무지 내 실습지도자 지정 및 개별적인 지도를 받는다.
- 교육기관의 실습지도교수가 책임 지도하며, 별도의 실습과제를 수행하도록 지도한다.
- 실습 내용은 실습생 근무부서와 다른 부서의 업무로 한다.

4) 현장실습으로 인정되지 않는 사례

- 기관방문 또는 자원봉사 활동은 현장실습으로 인정되지 않는다.
- 교육기관 입학 이전의 실습은 인정되지 않는다.
- 해외에서 진행하는 사회복지현장실습은 인정되지 않는다.
- 공휴일 실습은 인정되지 않는다.

6. 사회복지현장실습 관련 서식

★★ [밑줄친 것은 필수로 작성 및 제출]★ ★

학생 1. 사회복지현장실습 공문 발송 요청서 ※실습 전 제출: 학생 1번~학생 3번 서류

학생 2. 실습신청서

학생 3. 실습생 프로파일 ※실습 후 제출: 학생 4번~학생 33번 서류(해당 사항만)

학생 4. 실습생 출근부 [실습 후 제출 서류는 기관마다 상이하므로 기관 양식을 따라도 됨]

학생 5. 실습평가서(기관 작성용)

학생 6. 사회복지현장실습 교육 수료증

학생 7. 실습생 서약서

학생 8. 실습 계약서

학생 9. 사회복지현장실습 일지

학생 10. 실습기관 분석 보고서

학생 11. 사례관리 계획서

학생 12. 사례관리 진행일지

학생 13. 사례관리 종결 기록서

학생 14. 집단지도 계획서(소집단)

학생 15. 집단과정 일지(소집단)

학생 16. 집단의 개별회원 분석표(소집단)

학생 17. 집단 종결 기록서(소집단)

학생 18. 프로그램 계획서(대집단 및 지역사회복지)

학생 19. 프로그램 평가서(대집단 및 지역사회복지)

학생 20. 사회복지정책 분석보고서(정책 개발 및 평가)

학생 21. 사회행동, 옹호활동 보고서(사회행동)

학생 22. 사회복지기관(사업) 홍보 기획서

학생 23. 개별면접 일지

학생 24. 가족상담 기록서

학생 25. 사회조사 계획서

학생 26. 사회조사 진행일지

학생 27. 사회조사 분석평가서

학생 28. 기관방문 분석보고서

학생 29. 지역탐방 보고서

학생 30. 실습 중간 평가서

학생 31. 실습 최종 평가서(학생 작성용)

학생 32. 사회복지현장실습 확인서(기관 작성용)

학생 33. 최종 보고서

(※ 실습 서식은 한국사회복지사협회 홈페이지와 이 책의 부록을 참조할 것)

Ⅱ 사회복지현장실습 시작 전 제출 양식

1. 교육기관(학교) 실습의뢰서

실습기관의 선정이 끝나면 교육기관은 학생들이 제출한 '사회복지현장실습 공문 발송 요청서'에 입각하여 해당 실습기관에 '사회복지현장실습 의뢰서' 공문을 우선적으로 발송하고, 실습기관은 해당 교육기관으로 '사회복지현장실습 의뢰 수락서' 공문을 발송하여 실습생을 확정하는 것이 일반적이다.

표 2-2 사회복지현장실습 의뢰서 양식

○○○대학교(원) ○○대학 사회복지학과

수신자
(참 조)
제 목 사회복지현장실습 신청의뢰서

1. 항상 사회복지현장실습 교육을 위해 애써 주시는 귀 기관에 감사드립니다.
2. 사회복지현장실습을 수강하는 본교 사회복지학과 학생의 실습교육을 의뢰하오니 아래를 참조하시어 협조하여 주시기 바랍니다.

- 아 래 -

가. 학생명: (학생 연락처:)
나. 실습기간:
다. 실습지도교수:
라. 실습담당조교:
(연락처: 사회복지학과 ☎)

별첨: 실습신청서 1부. 끝.

○○○대학교(원) ○○대학 사회복지학과장(직인)

시행 처리과 - 일련번호(시행일자) 접수 처리과명 - 일련번호(접수일자)
우 주소 /홈페이지 주소
전화( ) 전송( ) /기안자의 공식 전자우편주소 /공개 구분

※ 교육기관의 상황에 따라 변경하여 사용할 수 있음.

2. 실습신청서

사회복지현장실습 예정 학생이 실습을 준비하면서 작성해야 하는 문서가 실습신청서와 실습생 프로파일이다. 실습신청서에는 실습기관명, 실습생의 인적사항으로 이름, 생년월일, 소속, 현주소, 전화번호, 이메일 등을 반드시 기록하여야 하며, 실습 의뢰 내용도 실습 부서,

분야, 내용, 기간 등을 구체적으로 작성한다. 추후 실습신청서를 학교에서 기관으로 의뢰 공문과 함께 발송할 때에 연락 오류가 발생하지 않도록 정확한 정보를 기입하여야 한다.

표 2-3 실습신청서 양식

실 습 신 청 서

○ **실습기관:**

1. 실습생 인적사항

이 름		생년월일			
소 속		학과/전공		학년/학기	
현주소					
전화번호	집:		휴대폰:		
E-Mail					

2. 실습 의뢰 내용

실 습 부 서	
실 습 분 야	
실 습 내 용	
실 습 기 간	

* 상기 내용으로 귀 기관에 실습신청을 의뢰하며 실습생 프로파일을 동봉합니다.

상기 내용과 같이 사회복지현장실습을 신청합니다.

신청인(학 생 명): (인)

실 습 지 도 교 수: (인)

학과장/대학원장: (인)

출처: 보건복지부 · 한국사회복지사협회(2017: 20)

3. 실습생 프로파일

실습생 프로파일은 실습을 하고자 실습신청서를 제출하는 실습생이 신청에 추가하여 작성해야 하는 양식이다. 실습교육을 받고자 하는 학교에 가서 그 기관에서 선정된 실습생 프로파일 양식을 작성하여 제출한다(보통은 한국사회복지사협회의 공통양식을 사용). 이것은 기관에서 실습생을 선발하기 위해 필요한 실습생의 정보가 담긴 것으로, 기관은 프로파일의 내용을 살펴보고 실습생 선발 여부를 결정한다. 실습생이 사회복지현장실습을 하기 위해서는 실습생 프로파일을 반드시 작성하여 보고해야 한다(최세영 외, 2021).

실습생 프로파일의 내용 중 사회복지 전공 동기나 실습기관 선택 이유 등은 성의있게 구체적으로 작성한다. 실습목표는 구체적이고 측정 가능하며 기한 내에 달성 가능하고 현실적인 것으로 제시하는 것이 중요하다. 실습목표 측정기준은 자신이 제시한 실습목표를 측정할 수 있는 지표로 타당한 것들을 제시한다. 사회복지실천에 있어 자신의 강점과 약점을 작성할 때에는 강점을 중심으로 정직하게 긍정적으로 제시한다. 강점 중심의 시각을 가지고 자신의 강점을 구체화하고 약점을 보완할 수 있는 사람이 클라이언트의 강점도 잘 발견할 수 있음을 명시해야 한다. 이와 더불어 실습을 통해서 배우고 싶은 것, 실습기관과 학교의 실습지도자에게 바라는 점 등을 공손하게 기재한다(이경아 외, 2011).

표 2-4 실습생 프로파일 양식

실습생 프로파일

1. 인적사항

<table>
<tr><td rowspan="5">(사진)</td><td>실습생명</td><td></td><td>성 별</td><td></td><td>생년월일</td><td></td></tr>
<tr><td>소속</td><td colspan="5">대학교 학과</td></tr>
<tr><td>주소</td><td colspan="5"></td></tr>
<tr><td>전화번호</td><td colspan="5">집: 핸드폰:</td></tr>
<tr><td>E-mail</td><td colspan="5"></td></tr>
</table>

2. 이수 전공과목

교과목명	이수 완료	현재 이수	교과목명	이수 완료	현재 이수	교과목명	이수 완료	현재 이수
사회복지학개론			인간행동과 사회환경			사회복지실천론		
사회복지실천기술론			지역사회복지론			사회복지정책론		
사회복지행정론			사회복지법제와 실천			사회복지조사론		
사회복지자료분석론			프로그램개발과 평가			가족복지론		
아동복지론			청소년복지론			노인복지론		
여성복지론			장애인복지론			정신건강론		
정신건강사회복지론			의료사회복지론			학교사회복지론		
산업복지론			자원봉사론			사회문제론		
사회복지발달사			사회보장론			교정복지론		
사회복지윤리와철학			사회복지지도감독론			사회복지현장실습		

3. 경력

구분 (취업, 실습, 봉사)	기관	기간	내용
ex) 실습	○○어린이집	2022. 7. 1~ 7. 31	보육실습
봉사	○○노인종합복지관	2022. 3. 1 ~ 현재	치매노인 프로그램 진행

4. 사회복지를 전공하게 된 동기

5. 실습기관 선택 이유

6. 실습을 통해서 성취하고자 하는 목표

7. 실습을 마친 후 목표달성 정도를 파악할 수 있는 기준

8. 사회복지를 실천하는 데 있어 자신의 강점과 약점

1) 사회복지 지식 및 기술의 측면	2) 개인적인 특성 측면

9. 취미 및 특기

10. 실습기관, 실습지도자 및 실습지도교수에게 바라는 점

출처: 보건복지부 · 한국사회복지사협회(2017: 21-23)

제 3 장

실습 준비 단계 및 초기 단계

| Ⅰ. 실습 준비 단계 |

| Ⅱ. 실습 초기 단계 |

Social Work Practicum and Seminar

Ⅰ 실습 준비 단계

1. 사회복지현장실습 전 준비사항

1) 사회복지현장실습 교육계획 수립

사회복지현장실습은 실시기관이 매회 가변적이며, 학생의 실습 수요와 지역사회 내 실습 가능한 기관 등이 적절하게 연결되어야 하기에 실습교육과 관련한 계획이 사전에 수립·운영되어야 한다. 사회복지현장실습 연간 교육계획에 포함될 수 있는 항목은 다음과 같다(최세영 외, 2021).

- 사회복지현장실습 수요 조사: 실습교육 이수 예정 인원, 희망 분야 등을 사전 조사함으로써 실습교육의 배치 및 기초 조사로 활용
- 실습기관 목록 점검
- 실습을 위한 선수 교과목 점검 절차
- 실습 오리엔테이션 시행계획 수립
- 실습지도교수 선정: 연간 운영계획 수립 총괄
- 실습지도교수의 실습지도 분반 운영계획
- 실습세미나 운영계획 수립
- 행정계획 수립: 실습 운영 관련 예산 등

2) 사회복지현장실습 사전 점검

대학은 사회복지현장실습을 희망하는 실습생의 선수과목 이수 상황, 실습 관련 준비 상황 등과 같은 기본적 자격요건을 면밀히 점검하여야 하며, 실습기관 선정 및 배치에 관한 절차에 대해 교육하여 실습생이 해당 내용을 파악한 상태에서 실습이 이루어지도록 하여야 한다. 이에 따라서 실습지도교수는 실습 예정 학생들을 대상으로 사회복지현장실습 교과목 운영에 대한 사전 오리엔테이션을 실시하며, 사회복지현장실습 교과목 실습세미나의 일환으로 다음과 같은 내용으로 진행할 수 있다(최세영 외, 2021).

① 사회복지현장실습 교과목 운영 개요에 대한 설명: 실습 오리엔테이션, 실습기관 선정, 실습기관 방문을 포함하며, 기관에서의 현장실습과 학교에서의 실습세미나가 병

행 운영됨을 안내(동계실습 및 1학기 실습 → 1학기에 수강신청, 하계실습 및 2학기 실습 → 2학기에 수강신청)

② 선수과목 이수 여부 확인: 학생들이 사회복지 기초 과목(필수) 및 관심 분야 관련 교과(선택)를 이수했는지 점검

③ 현장실습의 중요성 및 동기 확인: 사회복지현장실습의 필요성에 대한 교육, 사회복지를 전공하게 된 동기를 점검, 자신의 진로계획과 실습교육의 관련성을 고민하고 탐구

④ 실습생에게 요구되는 자세 및 권리 보호, 문제 상황 시 대처 안내: 실습기간 중 준수하여야 할 의무와 책임, 권한과 역할의 한계, 실습생의 윤리, 부당한 요구 혹은 권익침해 상황 발생 시 대처 방법 등

⑤ 실습기관 선정 과정에 대한 안내 및 추후 일정 공지: 현장실습을 위한 절차, 실습지도자, 실습기관, 공문의뢰 절차, 기관 선정 방법 등

⑥ 필요서류의 구비 여부에 대한 확인: 실습신청서, 실습생 프로파일, 이력서, 자기소개서 등

⑦ 실습 희망 기관 파악

⑧ 기타 개별 대학의 교육과정 특성 및 학생들의 욕구에 따라 필요 시 실천 관련 워크숍 운영 등(프로그램 개발과 평가 및 사례관리 등의 선택 교과목이 개설되지 않는 경우 관련 워크숍, 실습일지 작성 및 평가기록 작성법 등)

2. 사회복지현장실습의 시작

1) 실습을 위한 선수과목 확인

사회복지현장실습은 교육기관에서 배운 지식과 이론을 실천 현장에 직접 적용하는 데 그 의의가 있기 때문에 교육기관에서는 실습을 위해 실습생에게 실습 전 필수 이수 교과목을 제시하고 있다(이 책의 제1장 내용을 참조).

사회복지에 대한 선행 지식과 이론이 부족하면 사회복지현장에 대한 전반적인 이해도가 낮고, 제공과정복지사로서의 역할 수행에 많은 한계를 느껴 실습의 효과를 기대하기 어렵다. 따라서 실습을 하기 위해서는 필수 4과목, 선택 2과목 이상을 이수한 이후에 사회복지현장실습을 신청할 수 있다.

2) 실습기관에 대한 정보 탐색

실습을 희망하는 기관에 대해서 사전에 충분히 이해하는 것은 실습생이 실습기관을 선택하는 데 있어 가장 중요한 요소이다. 한국사회복지사협회 자격관리센터에 공지되어 있는 '보건복지부장관 선정 기관실습 실시기관' 정보를 중심으로 실습희망기관을 선정하되, 실습지도교수 및 실습담당조교, 선배들 그리고 기관 홈페이지를 통해 해당 기관에 대한 충분한 정보를 수집하도록 지도한다. 또한 학교에서 사전에 접촉하여 개발한 실습기관에 관한 세부 정보(실습기관 소개 파일)를 학생들에게 제공하여 학생들이 실습희망기관을 정하는 데 도움이 되도록 한다.

3) 실습기관 선정 방법

실습생의 실습기관 선정 및 배치의 방식은 다음과 같이 대학 주도의 실습기관 선정, 실습희망자 주도의 실습기관 선정 방법 두 가지 형태로 운영될 수 있다.

(1) 대학 주도의 실습기관 선정

① 대학과 협약된 실습기관에 실습생을 배치할 때 실습희망자가 해당 실습기관에서 실습을 수행하는 데 적절한지에 대해 종합적으로 평가해야 한다.

② 실습기관 배치 시 대학에서는 실습희망자의 진로 및 적성을 우선적으로 고려하여 배치함으로써 학습자의 학습 욕구를 최대한 존중해야 한다.

③ 실습희망자가 원하는 분야의 실습기관이 부족하여 학습자의 학습기회가 제한되지 않도록 대학에서는 노력을 기울여야 한다.

(2) 실습희망자 주도의 실습기관 선정

① 실습희망자가 자율적으로 실습기관을 선정하여 지원하더라도 대학에서는 실습기관이 기관실습에 적합한 요건을 갖추었는지 이중으로 점검하여 학습자가 불이익을 당하지 않도록 노력해야 한다.

② 대학에서는 실습희망자가 자신의 진로와 적성을 고려하여 실습기관에 지원할 수 있도록 충분한 정보를 제공해야 한다.

③ 실습기관을 지원하는 데 어려움을 겪는 학생에 대해서는 대학 및 교육기관에서 지원방안을 마련해야 한다.

실습생은 실습기관을 선정할 때 많은 어려움을 경험한다. 실습기관에 비해 실습생 수는 많고, 실습기관은 여러 가지 여건이나 사정을 고려해서 실습생을 한정해서 받기 때문에 실습생이 자신이 원하는 실습기관을 선택할 수 없는 경우도 종종 발생한다. 따라서 학생은 자신이 원하는 기관의 우선순위를 정하여 신청하는 것이 바람직하다. 또한 실습생은 실습기관을 선택하는 과정에서 스스로 자문할 수 있는 몇 가지 질문을 통해 실습기관을 선정하도록 한다. 실습기관 선정 시 고려할 사항은 다음과 같다(Berg-Weger et al., 2000).

① 내가 관심을 갖는 클라이언트 체계(개인, 가족, 집단, 조직, 지역사회 등)는 무엇인가?
② 내가 관심을 갖는 클라이언트 유형(아동, 청소년, 노인, 여성, 장애인 등)은 누구인가?
③ 내가 관심을 갖는 클라이언트 문제유형(노숙, 정신건강, 돌봄, 학대, 폭력, 비행 등)은 무엇인가?
④ 내가 선호하는 실천 현장(사회복지기관 및 시설, 지역사회운동단체 등의 유형)은 어디인가?
⑤ 내가 실습경험의 결과로 얻기를 원하는 기술은 무엇인가?
⑥ 내가 졸업 후에 종사하고 싶다고 생각해 본 영역은 무엇인가?

그 밖에도 실습기관을 선정하는 데 있어서 기관의 특성에 따라서 실습생의 개인적 요소나 지리적 위치, 실습시간, 실습기간 등을 고려해서 선택해야 한다.

교육기관에서도 실습생들의 기관 선정에 대한 어려움을 덜고자 실습기관 선정과정에서 실습지도교수는 실습담당조교와 함께 학생들이 희망하는 실습기관 목록을 취합하여 해당 기관에 실습 의뢰 공문을 발송하여 섭외할 수 있으며, 실습 진행 여부가 확정되면 학생들에게 통보한다. 해당 학생은 실습 예정 기관에 사전방문 또는 유선 접촉을 통해 기관의 실습교육 관련 지침과 계획(실습비 및 납부 방법, 실습인원, 기자재 사용 규정, 사전 준비사항, 실습 일정 및 내용) 등을 확인한 뒤 실습기관을 확정하고 실습을 준비한다(한주빈 외, 2019; 최세영 외, 2021).

4) 실습신청서 및 프로파일 작성

(1) 실습신청서 작성

실습예정자가 실습을 준비하면서 작성해야 하는 문서는 실습신청서와 실습생 프로파일이다. 실습신청서를 작성할 때는 실습기관이 구체적으로 섭외가 진행되는 과정에서 작성한다. 실습신청서에는 실습기관명, 실습지도자, 연락처, 이메일 등을 반드시 기록해야 하며, 추후 실습신청서를 학교에서 기관으로 공문 의뢰와 함께 발송할 때 연락 오류가 발생하지 않도록 정확한 정보를 기입하도록 한다. 실습신청서는 한국사회복지사협회에서 정한 양식에 따라 기록하는 것으로, 그 내용은 다음과 같다(보건복지부 · 한국사회복지사협회, 2017; 최세영 외, 2021; 이 책의 부록에서 서식 참조).

① 실습기관은 실습하는 기관의 인허가증에 나타난 기관명을 기록한다.

② 실습생 인적사항은 실습생에 관계되는 개인적인 정보사항으로 성명으로부터 소속, 교육기관, 학과와 전공, 학년 및 학기를 기록한다.

③ 실습생의 주소, 전화번호와 e-mail 주소를 기록한다.

④ 실습 의뢰 내용은 실습 부서, 실습 분야, 실습 내용, 실습기간(시작하는 날부터 종료한 날짜)을 기록한다.

⑤ 마지막으로 신청한 날짜와 신청자 서명을 해야 한다. 신청한 날짜에서 적어도 1주 이내로 실습기관에 공문을 발송해야 하기 때문이다.

⑥ 실습지도교수는 접수된 신청서를 보고 적격 여부를 판단하여 서명 또는 도장을 찍어 해당 기관장에게 제출한다. 기관장은 그것을 기초하여 해당 기관에 실습 의뢰 공문을 발송한다.

⑦ 신청에 꼭 첨부하여 제출해야 하는 것이 실습생 프로파일이다. 어떤 기관에서는 두 가지를 하나의 통합된 양식으로 사용하기도 한다.

(2) 실습생 프로파일 작성

실습생 프로파일은 실습을 하고자 실습신청서를 제출하는 실습생이 신청에 추가하여 작성해야 하는 양식이다. 실습교육을 받고자 하는 학교에 가서 그 기관에서 선정된 실습생 프로파일 양식을 작성하여 제출한다(보통은 한국사회복지사협회의 공통양식을 사용함). 이것은 기관에서 실습생을 선발하기 위해 필요한 실습생의 정보가 담긴 것으로, 기관은 프로파일의 내용을 살펴보고 실습생 선발 여부를 결정한다. 실습생이 실습을 하기 위해서는 실습생 프로파일을 반드시 작성하여 보고해야 한다. 실습생 프로파일에 포함되는 내용에 대한 작성 방법을 소개하면 다음과 같다(신민선 외, 2020; 최세영 외, 2021).

① 인적사항

인적사항에는 실습생의 이름, 성별, 생년월일, 소속, 현주소, 전화번호, 이메일 등을 기록하는데, 정확하게 작성함으로써 추후 연락이 원활하게 진행되도록 해야 한다.

② 이수 전공과목

현재 사회복지사 2급 이수 교과목은 필수 10개 과목, 선택 7개 과목으로, 이수해야 자격증을 발급받을 수 있다. 따라서 사회복지현장실습을 진행하기 위해서 반드시 실습 전 이수 교과목(필수 4과목, 선택 2과목 이상) 수가 충족되어야 하는 만큼, 현재를 기준으로 작성한다. 이수 전공과목을 체크하는 곳에서는 현재 시점을 기준으로 학습이 완료된 교과목(이수 완료)과 현재 학습 중인 교과목(현재 이수)을 구분하여 체크하도록 한다. 이를 통해 실습생의 사회복지현장실습 가능 여부를 판단할 수 있다. 또한 기관의 특성에 따른 관련 교과목을 수강하여 사전 지식이 있는지 여부도 판단할 수 있다.

③ 경력사항

경력사항에서는 실습생의 취업경험, 다른 분야의 실습경험, 봉사경험 등 자신에게 해당되는 내용을 작성하도록 한다. 예를 들어, 봉사경력을 작성한 경우, 봉사를 수행했던 사회복지기관명과 봉사한 기간을 구체적(○○년 ○월~○○년 ○월까지)으로 명시하고, 봉사활동 내용을 작성하도록 한다.

④ 사회복지를 전공하게 된 동기

실습생이 사회복지를 전공하게 된 자신의 의지를 솔직하고 구체적으로 작성한다. 예를 들어, 사회복지를 전공해서 앞으로 어떤 분야에서 일을 하고 싶다든지, 무엇을 할 것인지 기록한다.

⑤ 실습기관 선택 이유

실습생이 실습기관을 선택한 이유에 대해서는 그 분야에 대한 관심과 또 선정한 기관에 대한 실습생의 관심이 나타나도록 작성한다. 기관의 정보(홈페이지, 카페 등)를 확인하여 작성함으로써 해당 기관에서 실습하고자 하는 의지를 어필한다.

⑥ 실습을 통해서 성취하고자 하는 목표

실습목표는 실습을 통해 자신이 성취하고자 하는 내용을 구체적이고 측정 가능하도록 작성한다. 실습목표는 실습기간 동안 달성 가능한 내용이어야 하며, 현실성에 부합되도록 제시해야 한다.

⑦ 실습을 마친 후 목표 달성 정도를 파악할 수 있는 기준

실습목표의 측정기준은 자신이 제시한 실습목표를 측정할 수 있는 지표로 타당한 것을

제시한다. 이는 실습을 마칠 때 실습기간 동안에 자신의 목표를 성취했는지 여부를 파악할 수 있는 근거가 되는 만큼 목표 설정과 같은 맥락에서 측정기준을 제시하면 좋다.

⑧ 사회복지실천을 하는 데 있어서의 강점과 약점

자신의 강점과 약점을 보완하면서 전문 사회복지사로서의 자질을 갖추고자 하는 데 목적이 있다.

첫째, 사회복지 지식 및 기술적 측면에서는 사회복지를 전공하면서 배운 이론적 지식과 기술을 토대로 하여, 실습생 자신이 익힌 지식과 기술을 실천 현장에서 어떻게 활용할 수 있는지에 대한 강점과 약점을 작성한다. 이는 실습지도자로 하여금 어느 부서에서의 실습이 적합하고 혹은 부적합한지를 검토해 볼 수 있으며, 실습을 지도하는 방향성에도 참고할 수 있는 자료가 된다.

둘째, 개인적인 특성 측면에서는 자신의 성격, 태도, 특기 등을 작성하여 실습생으로서의 강점과 약점을 작성하면 좋다. 실습생으로서 자신만의 강점으로 성장하는 과정에서 형성된 인격적인 면이나 신체적인 면을 기록하는 것 또한 사회복지사로서의 자질을 검토하여 실습지도자가 적합 여부를 판단하는 데 참고 자료가 된다.

⑨ 취미 및 특기

실습생의 취미나 특기를 살릴 수 있는 기관 여부를 판단하는 것으로, 미래의 목표와 관련이 있다. 따라서 실습생의 취미나 특기를 실습 현장에서 실습기간 동안 어떠한 강점으로 활용할 수 있는지에 대한 어필을 하는 것도 도움이 된다.

⑩ 실습기관, 실습지도자 및 실습지도교수에게 바라는 점

실습 시작에서부터 종결되는 시점까지 실습기관, 실습지도자, 실습지도교수에게 바라는 점들에 대해 요청사항을 기록한다. 실습과정에서 어려운 일이나 문제점이 발생할 수 있기 때문에 스스로 문제를 해결할 수 없는 경우 도움 요청이 필요하다. 실습생이 실습을 진행하는 동안에 배우고 싶은 내용이나 혹은 실습과 관련하여 궁금 사항 등이 있다면 도움을 요청할 대상에게 바라는 점들을 작성한다.

5) 실습학생 확정 및 통보

실습기관의 선정이 끝나면 교육기관은 해당 실습기관에 '사회복지현장실습 의뢰서' 공문을 우선적으로 발송하고, 실습기관은 해당 교육기관으로 '사회복지현장실습 의뢰 수락서' 공문을 발송하여 실습생을 확정하는 것이 일반적이다. 기관에 따라서는 사회복지현장 실습 의뢰와 수락 절차를 생략하는 경우도 있기 때문에 실습생은 이와 관련한 사항을 실습 지도자에게 확인한 후 반드시 실습지도교수 및 실습담당조교에게 알려야 한다.

6) 실습 의뢰에 대한 회신

실습 의뢰에 대한 회신은 교육기관에서 실습기관으로 보낸 실습 의뢰 공문에 대한 회신이자 실습기관에서 실습 가능 여부를 알려주는 답변으로 현장실습이 가능한지 아니면 불가능한지를 알려주는 차원에서 준비한다.

실습 의뢰에 대한 회신은 실습기관과 교육기관과의 상호협조하는 의미에서 실습기관이 교육기관으로 발송하는 것이다. 수락 여부를 교육기관에 알리며, 실습을 위한 기타 준비사항을 포함한다. 회신서에 명시된 구체적인 내용은 실습 가능 기간과 실습생에게 실시되는 오리엔테이션 일정, 실습생이 준비해야 하는 서류, 실습을 위한 기타 준비사항을 알려주고, 실습기관에서 교육기관에 부탁하고 싶은 내용을 기록한다. 마지막으로 회신서를 발송할 때는 실습지도자와 기관장의 도장을 잊지 않고 날인하여 보낸다.

Ⅱ 실습 초기 단계

1. 실습기관 소개

기관에서의 실습오리엔테이션은 기관의 목적, 철학, 설립배경 등을 설명하고, 직원 소개, 실습 일정 및 실습 내용이 설명되며, 실습지도자(supervisor: 슈퍼바이저)가 배정된다. 기관에서의 실습지도는 실습지도자를 정하여 실습을 지도하며, 경우에 따라서 전체 실습을 총괄하는 실습지도자가 있고, 부서별 실습을 담당하는 실습지도자가 있다. 실습지도는 학생들의 과정 기록(process record)을 토의하는 방식으로 개인 지도 또는 집단사례회의를 통해 슈퍼비전을 주기도 한다(최세영 외, 2021).

1) 기관의 미션과 비전

기관의 미션은 사회복지기관 설립의 기획에서 가장 먼저 정하는 것이다. 이와 함께 목표는 성과의 방향이며 조직의 준거 틀에 맞추어 평가를 하고 그 결과를 도출하게 된다. 사명과 비전의 설정은 조직의 존재 이유를 명문화하고, 조직의 핵심가치를 공유하며, 조직사업 수행을 위한 기본 방향을 설정하게 한다. 사명은 조직의 근본적인 존재 이유, 조직의 나아가야 할 방향을 제시하고 조직구성원에게 동기를 부여한다. 비전은 조직의 핵심가치와 사명을 미래로 전망하는 내용이다. 사명헌장 개발의 방법은 ① 포괄적으로 사명헌장을 기술 ② 사명헌장에는 조직의 존재 이유와 목적만 기술, 운영상의 목적에 대한 지침은 별도로 기술한다. 사회복지기관의 사명과 비전은 조직의 출발과 전체 활동의 토대가 된다. 조직에서 사명과 비전을 수립하고 공유하는 과정을 통해 조직은 성장한다.

2) 기관의 인력 구성

인적자원관리는 조직의 인력에 대한 개인, 조직 수준의 관리를 의미한다. 따라서 영역도 매우 광범위하다. 크게 조직 및 직무(업무) 성과관리, 인적자원 개발관리로 구분할 수 있다(Weinbach, 2008).

① 조직 및 직무(업무) 성과관리는 직무분석, 직무평가, 직무설계를 하는 것이다.

- 직무분석은 직무수행을 위해 필요한 모든 정보(지식 · 기술 · 경험 · 능력 · 태도 등)를 수집하고 관리 목적에 적합하게 정리하는 과정이다. 즉, 일을 분류하고 정리하여 그 일을 성공적으로 수행할 수 있는 요건을 정리한 것이다. 직무분석을 하는 목적은 인사관리의 시작이기 때문이다.
- 직무평가는 직무 간 서열을 평가하는 업무이다. 즉, 직무의 서열을 나누고 직무별 가치를 평가하는 업무이다. 직무분석이 끝나면 그 조직에서 수행하는 직무가 나열되고, 나열된 직무는 난이도와 중요도, 직무별 상대적 가치 등에 따라 어떤 직무가 다른 직무보다 우선하는지 판단된다.
- 직무설계는 직무분석과 직무평가에서 얻은 자료를 바탕으로 합리적인 작업 방법의 변화를 추구하는 과정이다. 모든 구성원들에게 동기부여와 서비스 향상을 목적으로 직무 만족을 증대시키고자 추진한다.

② 인적자원 개발관리에는 직원훈련, 직원개발, 직원 경력관리 등이 구성된다.

- 직원훈련(training)은 직원이 직무와 관련된 지식, 기술 등을 배울 수 있도록 하는 조직의 계획된 노력이다.
- 직원개발은 직원이 조직 내에서 존재하는 다양한 직무에 대응하도록 준비하고 활동하는 데 지원하는 관리 방법으로, 훈련과 교육, 현재 업무의 확대, 순환업무 등이 포함된다.
- 직원 경력관리는 직원이 직무수행 과정에 필요한 적절한 과업과 활동을 갖도록 하고 전반적인 직무능력을 향상시킬 수 있도록 지원해주는 관리 방법이다.

2. 지역 소개

1) 지역사회 이해하기

최근 우리 사회는 지역사회의 변화와 지역복지의 중요성이 대두되고 있다. 특히, 지역진단 및 욕구분석에 근거한 지역사회복지계획의 발전이 강조되고 있다. 따라서 실습생들은 어떤 사회복지기관에서 실습을 하든지, 그 지역사회에 대한 정확한 이해가 이루어져야 한다. 예를 들면, 지역사회의 특성과 인구, 주민의 욕구와 사회적 제반 문제, 해결방안, 주민참여 정도 및 참여의욕, 지방행정기관의 의지와 중점 추진 방향 등 지역사회의 전반적인 현황을 파악한다. 이를 통해 보다 세부적으로 지역사회와 주민의 특성과 욕구, 문제들을 구체화시켜 파악할 수 있다. 또한, 지역사회 이해를 기반으로 효과적인 주민참여 유도와 사회복지서비스 계획과 실천이 가능해진다.

2) 지역사회복지관의 역할

지역사회복지관은 지역사회에 대한 이해를 바탕으로, 조사를 통한 문제 파악과 문제해결을 위한 노력, 지역사회복지사업에 대한 개발과 실천 등을 지역사회와 공동으로 추진하는 조직체이다. 따라서 지역사회조직사업은 지역사회와 주민 스스로가 지역사회의 문제를 해결하도록 돕기 위하여 주민의 의식을 고취하고 이에 상응하는 대처 활동이나 조직을 구성하여 주민참여를 통한 발전을 모색하는 사업이다.

이러한 노력들을 보다 전문화시키고 주민의 참여를 강화하며, 지역사회 내 문제해결을 위한 다양한 자원의 연계를 위해서는 많은 지역자원을 파악하고 있어야 한다. 지역사회복지관은 그것들을 얼마만큼 효율적 · 효과적으로 활용하며 조직화하고 있는지가 관건이다. 따라서 '사회복지관이 위치한 지역에서 지역성을 바탕으로 지역복지사업을 실천하려는 노력들이 얼마나 구체화되어 왔는가'가 중요하다. 지역사회조직사업의 대부분의 대상이 지역사회와 지역주민일 때 조직화되어 있는 조직체와 주민들이 얼마나 참여하는가를 분석할 수 있어야 한다.

사회복지관의 기능은 크게 서비스 제공 기능, 사례관리 기능, 지역조직화 기능의 세 가지로 구분할 수 있다. 구체적인 사업 및 내용은 다음의 〈표 3-1〉과 같다(사회복지사업법 시행규칙 제23조의2 제1항 참조).

표 3-1 사회복지관의 사업

기능	사업분야	사업 및 내용
서비스 제공 기능	가족기능 강화	1. 가족관계증진사업: 가족원 간의 의사소통을 원활히 하고 각자의 역할을 수행함으로써 이상적인 가족관계를 유지함과 동시에 가족의 능력을 개발 · 강화하는 사업 2. 가족기능보완사업: 사회구조 변화로 부족한 가족기능, 특히 부모의 역할을 보완하기 위하여 주로 아동 · 청소년을 대상으로 실시되는 사업 3. 가정문제해결치료사업: 문제가 발생한 가족에 대한 진단 · 치료 · 사회복귀 지원사업 4. 부양가족지원사업: 보호대상 가족을 돌보는 가족원의 부양부담을 줄여주고 관련 정보를 공유하는 등 부양가족 대상 지원사업 5. 다문화가정, 북한이탈주민 등 지역 내 이용자 특성을 반영한 사업
	지역사회 보호	1. 급식서비스: 지역사회에 거주하는 요보호노인이나 결식아동 등을 위한 식사제공 서비스 2. 보건의료서비스: 노인, 장애인, 저소득층 등 재가복지사업 대상자들을 위한 보건 · 의료 관련 서비스 3. 경제적 지원: 경제적으로 어려운 지역사회 주민들을 대상으로 생활에 필요한 현금 및 물품 등을 지원하는 사업 4. 일상생활 지원: 독립적인 생활능력이 떨어지는 요보호 대상자들이 시설이 아닌 지역사회에 거주하기 위해서 필요한 기초적인 일상생활 지원 서비스 5. 정서서비스: 지역사회에 거주하는 독거노인이나 소년소녀가장 등 부양가족이 없는 요보호 대상자들을 위한 비물질적인 지원서비스 6. 일시보호서비스: 독립적인 생활이 불가능한 노인이나 장애인 또는 일시적인 보호가 필요한 실직자 · 노숙자 등을 위한 보호서비스 7. 재가복지봉사서비스: 가정에서 보호를 요하는 장애인, 노인, 소년 · 소녀가정, 한부모가족 등 가족기능이 취약한 저소득 소외계층과 국가유공자, 지역사회 내에서 재가복지봉사서비스를 원하는 사람에게 다양한 서비스 제공
	교육문화	1. 아동 · 청소년 사회교육: 주거 환경이 열악하여 가정에서 학습하기 곤란하거나 경제적 이유 등으로 학원 등 다른 기관의 활용이 어려운 아동 · 청소년에게 필요한 경우 학습 내용 등에 대하여 지도하거나 각종 기능교육 2. 성인기능교실: 기능 습득을 목적으로 하는 성인사회교육사업

기능	사업분야	사업 및 내용
		3. 노인 여가 · 문화: 노인을 대상으로 제공되는 각종 사회교육 및 취미교실운영사업 4. 문화복지사업: 일반 주민을 위한 여가 · 오락 프로그램, 문화 소외집단을 위한 문화프로그램, 그 밖에 각종 지역문화행사사업
	자활 지원 등 기타	1. 직업기능훈련: 저소득층의 자립능력 배양과 가계소득에 기여할 수 있는 기능훈련을 실시하여 창업 또는 취업을 지원하는 사업 2. 취업알선: 직업훈련 이수자, 기타 취업희망자들을 대상으로 취업에 관한 정보제공 및 알선사업 3. 직업능력개발: 근로의욕 및 동기가 낮은 주민의 취업욕구 증대와 재취업을 위한 심리 · 사회적인 지원 프로그램 실시사업 4. 그 밖의 특화사업
사례 관리 기능	사례 발굴	지역 내 보호가 필요한 대상자 및 위기개입 대상자를 발굴하여 개입계획 수립
	사례 개입	지역 내 보호가 필요한 대상자 및 위기개입 대상자의 문제와 욕구에 대한 맞춤형 서비스가 제공될 수 있도록 사례 개입
	서비스 연계	사례개입에 필요한 지역 내 민간 및 공공의 가용자원과 서비스에 대한 정보 제공 및 연계, 의뢰
지역 조직화 기능	복지 네트워크 구축	지역 내 복지기관 · 시설들과 네트워크를 구축함으로써 복지서비스 공급의 효율성을 제고하고, 사회복지관이 지역복지의 중심으로서의 역할을 강화하는 사업 - 지역사회연계사업, 지역욕구조사, 실습지도
	주민 조직화	주민이 지역사회 문제에 스스로 참여하고 공동체 의식을 갖도록 주민 조직의 육성을 지원하고, 이러한 주민 협력 강화에 필요한 주민의식을 높이기 위한 교육을 실시하는 사업 - 주민복지증진사업, 주민조직화사업, 주민교육
	자원 개발 및 관리	지역주민의 다양한 욕구충족 및 문제해결을 위해 필요한 인력, 재원 등을 발굴하여 연계 및 지원하는 사업 - 자원봉사자 개발 · 관리, 후원자 개발 · 관리

출처: 사회복지사업법 시행규칙 [별표 3] 〈개정 2022. 6. 22.〉 참조

지역사회복지관으로서의 역할 수행과 적절한 사회복지서비스 개발을 위해서는 일차적으로 기관이 위치한 지역사회를 정확하게 이해해야 한다.

우선, 지역사회 이해의 틀에 따라 선정한 지역사회 전반에 대한 현황과 특성에 대한 이해와 조사가 실시되어야 하며, 보다 세분화된 조사로 시 · 군 · 구별로 나누어 지역사회복지관이 위치하고 있는 지역에 대한 정보를 통해 해당 지역 내 복지 관련 기관을 파악한다. 상기 조사 작업은 기본적으로 인터넷 또는 문헌조사를 통하여 실시하며, 문헌조사에서 미비한 점은 이후 방문조사를 위한 사업계획을 수립하는 과정에서 목적, 목표로 남긴다.

전체 지역사회에 대한 이해를 근거로 방문 작업을 위해 지역사회 지도를 확보하고 지역범위를 선정한 후 조사하고자 하는 대상을 구체적으로 선택한다. 그럼으로써 지역 내 분포

하는 대상의 자원 현황과 질문사항을 조사하며, 방문을 통한 보다 상세한 정보 입수, 연계 가능 이부, 개입방안의 실마리 등을 확인하게 된다.

상기의 과정을 통하여 만들어진 지역사회 지도는 차후 지역 특성과 개입 여건이 갖추어지면 복지관의 새로운 사업 또는 주민 자체 사업의 귀중한 자료로 사용될 수 있도록 복지관사업과 통합적으로 관리·운영하게 된다.

결국, 지역사회복지관은 지역주민과 지역사회의 복지 증진을 위해 지역사회복지관의 역할과 지역사회에 대한 명확한 이해를 기초로 하여 지역을 이루고 있는 구성원들의 욕구를 파악하고 문제해결을 위해 주민과 함께 지역에 분포된 자원을 적절히 활용하여 지역사회 공동의 문제해결을 위해 노력해야 한다.

3) 지역사회조사의 활용

(1) 지역사회조사의 개념

일반적으로 지역사회조사는 지역사회에서 다양한 정보를 과학적으로 확인하고 분석하는 방법이다. 지역사회복지 측면에서 지역사회복지조사는 이러한 정보 중 주로 복지와 관련된 문제나 욕구 등을 조사하는 방법을 의미한다. 지역사회복지조사의 개념과 관련되어 중요하게 인식되어야 할 내용은 지역사회 정보와 과학적 방법이다. 지역사회 정보는 그것을 어떻게 보느냐에 따라 다양하게 구분될 수 있다.

① 일반: 지역사회 실태, 욕구 및 문제, 자원 등
② 특성별: 인적 정보와 물적 정보
③ 분야별: 인구, 정치, 경제, 사회, 복지, 문화예술, 체육, 보건의료 등
④ 대상별: 아동, 청소년, 노인, 여성, 장애인, 저소득층 등
⑤ 정보원별: 온라인 정보와 오프라인 정보

위와 같이 지역사회 정보는 많은 차원을 포함하고 있다. 중요한 것은 지역사회 정보를 파악할 때 중요한 원칙을 고려할 필요가 있다. 먼저 정보 일반의 측면에서 정보의 다양성, 통합성, 실용성 등을 고려하여 지역사회복지조사를 실시할 필요가 있다. 그리고 지역사회복지와 관련되어서 지역사회 문제나 욕구의 반영성, 정보의 비교와 조정을 통한 의견 수렴, 과학적 설계에 의한 조사의 신뢰성과 타당성, 정보의 소외성, 정보에 대한 권리 등을 고려하여 조사할 필요가 있다.

(2) 지역사회조사의 필요성

현대사회는 지역사회를 구성하고 있는 구성원과 요인의 변화가 급변하고 있다. 지역사회복지관은 이러한 다양한 변화에 즉각적으로 대응하고 변화하는 주민의 욕구에 대처하는 방법들을 학습하여 그에 따른 적절한 사회복지서비스를 제공해야 한다. 이를 위해서는 지역사회에 대한 명확한 관찰과 접근을 통하여 유관기관들과 유기적인 관계를 정립하고, 지속적인 참여를 유도하며, 이들과의 쌍방향 원조관계를 형성하는 것이 중요하다. 사회복지에 대한 국민적 관심과 참여가 증대되고 있는 상황 속에서 지역사회에 대한 정확한 이해를 근거로 지역사회복지 증진과 지역사회 공동체 형성을 위한 사업이 추진되어야 한다.

따라서 지역사회조사는 지역사회에 대한 기초 지식을 바탕으로 지역사회 변화에 관심을 가지고, 지역사회에서 대두되고 있는 문제가 무엇이며, 문제해결 방안과 연계 가능한 자원에 대한 분석을 실시함으로써 이후 프로그램 계획과 개발과정에 적절하게 적용하여 실천하여야 한다. 또한 실천과정에서의 주민참여를 강화함으로써 주민 스스로가 지역사회와 지역주민의 욕구 해결과 지역복지사업 활성화를 이룰 수 있도록 돕는다.

(3) 지역사회조사를 통한 현장실습의 활용

사회복지현장실습에서 기관 현황 분석과 함께 수행하는 것이 지역 현황 분석이다. 그 지역의 특성과 현황을 파악하는 것은 사회복지실습과정의 첫 걸음이 된다. 지역 현황 파악을 위해서는 지역조사, 지역탐방 등을 할 수 있다. 구체적으로 지역 현황 분석에는 탐방지역의 개요와 현황, 지역의 주요 사회지표, 지역의 인구 · 사회학적 특성, 지역의 사회 · 경제학적 특성, 지역의 사회복지기관 및 자원 탐색 등을 작성할 수 있다. 이것을 바탕으로 필요하거나 보완되어야 할 사회복지서비스를 제안할 수 있다.

지역사회조사를 할 경우 구체적인 조사 방법과 내용을 토대로 지역사회조사 계획서를 작성하고 설계를 한다. 이러한 조사는 체계적인 과정을 거쳐서 수행한다. 사회복지실습에서 사회조사에 수행되는 과정은 다음과 같다.

첫째, 문제 제기 및 조사 문제의 제시에서는 문제의 기술, 검토될 조사 문제에 대한 진술, 문제의 중요성과 조사 필요성을 제시한다.

둘째, 조사와 관련한 문헌자료 검토에서는 이론적 · 역사적 관점에서 파악된 차이점을 검토한다.

셋째, 조사 방법 제시에서는 조사 설계와 자료수집 절차, 표집설계, 대상에 대한 기술, 측정방법 기술, 자료 분석 절차를 제시한다.

넷째, 조사한 결과에 대해서는 기술적 분석, 인과적 분석 결과를 작성한다.

마지막으로, 논의점에서는 밝혀진 사항에 대한 설명, 실천에의 함의, 평가의 한계와 후속 연구의 제안점을 설명한다(한국사회복지사협회, 2017).

이러한 지역사회조사를 토대로 하여 실습생은 사회복지현장실습에서 다음의 내용들을 경험하게 된다(최세영 외, 2021).

① 사회복지기관에 대한 이해

사회복지기관의 구조 및 운영에 관해 이해하고 기관이 제공하는 지역사회서비스에 대해서 이해하도록 한다. 사회복지기관은 클라이언트에게 직접 또는 간접적으로 사회복지서비스를 제공하는 곳이다. 실습을 통해서 특정 대상이나 사회문제에 초점을 두고 서비스를 제공하는 사회복지기관을 선정함으로써, 클라이언트를 더욱 이해하고 다양한 서비스와 사업들을 살펴볼 수 있는 기회를 얻을 수 있으며, 실습생이 선정한 실습기관, 즉 사회복지기관을 더욱 잘 이해할 수 있다.

② 지역사회에 대한 이해

실습생은 실습기관이 위치해 있는 지역사회 문제를 규명하고 이를 해결하는 데 활용 가능한 지역사회 자원체계를 이해한다. 특히 사회복지실천 현장은 단순히 서비스만을 제공하는 물리적 공간이나 장소를 넘어 사회복지실천이 이루어지는 곳이다. 따라서 실천 분야, 개입의 대상이 되는 문제, 클라이언트를 모두 포함한 만큼, 문제해결을 위해서는 사회복지기관에서뿐만 아니라, 지역사회 내의 다양한 인적 및 물적 자원을 활용하고 연계함으로써 그 효과를 높일 수 있다. 따라서 실습기관이 속한 지역사회의 다양한 특성과 자원을 파악할 수 있고, 이를 활용할 수 있도록 하는 것도 중요하다.

③ 사회복지실천과정의 적용

클라이언트 체계(개인, 가족, 집단, 조직, 지역사회 등)에 직접적인 서비스를 제공하기 위하여 사회복지를 실천하는 과정은 '도움이 필요한 개인, 가족, 집단에 대해 전문적인 지식과 기술을 갖춘 사회복지사가 계획된 원조를 단계적으로 제공하여 문제해결을 돕는 과정'이다. 지역사회조사를 통한 결과물은 결국, 지역주민의 욕구를 반영하여 기관에서의 서비스로 개발되며, 실습기관을 이용하는 클라이언트를 직접 대면하면서 실습생은 기관에서 운영하는 서비스를 제공하는 데 참여하는 경험을 한다. 이는 실습을 통하여 클라이언트의 문제 혹은 특정 사례에 대해서 사회복지실천과정을 단계에 따라 경험하고 실천 활동을 직접적으로 경험하며 학습할 수 있는 기회이다.

④ 실습지도를 통한 학습

실습생은 사회복지기관에서의 실습을 진행하는 동안 과정 기록을 토대로 기관 실습지도자와 실습지도교수의 실습지도를 받으면서 전문적 가치관, 지식, 기술 그리고 사회복지사로서의 자아인식을 발달시킨다. 또한 기관 내 다른 직원 및 타교 실습생과의 관계를 잘 활용한다. 여기서 과정 기록은 사회복지사와 클라이언트가 면담하면서 이야기한 내용이나 클라이언트의 행동, 사회복지사가 관찰한 내용 등 사회복지사와 클라이언트의 상호작용을 있는 그대로 사실적인 내용을 자세하게 작성하는 기록이다. 과정 기록은 작성에 많은 시간이 소요되므로 사회복지실천 현장에서는 일반적으로 사용하지는 않는다. 하지만 클라이언트와의 상호작용을 있는 그대로 자세하게 작성하는 것은 교육적으로는 유용하다. 왜냐하면 면담 내내 클라이언트가 무엇을 이야기하는지, 어떤 행동을 하는지에 집중하며, 그것을 기록으로 옮기고 분석함으로써 자신의 면담기술과 개입기술, 자기인식, 개인 및 집단 역동성에 대한 지식을 보다 잘 이해할 수 있다. 이러한 분석을 바탕으로 실습지도자에게 슈퍼비전을 받으면 자신의 전문성을 향상시키는 데 도움이 된다.

⑤ 전문적 자아의식의 발달

실습생은 하루의 일과를 실습일지에 작성함으로써 자신이 진행한 과정을 점검해 보면서 자신에 대해 새롭게 인식할 수 있고, 서비스 과정에서 자아를 활용하는 정도가 향상된다. 또한 기관의 운영과 클라이언트에 대한 이해는 실습을 통하여 점차 전문가로서 정체감을 형성하고 전문가로서의 역할을 터득하게 한다. 이는 지역에 대한 관심과 사회복지기관의 이해도를 높임으로써 클라이언트 체계와의 업무에서뿐 아니라 사회복지 세미나 및 학회 활동에 적극 참여하는 등 전문직 문화와의 동일시를 통해서 더욱 촉진된다.

제 4 장

실습 중간 단계 및 종결 단계

|Ⅰ. 실습 중간 단계|

|Ⅱ. 실습 종결 단계|

Social Work Practicum and Seminar

I 실습 중간 단계

1. 실습 중간 단계에서의 진행 내용

실습지도 중간 단계에서는 정기적 슈퍼비전, 사례회의, 다양한 기록 유형을 통한 사례분석, 실천과정과 실습생의 자아인식 확대, 인간관계기술 향상, 실습목표 성취분석과 목표 수정, 실습에 필요한 자원 동원과 활용, 중간 평가회 실시 등을 강조하고 있다(정효신 외, 2020).

1) 업무 점검

점검사항은 주로 자신에게 주어진 업무배당의 적절성, 업무 수행의 효율성, 업무 수행 정도 등이다. 주로 실습생에게 배당되는 업무는 비공식적 클라이언트 관리, 실습기관의 서류철 및 각종 서식 정리 등 비교적 간단한 업무를 비롯하여 집단 프로그램 기획 및 운영, 사례관리 등이다.

2) 정기적 슈퍼비전

실습생은 정기적 슈퍼비전을 받아야 한다. 슈퍼비전이 제대로 이루어지고 있지 않는다면 심각하게 정기적 슈퍼비전 제공에 대한 요구가 고려되어야 된다. 실습기간 동안 슈퍼비전을 제대로 받지 못한다면 전문적인 사회복지사가 될 수 없기 때문이다. 따라서 실습생은 정기적 슈퍼비전을 제공받아야 하며 이를 위해 실습계약서에는 제공 형식과 일자가 명시되어야 한다.

3) 중간 평가

실습의 중간시기에 실습 전반에 관한 실습 중간 평가회를 공식적으로 실시한다.

4) 보충교육

보충교육은 사회복지 전반에 걸쳐 학교에서 배운 것 이외에 현장에서 유용하게 활용될 사항에 대하여 교육을 받는 것이다. 보충교육은 기관, 개인마다 다를 수 있는데 주로 지역사회복지 전반과 해당 복지기관이 주력하는 각 분야에 대한 교육이 이루어진다.

① 지역사회복지 및 각 분야에 대한 이해

② 기관방문과 가정방문

③ 위기개입

2. 실습생 출근부 작성

실습생 출근부는 매일 출근상태를 총괄하는 도표이다. 실습생 출근부는 매일의 출·퇴근시간을 그대로 기록하는 것이다. 단, 실습생 출근부에 기록된 출근시간과 실습일지 시간이 일치되어야 하고 실제 시간을 기록하는 것이 좋다. 아침 9시에 출근하여 저녁 6시에 퇴근하면 그 시간은 총 9시간이다. 9시간에는 점심시간 1시간이 포함되어 있으므로 이를 실습시간에서 제외한 총 8시간이 실습시간으로 인정된다. 결국, 실습시간이 1일 8시간이라면 식사시간(1시간 제외)을 꼭 포함하여 9시간을 해야 한다. 출근부 작성 시 유의사항은 다음과 같다.

① 출·퇴근시간을 표시, 퇴근 시 실습생 및 실습지도자가 확인하는 것이고 지각, 조퇴, 결근 시 그 사유를 함께 기록한다.

② 실습일지에 실습생 서명과 지도자 서명이 있는데 본인이 먼저 하고 지도자에게 퇴근 전에 꼭 서명을 받아 놓아야 한다.

③ 실습시간을 기록할 때 식사시간을 제외하여야 한다. 단, 점심시간과 저녁시간이 겹친 시간대에 실습이 진행된다면 점심과 저녁시간 중 한 곳을 실습생의 식사시간으로 제외하고, 나머지 식사시간에는 식사를 보조한 것으로 실습시간을 인정받을 수 있다.

④ 출근부와 실습일지는 서로 비교 검증하는 내용이 많으므로 관심을 가지고 꼼꼼하게 작성하는 세심한 노력을 기울여야 한다(최세영 외, 2021).

3. 실습일지 작성

1) 실습일지 작성의 목적

실습일지는 실습생이 매일의 일정에 따른 자신의 활동경험을 기록함으로써 자신의 활동을 점검·보완하고 실습목표 달성을 위해 어떠한 구체적인 노력을 해야 하는지 파악하기 위해 작성하는 것이다. 실습생은 실습일지를 작성함으로써 실습시간에 어떤 업무를 수행하였는지 혹은 어떤 경험이나 관찰을 하였는지 모니터링할 수 있다. 그뿐만 아니라 실습생 자신의 장점, 부족한 점을 객관적으로 인식하여 학습경험 향상에 기여하며, 실습지도자에게는 실습업무 수행 활동에 대한 실습생의 반응도 파악할 수 있게 한다. 또한 실습일지를 통하여 기관 업무 수행의 문제점에 대한 발전적 제언을 함으로써 기관 운영에 직·간접적으로도 기여할 수 있게 된다(임상록 외, 2009).

2) 실습일지 작성 방법

실습일에 무엇을 하였는지 알아볼 수 있는 가장 편리한 방법은 시간대별로 모든 활동(예: 직접 수행, 관찰, 휴식시간, 교육 등)의 내용을 기록하는 것이다. 실습생은 각 활동 내용뿐 아니라 활동에 대한 의견을 제시하고, 실습 전체 일정 및 자신의 수행에 대한 평가와 제언을 제시한다. 공식적 실습지도자는 실습일지 지도란에 실습일지 내용에 대한 피드백을 제공한다. 실습일지 양식은 교육기관마다 조금씩 양식을 달리 사용하지만, 실습 일정, 실습 세부사항, 실습 소감, 실습지도자 의견 등의 내용을 공통적으로 포함하고 있다(최세영 외, 2021).

구체적인 실습일지 작성 방법은 이 책의 11장에서 살펴보기로 한다.

3) 실습일지 작성의 기본 원칙

(1) 시간대별로 사실을 기반으로 작성

- 실습 중에는 메모지를 사용하여 시간대별로 기록하고 일과를 마친 후 일지를 작성한다.
- 가급적 쉽고 간결하게, 사실을 기반으로 작성하여야 한다.
- 올바른 의미를 전달하기 위해 필요한 경우 한자 혹은 외국어 표기를 할 수 있다.
- 내용상에 거짓이 없어야 하며 허위 또는 과장된 내용을 기록해서는 안 된다.

(2) 일지의 내용은 구체적, 객관적, 논리적, 긍정적으로 작성

- 서론, 본론, 결론이 성립되어야 한다.
- 실습생 자신이 주인공이 되어 감상적인 기록을 하지 않도록 주의한다.
- 가치관의 문제(고정관념, 편견 등)로 편협한 판단을 하지 않도록 한다.

(3) 일지에 사용하는 용어에서는 정확한 명칭(용어)을 사용

- 전문용어의 사용이나 연령을 표기할 때 정확한 나이를 기록한다.
- 클라이언트 및 기관종사자 실명을 직접 언급하지 않도록 주의한다.
- 각종 기관의 고유 명칭을 사용하며 약어는 사용하지 않는다.
- 맞춤법에 유의하여 작성하고 검토한다.

4. 기관분석보고서 작성

1) 기관분석보고서의 목적

사회복지현장실습과정에서 처음에 실습생이 작성하는 보고서가 기관분석보고서이다. 실습기관 분석 보고서를 통해서 기관에 대한 이해와 비전, 미션에 대해 충분히 탐색해야 한다. 기관분석보고서 작성을 통해서 실습생은 실습기관에 대한 지식과 정보를 얻고 실습현장에 대해 적극적으로 이해할 수 있다.

실습생은 실습 시작 전에 기관 선정 단계에서 수집했던 다양한 정보와 기관에서 제시되는 자료를 토대로 기관분석보고서를 작성한다. 이 경우에 활용될 수 있는 자료는 홈페이지, 홍보물, 기관의 연간보고서, 프로그램 안내지, 기관에서 발행하는 각종 보고서 등이 될 수 있다. 특히 기관의 홍보물, 보고서, 안내지 등은 기관이 대내외적으로 보급하는 자료로서, 기관의 목적과 사업 방향을 이해하는 데 도움이 된다. 실습생은 기관분석보고서를 작성함으로써 실습기관에 대한 이해와 조직 운영, 향후 실습 방향에 대한 준비를 해야 한다.

사회복지실습기관 분석에서는 기관의 역사, 기관의 목적, 주요 사업 및 프로그램, 기관 행정사항, 기관이 속한 지역사회 또는 물리적 환경의 특성, 지역사회 네트워크 등을 작성하게 된다(한국사회복지사협회, 2017).

2) 기관분석보고서의 작성 방법

실습생이 기관분석보고서를 통하여 기관의 구조와 기능을 배우고, 지역사회와의 관계를 본질적으로 이해하게 될 때, 이러한 지식은 클라이언트의 이익을 위하여 기관을 창의적으로 이용할 수 있는 기반이 된다. 즉, 기관 내 전체적인 프로그램의 운영에 대한 일반적인 이해를 하게 됨으로써, 다양한 클라이언트를 위해 가능한 기관 체계 내의 실제적·잠재적 자원을 발견하고 연결할 수 있다. 또한 클라이언트에게 기본적인 기관의 정책과 절차를 안내할 수 있다.

기관의 특징적 요소를 분석하기 위해서는 가능한 여러 출처로부터 객관적이며, 구체적인 자료를 수집해야 한다. 최근에는 기관 홈페이지나 홍보안내 책자가 잘 구성되어 있어 학생들이 이러한 자료들에만 의존하여 기관분석보고서를 쓰는 경우도 있다. 그러나 기관에서 실시하는 오리엔테이션에서 안내한 내용과 더불어 다양한 참고 자료를 활용하여 작성하는 것이 바람직하다(이경아 외, 2011; 신민선 외, 2020; 최세영 외, 2021).

일반적으로 기관분석보고서의 작성 목적을 달성하기 위해서는 실습이 시작된 후 1~2주 이내로 작성하도록 한다. 각 항목별 실습생의 평가를 기술할 때에는 최대한 객관적인 정보를 바탕으로 하여 논리적으로 분석한 내용을 제시한다. 지극히 주관적이거나 감정적인 평가가 되지 않도록 주의하고, 현실적으로 가능한 제안을 제시하려고 노력한다. 구체적인 기관분석보고서 작성 방법은 이 책의 제11장에서 살펴보기로 한다.

3) 기관의 주요 사업 및 프로그램을 분석할 때에 고려할 사항

① 주요 클라이언트의 대상이 누구인지 파악한다.
② 서비스 대상지역은 어디까지인지 파악한다.
③ 기관이 선호하는 서비스 전달 방식이나 업무 방식이 존재하는지 파악한다.
④ 지역적 특성과 여건을 파악한다.
⑤ 주요 클라이언트 대상의 특성과 여건을 파악한다.
⑥ 주요 클라이언트 대상의 특성과 욕구를 반영한 특성화된 프로그램이 존재하는지 파악한다.
⑦ 다른 기관과 차별화된 사업은 무엇인지 파악한다.
⑧ 서비스 전달체계는 어떻게 구성되었는지를 파악한다(최세영 외, 2021).

5. 실습 중간 평가서 작성

실습생은 실습 진행기간 중반기에 자신의 실습과 수행 전반에 대해 중간 평가서를 작성하고 이를 토대로 기관 실습지도자와 실습 중간 평가를 진행한다. 실습 중간 평가는 실습 초기에 세운 목표에 따라 실습이 진행되고 있는지에 대해 실습생 스스로 점검하고 평가하는 데 그 의미가 있다. 그뿐만 아니라, 실습지도자와 동료 실습생, 기관종사자들의 피드백을 통해 실습생이 성장한 점과 추후 노력해야 할 부분을 확인하여 실습 종결 시점까지 자신의 성장을 위해 구체적으로 노력할 수 있다. 이를 통해 보다 질 높은 실습이 가능하게 되므로 학습효과를 극대화할 수 있다(최세영 외, 2021).

다음은 실습 중간 평가서 작성 시 주의해야 할 사항이다(이경아 외, 2011).

① 평가 시에는 실습 초기에 계획했던 목표 및 계획에 기초하여 객관적으로 평가해야 하며, 실습생 자신의 느낌에 따라 주관적으로 장황하게 기술하지 않도록 주의한다.

② 실습생은 중간 평가서의 세부 항목에 따라 자신이 수행한 역할과 과업을 제시한 뒤 이를 평가하고 종결 시점까지 자신이 노력해야 하는 부분을 구체적으로 제시한다.

③ 실습 내용 및 역할을 요약할 때에는 실습과정에 따라 자신이 수행한 실습 내용과 그에 따른 자신의 역할을 명료하고 구체적으로 기록한다.

④ 기관 및 실습지도자에게 건의할 사항을 제시한 때에는 논리적으로 타당한 점에 대해 최대한 공손한 표현으로 기록한다.

구체적인 실습 중간 평가서 작성 방법은 이 책의 11장에서 살펴보기로 한다.

6. 실습 종결 평가서 작성

실습 종결 평가서는 실습을 마무리하며 실습생이 자신의 실습 수행 전반에 대해 평가하는 것이다. 실습생은 실습 종료 1주일 전 또는 기관이 원하는 일정 안에 기관실습 지도자에게 제출한다. 이를 토대로 기관실습 지도자, 동료 실습생, 기관종사자 등과 더불어 실습과정 전반에 걸친 실습생의 역할과 실습 내용에 대해 총 평가를 진행한다.

실습 종결 평가서는 실습을 통한 실습생 개인의 성장과 변화, 보완점에 대해 다른 사람들의 의견을 겸허하게 받아들여 실습생 스스로 자신의 장점을 강화하고 단점을 보완하여 훌륭한 사회복지사로서의 기초를 다지는 계기가 된다. 또한 기관에서는 기관업무 및 실습 일정, 그리고 실습 내용에 대한 실습생들의 피드백(feedback)을 통해 실습지도의 내용을 보완 · 수정함으로써 기관 발전의 계기로 삼을 수 있다.

그러므로 실습 종결 평가 시 기관과 실습지도자, 실습생은 서로에 대해 정확하고 발전적인 피드백을 교환할 수 있는 분위기를 조성하도록 노력해야 한다. 특히, 실습생은 기관 또는 실습 내용에 대해 평가할 경우, 공손하고 긍정적인 자세로 임하는 것이 중요하다(최세영 외, 2021).

구체적인 실습 종결 평가서 작성 방법은 이 책의 제11장에서 살펴보기로 한다.

Ⅱ 실습 종결 단계

실습의 종결 단계에서 하는 실습의 평가와 종결은 실습의 시작 시기에 이미 정해져 있어 예고된 것이다. 실습의 평가는 실습과제 수행의 양과 질에 대한 평가뿐만 아니라, 학습과정의 점검을 통하여 앞으로 더 발전시킬 필요가 있는 영역을 발견할 중요한 기회가 되므로 실습의 목적을 달성하는 데에 매우 중요한 역할을 한다. 실습의 종결은 사회복지실습교육에서 매우 중요한 부분이다. 종결이 다가오면서 실습생과 실습지도자는 실습과제의 마무리와 평가 등 공식적으로 처리해야 하는 일들뿐 아니라 각자의 인생에서 중요한 부분을 차지하였던 관계를 종결하는 작업도 준비해야 한다.

1. 실습 평가의 개념과 필요성

실습 평가는 실습 운영 전반에 관한 가치의 판단이 이루어지는 활동으로 볼 수 있다. 실제로 사회복지실습 평가는 실습의 목적이 달성되었는지, 실습의 참여자인 학생이 실습을 통하여 어떠한 변화를 하였는지, 실습과정은 효과적이었는지 등과 같은 질문에 봉착하고 이러한 질문들에 적절한 해답을 구하기 위해서도 실습 평가는 피할 수 없는 중요한 과제가 된다. 이러한 평가 과업을 성공적으로 수행하기 위해서 실습에 참여한 학생과 기관의 슈퍼바이저, 대학의 실습지도교수 등 3자가 실습 평가의 개념과 필요성을 올바로 인식하고 평가에 대한 기본자세를 갖추는 것이 무엇보다 필요하다.

1) 실습 평가의 개념

루트만(Rutman, 1984)은 평가를 의사결정을 목적으로 사회과학적 조사 방법을 사용하여 수행과정과 결과를 측정하는 일련의 절차로 정의한다. 한편 파튼(Patton, 1986)에 의하면, 평가란 특성 및 활동과 결과에 관한 체계적 정보수집을 통해서 불확실성을 제거하거나, 효과성을 증진시키거나, 진행 상황과 파급효과에 관한 의사결정을 위한 것을 의미한다(이영실 외, 2010).

이러한 평가의 정의를 종합해 보면 결국 실습 평가는 '실습의 기획, 실행, 결과에 관한 자료를 과학적 절차와 방법을 통해서 수집, 분석하여 실습교육의 질적 향상과 개발에 관한 중요한 의사결정을 돕는 활동'이라고 정의를 내릴 수 있을 것이다. 실습 평가의 목적이 ① 실습의 궁극적인 성공 여부 확인 ② 실습 진행상의 문제점 발견 ③ 실습교육 프로그램 및 개발에 필요한 정보 제공 등으로 압축된다고 볼 수 있다. 실습 평가의 정의와 개념을 보다 폭 넓게 이해하기 위해서 다음과 같은 몇 가지 실습 평가의 개념적 특성을 자세히 살펴볼 필요가 있다.

(1) 효과성 측정과 의사결정

사회복지실습 평가의 궁극적 목적은 실습 대상체계에 대한 개입의 효과가 어느 정도 실현되었는지를 알아보는 데 있다. 실습 평가를 통한 환류적 정보 제공으로 실습 슈퍼바이저 및 실습지도교수는 실습의 투입, 전환, 산출, 성과에 관한 중요한 의사결정을 위한 근거자료를 확보할 수 있고 궁극적으로 실습지도의 수정과 보완 및 축소와 확대 등과 같은 의사결정을 내릴 수 있다.

(2) 체계적 절차와 조사 방법의 활용

평가를 위해서는 평가계획이 수립되고, 조사설계와 조사 방법이 결정되며 자료수집과 분석이 일어나고 마침내 평가결과는 정리 · 보고된다. 이러한 절차가 체계적으로 이루어지기 때문에 실습 평가는 본질적으로 사회조사의 방법을 일부 활용할 수밖에 없다.

(3) 조직과 지역사회의 정치 · 사회적 과정

평가는 본질적으로 정치 · 사회적 과정을 내포한다. 왜냐하면 누가 무엇을 평가하며 어떤 자료가 수집되고 그 결과를 어떻게 사용할 것인지에 관해서는 조직 내외적으로 갈등과 불일치가 일어날 수 있기 때문이다. 실습 평가 자체에 대하여 부정적 구성원도 있으며, 평가는 기존 업무의 범위를 넘어선 시간과 노력을 요구하기도 하고, 조직 외적으로부터의 평가는 이해관계 당사자들이 평가의 결과에 따라 실습지도의 중단 또는 확대와 같은 중대한 의사결정을 하기 때문이다.

실제로 실습 평가는 본질적으로 비교분석을 내포함으로써 상대적으로 비용이 절감되면서 효과적인 실습은 존속되고 그렇지 못한 실습은 그 존립의 기반을 상실하는 방향으로 나아가야 한다.

2) 실습 평가의 필요성

(1) 합리적 의사결정(decision making)을 인도하기 위해서

평가가 왜 필요한지에 관한 질문은 앞서 실습 평가의 정의나 개념에서 어느 정도 유추될 수도 있겠지만 평가의 근본적 목적은 우선 실습지도에 관한 의사결정을 돕기 위한 것이라는 점은 매우 분명하다.

(2) 지식기반(knowledge base)을 확대하기 위해서

실습 평가는 실습참여 학생들로 하여금 사회복지적 개입 방법과 실천 방법의 효과성을 확인하여 사회복지실천에 관한 지식기반의 확충에 공헌한다. 따라서 실습지도 방법이 비효과적이라는 증거가 평가를 통해서 밝혀졌다면 그 개입 방법은 이론적으로나 방법적으로나 수정·보완이 되어 보다 효과적 개입 방법으로 발전되는 기회를 갖게 될 것이다.

(3) 책무성(accountability)을 입증하기 위해서

실습 평가가 필요한 이유는 바로 책무성 확보를 위한 자료를 제공하며 실습지도가 참여학생으로 하여금 만족스럽고 수행되고 있다는 증거, 즉 정당성의 근거가 되기 때문이다(이영실 외, 2010).

2. 실습 평가의 유형

사회복지실습 평가의 유형은 평가의 목적, 주체, 자료수집 방법, 성과와 비용의 강조점 등에 따라 상호구별된다. 평가의 목적에 따라 형성평가와 총괄평가로 나누어지고, 주체에 따라 내부와 외부평가, 자료수집의 방법에 따라 양적 평가와 질적 평가, 성과와 비용의 강조점에 따라 효과성 평가와 효율성 평가 등으로 나눌 수 있다.

1) 형성평가와 총괄평가

형성평가(formative evaluation)는 실습운영 도중에 이루어지는 평가로서 실습수행과정에서 문제점들을 발견하여 실습수정 및 보완을 목적으로 이루어지는 실습 평가이다. 따라서 형성이라는 용어의 의미에서 유추할 수 있듯이 형성평가는 실습을 만들어 나가는 뜻이 포함되어 실습의 개선과 개발에 초점을 둔다. 형성평가에서 평가자가 관심을 갖는 평가의 주요 내용은 다음과 같다(성규탁, 1994).

① 실습은 원래 계획대로 운영과 활동이 이루어지고 있는가?
② 실습의 인적·물적 자원은 계획된 시점에서 투입되고 있는가?
③ 실습의 표적집단은 적절히 선정되어 서비스를 받고 있는가?
④ 실습은 관련된 법규나 규정에 알맞게 수행되고 있는가?
⑤ 실습의 효과는 발생되며, 발생되지 않은 문제는 무엇인가?

형성평가는 실습 진행 도중에 일어나기 때문에 과정평가(process evaluation)라고도 하는데 과정평가의 목적은 프로그램 과정을 서술하고 모니터링하면서 서비스의 질을 확보하는 데 있다(이영실 외, 2010). 따라서 형성평가에는 실습 모니터링(monitoring)과 서비스의 질 관리(quality assurance)를 위한 노력이 포함된다.

총괄평가(summative evaluation)는 실습이 종료되는 시점이나 완전히 종결된 이후 실습의 성과(outcomes)와 영향(impacts)을 파악하려는 목적으로 이루어지는 평가의 유형이다. 총괄평가는 실습의 대상이 되는 표적집단에 어떤 변화가 일어났는지와 투입된 비용에 맞추어 그 성과는 정당화될 수 있는지의 여부에 관심이 있다. 따라서 총괄평가는 효과성 평가(effectiveness evaluation)와 효율성 평가(efficiency evaluation)로 나누어진다. 실습이 원래 달성하고자 설정했던 목표가 달성되었는지의 여부를 판단하는 것이 효율성 평가이다. 효과성 평가와 효율성 평가를 종합하여 총괄평가에서 실습 평가자가 관심을 갖는 주요 내용은 다음과 같다.

① 실습의 효과는 과연 실습 때문에 발생한 결과인가?
② 실습의 효과는 원래 의도했던 실습지도에 어느 정도 기여하고 있는가?
③ 실습의 효과는 당초 선정한 실습목표에 대비하여 어느 정도인가?
④ 실습에 투입된 비용은 얼마인가?
⑤ 실습의 효과는 총비용을 상쇄할 만큼 크게 나타나고 있는가?

2) 양적 평가와 질적 평가

양적 평가와 질적 평가의 구분은 평가를 위해서 수집되는 자료의 성격과 조사 방법에 따른 평가의 구분이다. 양적 평가는 평가를 위해서 수집되는 자료가 주로 계량화되어 실험 조사와 같은 설계를 통해 객관적 자료가 연역적 방법으로 분석되는 것을 강조하는 평가 방법이다. 질적 평가는 자연스러운 상황에서 수량화되지 않은 자료를 수집하여 귀납적으로 자료를 분석하는 데 의미를 두는 조사평가 방법이다. 양적 평가는 보통 설문조사와 구조화된 질문지를 이용하여 숫자나 비율 등 강성자료(hard data)를 수집하는 데 반해, 질적 평가는 인터뷰와 관찰을 통해서 수집되는 수량화될 수 없는 연성자료(soft data)에 기초하여 분석하는 차이점이 있다. 실습 평가에서 질적 평가는 실습의 성과를 객관적으로 평가하는 것이 아니라 실습지도자와 대상자를 중심으로 면접과 관찰을 하여 실습 자체에 대한 이해와 실습을 둘러싼 상황을 이해하여 실습 개선에 더 큰 관심을 갖고 진행되는 평가유형이라 할 수 있다. 대체로 지금까지 실습 평가는 양적 평가가 주된 평가유형으로 인식되어 왔으나 최근 질적 평가의 중요성이 부각되고 있다. 양적 평가와 질적 평가의 특성에 관해서는 〈표 4-1〉에서 잘 제시되어 있다(이영실 외, 2010).

표 4-1 양적 평가와 질적 평가의 주요 특성

구 분	양적 평가	질적 평가
평가의 강조점	결과 또는 성과의 강조	평가조사의 과정을 강조
논리 추구의 방법	연역법	귀납법
자료의 성격	강성자료(hard data)	연성자료(soft data)
자료수집 방법	설문조사, 질문지법	비구조화된 면접, 관찰
조사 방법	실험조사, 준실험조사, 단일사례설계	민속학적 조사, 현장조사, 사례조사
조사대상자	집단 객관성 강조	개인 주관성 강조

3. 사회복지실습 평가의 목적

실습 평가는 실습을 통하여 학교교육의 목적 구현과 실습교육의 목표 달성 정도를 평가하고, 앞으로의 학습이나 훈련이 필요한 영역을 발견하고자 하는 것이다.

실습 평가의 목적은 다음과 같다.

① 실습 평가의 목적은 실습생과 실습지도자가 실습을 통하여 무엇을 배웠는지, 현재

어느 수준에 도달하였는지, 학습과정에 영향을 준 요소들은 무엇인지 등을 점검하고 평가하는 데 있다.

② 실습 평가의 목적은 실습생과 실습지도자가 이제까지의 학습과정을 점검한 후 앞으로 필요한 기술과 학습 욕구가 무엇인지 개념화하는 데 있다.

③ 실습 평가의 목적은 평가결과로 제시되는 문서를 통하여 기관 · 학교 · 실습생 사이의 책임에 대한 형식을 제공하고 영구적인 실습생 기록을 제공하는 데 있다(최세영 외, 2021).

실습지도는 학생의 학습과 발달에 중점을 둔다. 기관의 슈퍼바이저도 학생들로부터 지식과 기술을 발전시키는 계속적인 도전을 받게 되므로 실습지도를 통해서 성장한다. 학생을 평가할 때, 슈퍼바이저 자신에 대한 평가와 기관의 프로그램에 대한 평가도 동시에 하게 된다. 이와 같은 평가를 통해 사회사업의 궁극적인 목적인 우리가 봉사하는 사람들을 위한 서비스 개선이 이루어져야 한다(이영실 외, 2010).

4. 실습기관과 학교의 실습교육에 대한 평가

1) 실습기관에 대한 평가

실습기관의 평가는 일반적으로 실습생에 대한 평가를 의미한다. 그러나 실습생이 실습기관과 학교에서 제공한 실습교육을 평가하게 될 때, 실습과정에 영향을 준 요소들을 발견하고 그 기능을 향상시키기 위한 중요한 정보를 얻을 수 있다. 실습생은 자신의 실습과제 수행 정도와 실습으로 이루어진 자기 성장과 발전 정도를 스스로 평가하고 이에 긍정적 · 부정적으로 영향을 준 요소들을 기관이나 학교에서 제시한 실습교육 내용에서 찾아볼 수 있다.

2) 학교에 대한 평가

학교에서도 실습교육을 위해 실습 배정 과정부터 실습 종료까지 원활한 진행을 돕고 실습생의 학습경험을 극대화하기 위한 역할들을 수행하고 있다. 실습생과 실습기관이 학교의 역할을 평가하고, 이를 보고하여 다음 실습 교육계획에 중요한 정보를 제공할 수 있다(정효신 외, 2020; 최세영 외, 2021).

5. 실습의 종결

1) 관계의 종결

종결은 사회복지사의 개입 활동을 계획에 따라 마무리하는 것으로, 사회복지사와 클라이언트 간 관계를 공식적으로 끝내는 것이다. 성공적인 실천은 클라이언트의 긍정적 변화가 개입 이후에도 유지되는 것이므로 종결 단계에서는 개입하는 동안 클라이언트가 긍정적인 성취를 얻고 원조관계가 만족스럽게 끝나도록 해야 한다.

종결에서는 종결 시기를 결정하는 것이 목표가 달성되었거나 계획된 서비스의 제공기간이 종결되었을 때 이루어지지만, 더 이상 클라이언트에게 도움이 되지 않는다고 클라이언트와 의견이 일치하면 그전에라도 종결한다. 실습생의 경우는 개입 시점이나 목표 달성 정도가 자신의 실습기간에 일치하지 않을 수 있으며, 정해진 실습기간 동안만 실습생은 클라이언트를 만나기 때문에 종결을 잘 다루는 기술도 필요하다(최세영 외, 2021).

(1) 클라이언트와의 종결

다음은 실습생들이 실습의 종결 경험을 하면서 갖는 의문과 염려에 대한 몇 가지 예이다(Chiaferi & Griffin, 1997).

① 클라이언트에게 종결에 대해 언제부터 말해야 하나?
② 실습생이 떠나는 것에 대해 클라이언트가 갖는 감정을 표현하도록 하기 위해서 어떻게 말해야 하나?
③ 종결 주제가 논의되면서 클라이언트가 침묵할 때 어떻게 다루어야 하나?
④ 종결을 말하면 클라이언트가 실습생인 나에게 화를 내면 어떻게 하나?
⑤ 실습생이 단지 실습기간에만 있게 된다는 것을 클라이언트가 알게 되어 실습생인 나를 신뢰하지 않으면 어떻게 할까?
⑥ 아동 클라이언트와 종결할 때 특별히 고려해야 할 점은 없는가?
⑦ 아직 클라이언트와의 개입목적을 달성하지 않았는데 어떻게 내가 떠날 수 있을 것인가?

종결에 대해 클라이언트가 보이는 반응은 이들이 자신의 생활에서 다른 변화나 이별시에 보이게 될 반응을 반영한다. 실습생이 종결에 양가적이며 복잡한 감정을 갖는 것처럼 클라이언트도 마찬가지의 감정이 생긴다. 성취감과 더 이상 귀찮은 일에 관여하지 않아도 된다는 안도감뿐 아니라 아쉬움과 슬픔(종결 종류에 따라 버려졌다는 느낌도 가능)을 경험할 수도 있다. 클라이언트가 종결에 대해 긍정적인 감정만 보고한다 해도 실습생은 긍정적 감정과 부정적 감정 모두를 다루어줄 준비가 되어 있어야 한다.

(2) 실습지도자 · 직원 · 다른 실습생과의 종결

실습생과 실습지도자는 모두 실습의 종결에 대해 양가감정을 갖게 된다. 즉, 실습을 무사히 마치고 학습과 교육(learning/teaching)의 관계를 성공적으로 이루어낼 수 있었다는 데에 대한 안도와 동시에, 각자의 생활에서 중요했던 관계가 끝나게 되어 이로 인한 상실을 경험하게 된다(최세영 외, 2021). 실습생이 실습지도자와의 관계에 있어 실습 후에도 관계 유지를 하거나 갈등 상황과 만족스럽지 않은 채로 실습이 종료될 수도 있다. 실습지도자가 종결감정을 처리하면서 보여주는 적절한 행동은 이후 실습생이 자신의 클라이언트와의 관계에 대한 종결을 하는 데에 필요한 기술을 제시할 기회를 제공함으로써 중요한 모델링의 역할을 하기도 한다.

실습을 종결하면서 실습생은 자신이 실습기관에서의 인간관계에 얼마나 심리적으로 투자했었는지를 인식하게 된다(Chiaferi & Griffin, 1997). 이별이 가까워지면서, 슬픔과 상실감을 불러일으킬 수도 있고 반대로 아무렇지 않을 수도 있다. 사회복지사의 중요한 요소 하나가 효과적이고 풍부한 인간관계를 발전시킬 능력임을 돌이켜 볼 때, 실습기간의 인간관계기술은 전문가로서의 발전에 중요하며, 인간관계 경험이 의미 있고 장래의 관계망 구성 기회가 될 수도 있다.

종결시기가 다가오면서, 서둘러 떠나와서 인사도 제대로 못 했다는 느낌이 들면서 후회하기보다, 실습기관에서 특별히 라포를 형성했던 실습지도자, 직원 혹은 다른 실습생들에게 어떻게 감사와 인사를 전할 것인지 미리 생각해 두고 이들에게 자신의 마음을 전하는 것(예: 감사 카드를 보내거나 복지관 소식지에 실습소감을 투고)은 의미 깊은 관계를 만족스럽게 종결하는 데 중요하다. 실습기관에서는 간단한 다과 파티를 열어 사회복지 전문직으로의 성장에 중요한 과업을 완수한 실습생을 축하하기도 하고 그동안의 수고에 대해 격려를 하기도 하면서 이별을 공식화하기도 한다(한주빈 외, 2019).

2) 종결 시 과제

(1) 실습과제의 마무리

실습생의 실습과정은 끝났어도 실습생이 만나던 클라이언트의 문제는 해결되지 않을 수 있고, 담당하던 프로그램은 계속되어야 하는 경우도 있다. 실습생이 수행해 왔던 업무 상황을 점검해 보고, 계속적으로 서비스가 필요한 클라이언트에 대한 의뢰 절차, 종결해야 할 클라이언트에 대한 종결보고 등을 해야 한다. 또한 진행 중이던 프로젝트, 회기가 남은 집단프로그램 등 업무의 연결이 필요한 부분 혹은 마무리해야 할 부분 등을 각각의 상황에 적절하게 처리한다.

(2) 실습경험의 검토

① 긍정적 · 부정적 경험에 대한 회상

만족스럽고 성취감을 주며 즐거웠던 사건, 활동, 상호작용을 돌이켜보고, 좌절감과 긴장을 주었던 경험도 마찬가지로 회상해 본다.

② 습득한 학습경험에 대한 검토

사회복지실습을 마치면서 사회복지사가 되기 위한 중요한 관문을 통과했다는 성취감을 경험할 수 있다. 직접 경험을 통해 사회복지 현장을 배웠고 실천해 보았다는 사실로 사회복지 지식이 증가하고, 효과적인 실천기술이 향상되었음을 깨닫게 된다. 또한 개인적 혹은 전문적 가치를 확인하고 명료화했으며, 이론적 틀과 개념의 실제 적용을 통합하는 과정을 시작해 보았다는 성취감을 경험하여 자신감을 갖게 될 수도 있다. 반면, 실천경험을 통해 자신이 얼마나 모르고 있는지 깨닫게 되고, 배운 기술을 다른 실천 현장에 어떻게 적용할 수 있을지 의문이 들고, 장래에 대한 두려움과 자신의 능력에 대한 회의감이 증가할 수도 있다.

따라서 실습을 통해 현장에서 습득한 지식과 기술, 가치를 실습 이전과 구체적으로 비교함으로써 성취한 학습을 평가한다. 종결 평가서를 작성하여 실습기관과 실습세미나에서의 종결 세션에서 발표하는 것이 큰 도움이 된다.

③ 전문가로서의 발전을 위한 검토

실습경험을 통해 자신의 생에 대한 개인적 · 전문가적 의미를 되새길 수도 있다. 예를 들어, 왜 내가 사회복지사가 되려고 하는가, 사회복지직이 나에게 맞는가, 사회복지사로서

나의 장점과 약점은 무엇인가, 나에게 맞는 클라이언트 대상이나 문제 영역은 무엇인가 등 자신의 장래와 관련된 의문에 확신이나 이에 가까이 접근하는 계기가 될 수도 있다.

(3) 종결의 공식화

실습지도자는 실습기간의 경험에 대한 검토와 감정의 처리뿐 아니라 다른 직원과의 회의나 모임 중에 기관에 종료일을 발표함으로써 실습의 종료를 공식화한다.

(4) 실습지도교수의 평가

실습지도교수가 학생들의 실습에 대해 평가를 하게 된다. 평가는 실습일지, 실습 기록, 실습 관련 보고서, 실습지도자와의 방문면담 혹은 전화면담, 실습세미나에서의 발표 등을 종합하여 이루어진다. 실습생은 최종보고서에 기관의 조직, 기관의 사회복지실천 이념 정도, 실습기간 동안 실습지도자나 기관의 직원과의 관계, 실습생의 사회복지사에 대한 적합성, 다음 학기에 실습희망 여부 등의 내용을 요약·정리하여 제출해야 한다.

(5) 실습지도자의 평가

실습지도자의 평가를 통해 실습 내용이나 기관 운영에 대한 문제점, 지적사항을 받아들여 시정하도록 노력하며 기관의 발전과 예비 사회복지사의 발전을 도모한다. 시설 운영 프로그램이나 그룹 활동, 개별지도 등 모든 측면에서 실습생의 신선한 아이디어를 모집한다. 모집된 아이디어를 토대로 현장에 적용해 보면서 서비스의 영역을 확대해 나간다. 실습 동기생별로 그룹을 결성하도록 유도하고 실습기관과 지속적인 관계를 이어주어 자원으로 활용한다. 실습수료생 중 우수학생 확보를 위해 신규 직원 채용 방법, 시기 및 지원신청 방법을 전달한다. 평가 내용을 이해할 수 있도록 실습생과 함께 실습평가서를 작성하여 기일 내에 학교에 제출한다.

각 대학에서 실시하는 실습지도자 교육 및 간담회나 실습세미나 등에 관계 직원들이 참여한다. 각 기관은 실습교육의 중요성을 느끼고 실습지도의 선도적인 역할을 다하기 위해 지도 내용, 방법 및 새로운 프로그램 개발을 위해 지속적으로 노력한다(최세영 외, 2021).

(6) 중간 및 종결 평가

① 중간 평가서: 실습 시작 단계에서 설정한 목적이 어느 정도 달성되었는지를 평가하고

앞으로 남은 실습기간의 실습 방향을 조정해 준다는 점에서 의의가 있다.

② 종결 평가서: 실습과 관련하여 실습생의 이론적, 실천적, 행정적 및 전문성의 발달을 평가한다.

③ 실습평가서: 실습 의뢰 공문서에 동봉한 공식적 실습평가서에 의한 평가이다.

④ 실습 종결 시 발급 서류(한국사회복지사협회, 2017 양식 참조)

- 실습평가서: 실습지도자가 실습 종결 후 실습생에 대한 실습평가서를 작성하여 해당 학교에 발송해야 한다.
- 실습확인서: 사회복지사 자격증 발급을 위해 반드시 원본을 제출하여야 하며, 기관 실습지도자, 실습세미나 교수는 서명 또는 도장을 찍어야 한다.
- 실습교육 수료증: 실습지도자가 실습 종결 후 실습생에게 제공한다.

제 5 장

사회복지현장실습 분야

Ⅰ. 사회복지실천 현장에 대한 이해

Ⅱ. 주요 사회복지실천 분야

Ⅲ. 분야별 사회복지사의 역할

Social Work Practicum and Seminar

I 사회복지실천 현장에 대한 이해

1. 사회복지실천 현장의 개념

사회복지실천 현장은 사회복지실천이 행해지는 장과 문제 및 대상집단을 모두 포괄하는 개념이며, 사회복지의 다양한 기관과 그러한 기관에서 활동하는 데 필요한 특별한 능력까지를 포함하는 복합적인 개념이다. 사회복지실천 현장이란 사회복지사들이 사회복지서비스를 직접 또는 간접적으로 제공하는 분야나 장소를 의미한다. 사회복지실천 현장은 매우 넓고 다양하기 때문에 이러한 현장에서 이루어지는 사회복지사의 역할 또한 폭넓다. 사회복지실천 현장은 실천과정에 중요한 영향을 미치기 때문에 사회복지사로서 활동하기 위해서는 실천 현장에 대한 이해가 선행되어야 한다. 실천 현장들은 실천의 장인 동시에 대상문제와 집단을 지칭하면서 활동하는 데 필요한 지식이나 기술의 의미도 내포하고 있다(길귀숙 외, 2018).

사회복지실천 현장은 사회와 더불어 변화한다. 우리나라의 경우에도 사회복지서비스의 초점이 사회복지 대상자에 대한 수용보호 위주의 정책이 주를 이루던 시절에는 생활시설(수용시설)이 사회복지사들의 주요 실천 현장이었지만, 지역사회 중심의 사회복지서비스가 확대되면서 지역사회복지관, 노인복지관, 장애인복지관 등이 활동의 장이 되었다. 최근에는 학교 내에서의 부적응, 왕따 등의 문제나 북한이탈주민이나 이주노동자들의 문제가 사회적인 이슈로 부각되면서 학교, 북한이탈주민을 위한 복지기관, 이주노동자 대상의 복지기관 등도 사회복지사들의 새로운 실천활동의 장으로 등장하였다.

이와 같이 사회복지실천 현장은 광범위할 뿐만 아니라 매우 다양하기 때문에 개념정의하기가 용이하지 않다. 김혜란 등(2005)은 사회복지실천 현장을 넓은 의미의 현장과 좁은 의미의 현장으로 구분하고, 전자는 사회복지실천 분야(일반적으로 세팅 혹은 장이라고 지칭함, setting)를 의미한다고 설명하고 있다.

다시 말하면 넓은 의미의 현장은 아동, 노인, 청소년, 여성복지 분야와 같은 대상별 분야와 약물남용, 의료, 정신보건, 교정 등의 문제 영역별 분야를 의미하고, 장소란 클라이언트에게 사회복지서비스를 직접 또는 간접적으로 제공하는 사회복지기관을 의미한다. 즉 교도소, 병원, 학교, 기업과 같은 현장에서 교정복지서비스, 의료복지서비스, 학교사회복지서비스, 산업복지서비스가 제공된다는 점에서 이들을 세팅이라고 간주할 수 있다.

2. 사회복지실천 현장의 분류

1) 사회복지실천 현장의 분류기준

사회복지실천 현장은 광범위하고 다양하기 때문에 실천 현장을 개념적으로 명확하게 분류하는 데에는 한계가 있다. 이와 관련하여 바틀렛(Bartlett, 1970)은 실천 현장의 기준을 정의하기 어려운 이유 중 하나는 사회복지가 수행하는 장과 프로그램 및 사회서비스가 본질적으로 변화되는 특성을 갖고 있기 때문이라고 하였다. 즉 사회문제와 프로그램은 다양한 형태로 등장하여 통합되거나 때때로 사라지는데, 어떤 현장은 통합되며, 어떤 현장은 새롭게 등장할 것인데, 예를 들어 보건과 정신의료사회복지는 결합될 것이며, 아동복지와 가족복지의 영역은 통합될 것이라고 하였다.

이와 같이 다양한 사회복지 현장을 카머만(Kamerman, 1998)은 사회복지사가 실천하는 범주, 개입하는 문제, 지원하는 클라이언트집단을 기준으로 분류하면서 사회복지의 지식, 가치, 기술에는 모든 사회복지실천에 적용되는 공통된 핵심토대가 존재하지만, 사회복지사들이 활동하는 영역은 너무 방대하고 다양해서 사회복지사가 활동하는 특정 영역에서의 실천에서 고려해야 할 특유의 변수들, 즉 사용되는 지식 · 가치 · 기술의 형태가 있음을 언급하고 있다. 그가 제시한 사회복지실천 현장은 다음과 같다.

① 사회복지사의 실천범주: 공공 혹은 민간 사회기관, 정부 또는 비정부기관, 작업현장, 병원, 군사기지와 같은 특수기관

② 사회복지사가 개입하는 사회문제: 아동 · 노인 · 배우자 학대, 물질남용, 노숙자, 만성정신질환, 빈곤문제 등

③ 사회복지사가 지원하는 클라이언트 집단: 아동, 청소년, 가족, 노인, 인종 및 민족, 난민 등

2) 사회복지실천 개입 현장의 재분류

김혜란 등(2005)은 바틀렛(Bartlett, 1970)이 제시한 서비스체계를 기초로 사회복지실천 현장의 분석 틀을 제시하고 있는데, 먼저 기관의 목적에 따라 1차, 2차 현장으로 구분하고 사회복지서비스를 제공하는 것이 주목적인 1차 현장을 중심으로 사회복지 현장을 재분류하는 방식을 취하고 있다. 이를 제시하면 다음과 같다.

(1) 1차 현장과 2차 현장

기관의 목적에 따른 분류로, 사회복지사업 제공이 그 기관의 1차적인 목적일 경우 1차 현장으로 지칭한다(사회복지관, 노인복지관 등). 2차 현장이란 교육서비스나 의료서비스 등을 제공하는 것이 1차적인 목적인 기관에서 사회복지서비스가 기관 운영과 서비스의 효과성에 미칠 긍정적 영향을 고려하여 사회복지사의 개입을 부분적으로 허용되는 현장을 의미한다. 학교, 병원, 교정시설, 보건소, 보육시설 등이 그 예가 된다.

(2) 공공기관과 민간기관

기관의 설립주체와 재원의 조달방식에 따른 분류로, 정부의 지원에 의해 운영되며, 사회복지사의 업무도 정부의 규정이나 지침에 의해 지도감독되는 기관을 공공기관이라고 하고, 사회복지 관련 사업을 목적으로 사회복지법인이나 재단법인, 사단법인, 종교단체, 시민사회단체에서 운영하는 비영리기관을 총칭하는 개념이 민간기관이다.

(3) 서비스기관과 행정기관

사회복지서비스 대상자들을 직접 접촉하면 서비스를 제공하는 것에 주된 목적이 있는지, 아니면 이러한 기관들을 지원하는 것에 목적이 있는지에 따라 서비스기관과 행정기관으로 분류할 수 있고, 행정기관은 다시 공공행정기관과 민간행정기관으로 구분할 수 있다.

행정기관은 사회복지기관 혹은 시설의 운영을 지원하고, 이를 통해 사회복지서비스 대상자들을 간접적으로 지원하는 역할을 담당한다. 그러나 민간행정기관이 사회복지시설을 설립하거나 정부로부터 위탁받아 운영하는 경우도 있어 이때에는 직접적 서비스기관의 역할도 담당한다고 보아야 하기 때문에 엄밀한 구분은 힘들다. 서비스를 제공하는 기관들의 협의체인 사회복지관협의회, 장애인복지관협회, 노인복지관협회 등이 이에 해당된다. 한편 서비스기관은 거주서비스의 제공 여부에 따라 생활시설과 이용시설로 분류할 수 있다.

Ⅱ 주요 사회복지실천 분야

사회복지실천 현장들은 상호역동적으로 연계되어 있기 때문에 사회복지실천 분야는 다양하게 확대될 수 있으며, 사회환경의 변화와 새로운 요구 출현에 의해 점차 확대될 것이다. 사회복지 영역이 점차 확대되면서 사회복지사가 활동하는 분야나 기관의 성격이 매우 다양해지고 있다. 사회복지사들이 주로 많이 활동하고 있는 주요 현장인 사회복지시설, 공공복지 분야, 의료 및 정신보건 분야, 학교, 사회복지 관련 단체를 중심으로 살펴보고자 한다(길귀숙 외, 2018).

1. 사회복지시설

사회복지시설은 사회복지 관련 법과 연계되어 사회복지사업을 행한 목적으로 설치된 시설을 의미한다. 사회복지사업을 운영하는 것이 기관의 사명이자 목적이라는 점에서 사회복지실천의 대표적인 1차 현장이라 할 수 있다.

사회복지시설은 사회복지 관련 법에 따라 부랑인·노숙인시설, 결핵·한센시설, 종합사회복지관, 노인복지시설, 아동복지시설, 장애인복지시설, 한부모가족복지시설, 지역자활센터, 보육시설, 성매매피해지원시설, 성폭력피해보호시설, 가정폭력보호시설 등으로 분류할 수 있다. 이러한 시설들은 다시 서비스의 제공방식에 따라 생활시설과 이용시설로 재분류할 수 있는데, 생활시설이란 주거서비스를 비롯하여 제반 사회복지서비스를 제공하는 시설을 말한다. 사회복지시설의 종류를 도표로 제시하면 〈표 5-1〉과 같다.

표 5-1 사회복지시설의 종류

시설 종류	세부 종류		관련 법
	생활시설	이용시설	
노인복지시설	• 노인주거복지시설 • 노인의료복지시설 • 학대피해노인전용쉼터	• 재가노인복지시설 • 노인여가복지시설 • 노인보호전문기관 • 노인일자리지원기관	「노인복지법」
복합노인복지시설	• 농어촌 지역에 한해 「노인복지법」 제31조 노인복지시설을 종합적으로 배치한 복합노인복지시설을 설치·운영 가능		「농어촌주민의 보건복지 증진을 위한 특별법」

시설 종류	세부 종류		관련 법
	생활시설	이용시설	
아동복지시설	• 아동양육시설 • 아동일시보호시설 • 아동보호치료시설 • 자립지원시설 • 공동생활가정	• 아동상담소 • 아동전용시설 • 지역아동센터 • 아동보호전문기관 • 가정위탁지원센터	「아동복지법」
장애인복지시설	• 장애유형별 거주시설 • 중증장애인 거주시설 • 장애영유아 거주시설 • 장애인단기 거주시설 • 장애인공동생활가정 • 피해장애인쉼터	• 장애인지역사회재활시설 • 장애인직업재활시설 • 장애인의료재활시설 • 장애인생산품판매시설	「장애인복지법」
어린이집		• 어린이집	「영유아보육법」
정신건강증진시설	• 정신요양시설 • 정신재활시설 중 생활시설	• 정신재활시설 중 이용시설	「정신건강증진 및 정신질환자 복지서비스 지원에 관한 법률」
노숙인시설	• 노숙인자활시설 • 노숙인재활시설 • 노숙인요양시설	• 노숙인종합지원센터 • 노숙인일시보호시설 • 노숙인급식시설 • 노숙인진료시설 • 쪽방상담소	「노숙인 등의 복지 및 자립지원에 관한 법률」
사회복지관		• 사회복지관	「사회복지사업법」
지역자활센터		• 지역자활센터	「국민기초생활 보장법」
다함께돌봄센터		• 다함께돌봄센터	「아동복지법」
결핵 · 한센시설	• 결핵 · 한센시설		「사회복지사업법」
성매매피해지원시설	• 일반지원시설 • 청소년지원시설 • 외국인지원시설 • 자립지원공동생활시설	• 자활지원센터 • 성매매피해상담소	「성매매방지 및 피해자 보호 등에 관한 법률」
성폭력피해보호시설	• 성폭력피해자보호시설	• 성폭력피해상담소	「성폭력방지 및 피해자 보호 등에 관한 법률」
가정폭력보호시설	• 가정폭력피해자보호시설	• 가정폭력상담소 • 긴급전화센터	「가정폭력 방지 및 피해자 보호 등에 관한 법률」
한부모가족복지시설	• 모자가족복지시설(기본, 공동, 자립) • 부자가족복지시설(기본, 공동, 자립) • 미혼모자가족복지시설(기본, 공동) • 일시지원복지시설	• 한부모가족복지상담소	「한부모가족지원법」

시설 종류	세부 종류		관련 법
	생활시설	이용시설	
다문화가족지원센터		• 다문화가족지원센터	「다문화가족지원법」
건강가정지원센터		• 건강가정지원센터	「건강가정기본법」
청소년복지시설	• 청소년쉼터 • 청소년자립지원관 • 청소년치료재활센터 • 청소년회복지원시설		「청소년복지지원법」

출처: 보건복지부(2022)

1) 사회복지관

저소득층 밀집지역을 중심으로 전문사회복지사 및 자원봉사자의 활동을 통한 포괄적인 지역사회복지서비스를 제공함으로써 노인 · 장애인 · 아동 · 저소득층 등 취약계층의 지역사회복지문제를 예방 · 해결하기 위하여 1983년부터 사회복지관을 설치 · 운영하기 시작하였으며(보건복지부, 2022; 길귀숙 외, 2018), 2022년 1월 말 현재 전국적으로 475개소가 설치되어 있다(표 5-2).

표 5-2 시 · 도별 사회복지관 설치 현황(2022년 1월 말 기준) (단위: 개소)

구분	계	서울	부산	대구	인천	광주	대전	울산	경기	강원	충북	충남	전북	전남	경북	경남	제주
시설수	475	99	53	27	20	20	21	8	86	18	13	24	17	14	15	30	10

핵심인력이 대부분 사회복지사들로 대표적인 사회복지실천 현장 중 하나이다. 사회복지관의 기능과 역할로는 지역사회 주민의 욕구 파악 및 평가, 주민의 성장과 자립을 위한 종합사회복지서비스 제공, 지역사회 통합의 매개 역할, 지역사회 민간자원의 발굴 및 활용, 주민을 위한 사회교육 매체 기능을 수행하고 있으며, 가족복지사업, 지역사회보호사업, 급식서비스, 보건의료서비스, 경제적 지원, 일상생활지원, 정서지원서비스, 일시보호서비스, 지역사회조직사업, 교육문화사업, 자활사업 등을 운영하고 있다.

사회복지사들은 복지관 특성과 직급 및 업무에 따라 차이가 있긴 하나 클라이언트들에 대한 상담, 교육 등의 직접적 서비스 제공 업무와 프로그램 개발 및 운영 관리, 자원 개발 및 연계, 지역사회를 대상으로 한 업무, 행정업무 등을 수행하고 있다.

2) 노인복지시설

노인복지시설은 시설의 기능에 따라 노인주거복지시설, 노인의료복지시설, 노인여가복지시설, 재가노인복지시설의 네 가지로 분류된다. 이 중 노인주거복지시설과 노인의료복지시설은 생활시설에 포함되며, 나머지 시설들은 이용시설에 해당된다. 노인복지시설의 세부유형은 다음과 같다(표 5-3).

표 5-3 노인복지시설의 종류

시설 구분		시설 종류
생활시설	노인주거복지시설	양로시설, 노인공동생활가정, 노인복지주택
	노인의료복지시설	노인요양시설, 노인요양공동생활가정
	학대피해노인전용쉼터	
이용시설	재가노인복지시설	방문요양서비스, 주 · 야간보호서비스, 방문목욕서비스
	노인여가복지시설	노인복지관, 경로당, 노인교실, 노인휴양소
지원시설	노인보호전문기관	노인학대 예방 및 학대받는 노인들을 위한 지원사업을 실시하는 기관
	노인일자리지원기관	노인들에게 경륜과 능력에 적합하고 다양한 일자리 제공 및 지원사업을 실시하는 기관

생활시설에 근무하는 사회복지사들의 경우에는 시설장, 생활복지사, 상담지도원으로 활동하면서 입소 노인들을 대상으로 한 상담, 생활지도 등의 직접적 서비스와 기관 운영과 관련된 간접적 지원 업무를 담당한다. 이용시설에서 활동하는 사회복지사들은 관장, 관리자, 사회복지사로 근무하면서 노인들을 대상으로 상담업무와 교육, 후원 개발과 연결, 사례관리 업무 등의 직접적 서비스 제공뿐만 아니라 기관 운영 및 지역사회자원 동원 업무 등을 수행하고 있다.

3) 아동복지시설

아동복지시설은 아동의 건강하고 안전한 성장을 목적으로 설치 운영되고 있다. 부모가 없거나 양육할 수 없는 상황에 있어 보호를 필요로 하는 아동뿐만 아니라 지역사회 내의 일반가정의 아동들을 대상으로 다양한 서비스를 제공한다. 사회복지사들은 주로 시설장(관장), 총무, 사회복지사, 생활복지사, 상담지도원 등의 자격으로 활동한다. 한편 양육시설, 일시보호시설, 보호치료시설 등의 생활시설에서 활동하는 사회복지사들은 시설이 가정의 양육기능을 대리적으로 담당할 수 있도록 하는 직접 서비스, 가정적 양육환경 조성, 지역사회와의 연계업무, 행정적 업무 등을 담당하며, 아동복지관, 지역아동센터 등과 같은 이용시설에서 활동하는 사회복지사들은 아동기에 필요한 정서적 안정감을 줄 수 있는 상담, 사례관리, 교육, 자원 개발 및 연결, 행정업무를 담당한다.

아동복지시설의 종류는 다음과 같다(표 5-4).

표 5-4 아동복지시설의 종류

시설 종류	시설 목적
아동양육시설	보호를 필요로 하는 아동을 입소시켜 보호 양육하는 것을 목적으로 하는 시설
아동일시보호시설	보호를 필요로 하는 아동을 일시보호하고 아동에 대한 향후의 양육대책수립 및 보호조치를 행하는 것을 목적으로 하는 시설
아동보호치료시설	불량행위를 하거나 불량행위를 할 우려가 있는 아동으로서 보호자가 없거나 친권자나 후견인이 입소를 신청한 아동 또는 가정법원 및 지방법원소년부지원에서 보호위탁된 아동을 입소시켜 그들을 선도하여 건전한 사회인으로 육성하는 것을 목적으로 하는 시설
자립지원시설	아동복지시설에서 퇴소한 자에게 취업준비기관 또는 취업후 일정기간 보호함으로써 자립을 지원하는 것을 목적으로 하는 시설
아동상담소	아동과 그 가족의 문제에 관한 상담, 치료, 예방, 연구 등을 목적으로 하는 시설
아동전용시설	어린이공원, 어린이놀이터, 아동회관, 체육, 연극, 영화, 과학실험전시시설, 아동휴게숙박시설, 야영장 등 아동에게 건전한 놀이, 오락 등 기타 각종 편의를 제공하여 심신의 건강유지와 복지증진에 필요한 서비스를 제공하는 것을 목적으로 하는 시설
아동복지관	지역사회 아동의 건전육성을 위하여 심신의 건강유지와 복지증진에 필요한 서비스를 제공하는 것을 목적으로 하는 시설
공동생활가정	보호를 필요로 하는 아동에게 가정과 같은 주거여건과 보호를 제공하는 것을 목적으로 하는 시설
지역아동센터	지역사회 아동의 보호, 교육, 건전한 놀이와 오락의 제공, 보호자와 지역사회의 연계 등 아동의 건전육성을 위하여 종합적인 아동복지서비스를 제공하는 시설
가정위탁지원센터	부모의 실직, 이혼, 아동학대, 수감 등으로 인해 발생하는 요보호아동을 일시적으로 보호·양육하기를 희망하는 가정에 위탁·양육함으로써 아동이 가정적인 분위기에서 건전한 사회인으로 자랄 수 있도록 지원하는 것을 목적으로 하는 시설
아동보호전문기관	아동학대 예방 및 학대받는 아동들을 위한 지원사업을 실시하는 기관
다함께돌봄센터	지역사회중심 통합돌봄사업을 실시하여 공적 초등학생 돌봄서비스 및 종합적인 아동복지서비스를 제공하는 시설

4) 장애인복지시설

장애인복지시설이란 장애인이 시설에 입소하거나 통원하면서 재활에 필요한 상담, 치료, 교육, 훈련, 요양 등의 장애인복지서비스를 제공받을 수 있는 사회복지시설을 말하며, 시설의 종류에는 장애인생활시설, 장애인지역사회재활시설, 장애인직업재활시설, 장애인유료복지시설이 있고, 이를 다시 세분류하면 다음과 같다(표 5-5).

표 5-5 장애인복지시설의 종류

시설 유형	종류
장애인생활시설	장애유형별 생활시설, 중증장애인요양시설, 장애영유아생활시설
장애인지역사회 재활시설	장애인복지관, 장애인의료재활시설, 장애인주간보호시설, 장애인단기보호시설, 장애인공동생활가정
	장애인체육시설, 장애인수련시설, 장애인심부름센터, 수화통역센터, 점자도서관, 점서 및 녹음서 출판시설
장애인직업재활시설	장애인작업활동시설, 장애인보호작업시설, 장애인근로작업시설, 장애인직업훈련시설, 장애인생산품판매시설
장애인유료복지시설	장애인생활시설로서 장애인에게 필요한 치료 상담 훈련시설 등 편의를 제공하고 이에 소요되는 일체의 비용을 입소한 자로부터 수납하여 운영하는 시설

장애인복지 현장에서 활동하는 사회복지사들은 타 분야의 전문가, 즉 간호사, 물리치료사, 심리치료사, 작업치료사, 직업재활상담사, 특수교사 등과 함께 일하는 경우가 많다. 장애인지역사회재활시설의 수가 두 배 이상 많기 때문에 상대적으로 이용시설에서 활동하는 사회복지사가 더 많다. 이들은 시설장(관장), 총무(사무국장), 사회재활교사, 사회복지사 등으로 활동하면서 장애인들에 대한 자원봉사자 및 물적 자원의 개발 연계, 물리적 심리적 지역사회환경 개선업무 등을 담당한다.

5) 정신건강증진시설

지역사회 내에서 정신질환자를 조기에 발견하여 상담 · 치료 · 재활 · 사회복귀를 촉진할 수 있도록 정신건강증진시설이 운영되고 있다. 정신건강증진시설은 정신의료시설, 정신요양시설, 정신재활시설로 분류되나, 이 중 정신의료시설은 「의료법」에 의해 설치된 시설이므로 사회복지시설로 간주하기는 어려우며, 주로 정신질환자 진료를 위한 병원과 의원 및 병원급 이상의 의료기관에 설치된 정신과 등이 해당된다.

정신의료시설에서도 사회복지사들이 활동하고는 있으나 시설의 주된 목적인 환자들의 진료와 치료에 있으므로 정신의료시설은 1차 현장이라기보다는 2차 현장에 해당된다. 따라서 정신요양시설과 정신재활시설만이 사회복지시설에 해당된다고 볼 수 있다. 정신요양시설은 생활시설로 이곳에서도 일부 활동하는 사회복지사들이 있으나, 정신보건 분야의 사회복지사들은 주로 정신재활시설에서 활동하고 있다.

정신건강증진시설에서 근무하기 위해서는 사회복지사 1급 자격을 소지하고 「정신건강복지법」에서 요구하는 수련과정과 시험을 거쳐 정신건강전문요원 자격증을 취득해야 한다. 정신적·정서적 장애로 어려움을 겪고 있는 사람들 그리고 정신건강의 예방적 차원의 욕구를 가지고 있는 사람들을 대상으로 부적응적 상태와 정서문제, 사회적응과 사회복귀를 위한 상담 교육 훈련 등의 직접적 서비스를 자원 개발 및 연계, 지역사회 인식 개선을 비롯한 사회환경 개선, 기관 운영 등의 업무를 담당한다.

표 5-6 정신건강증진시설의 종류

시설유형	법적 정의	적용법규
정신의료시설	「의료법」에 의한 의료기관 중 주로 정신질환자의 진료를 행할 목적으로 설치된 병원(이하 "정신병원")과 의원 및 병원급 이상의 의료기관에 설치된 정신과	의료법(령, 규칙) 정신건강복지법(령, 규칙)
정신요양시설	법에 의한 설치된 시설로서 정신질환이 만성화된 정신질환자를 입소시켜 요양과 재활 촉진을 위한 훈련을 행하는 시설	사회복지사업법(령, 규칙) 정신건강복지법(령, 규칙) 정신요양시설의 설치기준 및 운영 등에 관한 규칙
정신재활시설	법에 의한 설치된 시설로서 정신질환자를 정신의료기관에 입원시키거나 정신요양시설에 입소시키지 아니하고 재활을 위한 각종 훈련과 생활지도를 행하는 시설	사회복지사업법(령, 규칙) 정신건강복지법(령, 규칙) 정신재활시설의 설치기준 및 운영 등에 관한 규칙
정신건강 복지센터	법에 의한 설치된 기관으로서 지역사회에서 정신질환의 예방과 정신질환자의 발견·상담·재활훈련·사례관리 및 연계 등을 실시하는 기관	정신건강복지법(령, 규칙)
중독관리통합 지원센터	법에 의한 설치된 기관으로서 지역사회에서 중독의 예방과 중독자의 발견·상담·재활훈련·사례관리 및 연계 등을 실시하는 기관	정신건강복지법(령, 규칙)
자살예방센터	중앙 및 지방자치단체 자살예방사업 지원, 민간 협력네트워크 구축을 통한 자살예방활동 지원 등을 실시하는 기관	정신건강복지법(령, 규칙)

2. 기타 사회복지실천 분야

1) 공공복지 분야

공공복지 분야란 정부의 사회복지 관련 부처나 부서를 지칭하는데, 구체적으로는 보건복지부, 시 · 도, 시 · 군 · 구의 사회복지 관련 부서 등이 해당된다. 공공복지 분야에서 활동하는 사회복지사들의 신분은 공무원으로서 사회복지 관련 정책 수립과 일선 실무를 담당한다.

특히 사회복지전담공무원은 공공기관의 행정업무와 사회복지서비스 업무를 동시에 담당하는 공공복지행정 전문인력이라 할 수 있다. 「사회복지사업법」 제14조에 의하면 사회복지사업에 관한 업무를 담당하게 하기 위하여 시 · 도, 시 · 군 · 구 및 읍 · 면 · 동 또는 제15조의 규정에 의한 복지사무전담기구에 사회복지전담공무원을 둘 수 있도록 되어 있으며, 사회복지사 자격을 가진 자이어야 한다.

사회복지전담공무원은 공개경쟁 선발과정을 거쳐 읍 · 면 · 동 행정기관에 배치되며, 시장, 군수, 구청장의 지도감독을 받는다. 1987년부터 생활보호업무를 비롯한 공공부조사업을 효과적으로 운영하기 위하여 저소득층 밀집지역을 중심으로 전국의 읍 · 면 · 동사무소에 배치되어 활동하고 있다. 주요 업무로는 「국민기초생활보장법」에 의한 생활보장업무, 「아동복지법」에 의한 아동복지업무, 「노인복지법」에 의한 노인복지업무, 「장애인복지법」에 의한 장애인복지업무, 「모자복지법」에 의한 모자복지업무, 기타 보건복지부장관이 필요하다고 인정하는 업무 등을 담당한다. 제도의 설치 당시에는 별정직인 사회복지전문요원으로서 배치되어 활동하다가 2000년 1월부터 사회복지직으로 전직되었다(한국사회복지행정연구회, 홈페이지(https://ksswa.or.kr) 참조).

사회복지전담공무원의 수는 2016년 20,307명(정원 기준)으로, 2006년(10,110명)보다 두 배 이상 늘었으며, 이 중 사회복지사 자격증 소지자는 1급 12,370명(60.9%), 2급 6,819명(33.6%) 등이다(보건복지부, 2017). 2017년 말 22,000여 명의 사회복지사가 사회복지전담공무원으로 활동하고 있으며, 앞으로도 확대될 것으로 기대된다. 한편 공공복지 분야에서 사회복지사들이 활동할 수 있는 직종으로는 아동복지지도원, 노인복지상담원, 장애인복지상담원 등이 있다.

2) 의료 · 정신보건 분야

의료 · 정신보건 분야는 오랫동안 사회복지사들의 중요한 실천 현장이 되어 왔지만, 병원, 보건소 등의 기관들은 의학적 서비스 제공이 1차적인 목적이라는 점에서 2차 현장이라고 할 수 있다. 사회복지사들이 의료기관에 근무할 수 있는 법적 근거는 「의료법 시행규칙」 제28조 제6항에서 종합병원에는 「사회복지사업법」의 규정에 의한 사회복지사 자격을 가진 자 중에서 환자의 갱생 자활과 사회복귀를 위한 상담 및 지도업무를 담당하는 요원을 1인 이상 둔다고 정한 바에 따른다. 사회복지사들이 주로 활동하는 대표적인 의료분야는 병원이며, 병원에 소속된 사회복지사의 업무에 대해서는 국민건강보험 요양급여의 기준에 따라 이학요법료(재활사회사업)와 정신요법료(정신의학적 사회사업)와 같은 치료비 일원으로 본인이 소속되어 있는 진료과의 특성에 따라 환자의 원활한 치료가 이루어질 수 있도록 치료적 여건을 조성하고 환자의 재활을 원조하는 다양한 프로그램을 개발 · 운영하는 것 등이다.

정신건강복지 분야에서 사회복지사들이 활동할 수 있는 근거는 앞에서 제시한 「의료법 시행규칙」과 함께 「정신건강복지법 시행령」 제2조 제3항을 들 수 있다. 특별히 정신보건 분야에서 활동하는 사회복지사를 「정신건강복지법」에서는 정신건강사회복지사라고 규정하면서 정신건강전문요원에 포함시키고 있다. 「정신건강복지법」에서는 정신건강증진시설을 정신의료기관, 정신재활시설, 정신요양시설을 의미한다고 규정하고 있다. 법에 따르면 정신의료기관이란 「의료법」에 의한 의료기관 중 주로 정신재활시설과 정신요양시설도 포함된다. 이러한 시설들은 정신보건서비스를 어느 곳을 중심으로 제공하느냐에 따라 병원과 지역사회 정신건강증진시설로 분류할 수 있는데, 후자에는 정신건강복지센터, 정신재활시설, 낮병원, 보건소, 중독관리통합지원센터 등이 포함된다(보건복지부, 2022).

정신건강사회복지사는 활동하는 기관의 종류에 따라 다소 차이가 있긴 하나 정신과의사, 정신건강임상심리사, 정신건강간호사 등 관련 전문직들과 함께 정신보건팀의 일원으로 업무를 수행하는데, 타 전문직들과는 달리 정신질환자들의 사회적응과 복귀에 상대적으로 더 많은 관심을 갖고 활동한다. 즉 정신질환자의 재활에 필요한 상담 및 훈련, 가족의 교육 · 지도 · 상담, 시설의 관리 · 운영, 정신보건 관련 예방 활동 및 조사 연구 업무, 정신질환에 대한 사회적 인식의 개선 활동, 지역사회복지 자원들과의 연계와 교류, 자원 동원 등의 업무를 담당한다. 다음은 정신건강전문요원의 업무 범위 및 한계를 제시하면 다음과 같다(표 5-8).

표 5-7 **정신건강전문요원의 업무의 범위 및 한계(제2조 제1항 관련)**

종별	업무와 범위와 한계
공통	• 정신재활시설의 운영 • 정신질환자의 사회복귀 촉진을 위한 생활훈련 및 작업훈련 • 정신질환자와 그 가족에 대한 교육 지도 상담 • 법 제25조 제1항의 규정에 의한 진단 및 보호의 신청 • 정신질환 예방 활동 및 정신보건에 관한 조사 연구 • 기타 정신질환자의 사회적응 및 직업재활을 위하여 보건복지부장관이 정하는 활동
정신건강 임상심리사	• 정신질환자에 대한 심리평가 • 정신질환자와 그 가족에 대한 심리상담
정신건강 간호사	• 정신질환자의 병력에 대한 자료수집, 병세에 대한 판단, 분류 및 그에 따른 환자 관리활동 • 정신질환자에 대한 간호
정신건강 사회복지사	• 정신질환에 대한 개인력 조사 • 정신질환자와 그 가족에 대한 사회사업지도 및 방문지도

출처: 정신건강복지법 시행령 [별표 2] 참조

3) 학교

학교는 아동 및 청소년기의 학생들에게 있어 가정을 제외하고는 시간적으로나 공간적으로 가장 오랜 시간을 보내는 곳으로 학생들에게 많은 영향을 주는 환경체계이다. 미국에서는 이미 1900년대 초부터 사회복지사들이 활동해 온 사회복지실천의 주요 현장이다. 그러나 학교의 주기능이 학생들은 건전한 사회구성원으로 성장시키고자 하는 교육 기능에 있다는 점에서 볼 때 사회복지실천의 2차적인 현장이라고 볼 수 있다. 따라서 학교 현장을 근거로 사회복지실천 활동을 전개하는 학교사회복지는 학교의 교육 기능을 향상시키고 보충하기 위한 부가적 서비스를 제공하는 것이라 볼 수 있다. 학교사회복지는 학교를 실천장소로 하여 학생, 학교, 가정, 지역사회의 역기능적 상호작용에 의해 발생하는 학생의 심리 사회적 문제를 예방하고 해결하여 학생 개개인의 잠재력과 사회적 기능을 향상시키고, 이들 학생의 학업성취를 증진시켜 모든 학생들이 건전한 사회구성원으로 성장할 수 있도록 교육시키는 학교교육의 목적을 달성하기 위해 사회사업의 실천 방법을 활용하는 전문 분야이다.

우리나라의 경우 사회복지사들이 학교에서 활동할 수 있는 법적 근거는 아직까지 마련되지 못한 상태이나 부분적으로 조례로 제정·실시하여 2020년 말 현재 전국적으로 2,000여 개의 학교에서 사회복지사들이 학교사회복지실천 활동을 펼치고 있다(http://www.kassw.

or.kr). 사회복지사들은 학생지원업무(상담, 자원연계, 여가 및 문화 활동), 가정지원업무(학부모 상담, 자원연계, 부모교육), 교사연계업무(교육 지원 및 교사 대상 서비스), 지역사회연계업무(지역사회 자원 개발, 학교·지역사회 연계), 연구개발업무 등을 수행하고 있다.

4) 사회복지 관련 단체

사회복지 관련 법이 규정하고 있는 단체와 관련 법에서 규정하고 있지는 않으나 사회복지사업에 직·간접적으로 관여하는 단체들을 의미한다. 전자의 경우는 「사회복지사업법」에 의한 한국사회복지협의회와 사회복지사협회 및 「사회복지공동모금회법」에 의한 사회복지공동모금회 등을 예로 들 수 있다. 후자의 경우는 사회복지시설들의 공동목적을 위해 조직된 사회복지관협회, 노인복지시설협회, 장애인복지시설협회, 지역자활협회와 같은 직능별 협의체가 포함된다. 한편 사회복지 관련 법에서 규정하고 있지는 않으나 사회복지사업의 긴 역사를 지니고 있는 사회단체들도 그 예가 된다. 이러한 단체들은 시민들이 주체가 되어 설립·운영하고 있으며, 전국적인 네트워크를 가지고 있는 경우가 많은데, 사회복지사를 채용하고 있을 뿐 아니라 사회복지시설을 위탁 운영하는 경우도 적지 않다.

주요 단체로는 한국YMCA, 한국YWCA, 청소년폭력예방재단, 한국월드비전, 한국굿네이버스, 아름다운재단, 기타 종교단체 등이 있으며, 이러한 조직들을 특별히 비정부조직(NGO)이라고 지칭한다. 최근에는 대기업을 중심으로 공익을 위하여 복지재단을 설립하는 경우가 많은데, 이곳에서는 사회복지사들이 많은 활동을 하고 있다.

이러한 단체들은 서비스 대상자들에게 직접적인 서비스를 제공하기보다는 민간 사회복지행정조직체로서 사회복지기관의 운영을 지원하고 이를 통해 사회복지서비스 대상자들을 간접적으로 지원하는 역할을 담당하고 있다. 그러나 단체가 사회복지시설을 정부로부터 위탁받아 운영하는 경우에는 직접적 서비스기관의 역할도 담당한다. 1980년대 후반 이후부터 확대되고 있는 비정부조직들은 사회복지사들의 새로운 실천 현장으로 인식되고 있다.

Ⅲ 분야별 사회복지사의 역할

1. 사회복지사의 역할

사회복지실천 현장과 사회복지사들의 활동범위는 넓고 다양하다. 사회복지실천 현장으로 규정하기 위해서는 사회복지의 가치, 지식, 기술을 갖춘 사회복지사에 의해 서비스가 제공되어야 한다. 타 전문직들과는 확연하게 차별화된 전문직의 정체성을 확보하기 위해서는 사회복지사들이 수행하는 역할이 매우 중요하다.

사회복지사들은 기관의 성격과 담당하는 업무에 따라 한 가지 역할을 주로 수행하기도 하지만, 그보다는 여러 역할을 동시에 수행할 가능성이 높다. 이와 같이 사회복지사들은 서로 다른 역할들을 동시에 수행해야 하는 경우가 많기 때문에 각 역할들의 특성에 대해 숙지한 후 상황에 맞는 적절한 역할을 수행해야 할 것이다.

헵워스와 라센(Hepworth & Larsen, 1993)은 사회복지사의 역할을 직접 실천에 초점을 두고 크게 서비스 직접 제공자의 역할, 다양한 체계와의 연결자의 역할, 체계 유지와 강화자의 역할, 연구자와 조사활용자의 역할, 체계개발자의 역할로 분류하고 있다.

1) 서비스 직접 제공자

사회복지사가 서비스 제공 과정에서 클라이언트와 직접 대면하여 서비스를 제공하는 것을 의미한다.

- 개별적인 사회복지실천 혹은 상담
- 부부치료, 가족치료(개별, 집단상담 포함)
- 집단활동서비스(지지집단, 치료집단, 자조집단, 과업집단, 기술개발집단 포함)
- 교육자, 정보제공자(개별, 연합, 집단 세션에 필수적인 정보를 제공)

2) 체계연결자

클라이언트가 사회기관에서 제공할 수 없는 자원을 필요로 하거나, 유용한 자원을 이용하는 능력이나 지식이 부족하기 때문에 종종 사회복지사는 사람과 다른 자원을 연결하는 역할을 수행해야 한다. 구체적인 역할로 중개자, 사례관리자/조정자, 중재자/판단자, 클라이언트 옹호자의 역할을 수행할 수 있다.

3) 체계 유지와 강화자

사회기관의 구성원으로서 사회복지사는 서비스 전달체계의 효율성을 떨어뜨리는 기관 내 구조, 정책, 기능적 관계를 평가할 책임을 갖고 있다. 이와 관련된 역할은 조직분석가, 촉진자/추진자, 팀구성원, 자문가/자문을 받는 사람의 역할이다.

4) 연구자, 조사활용자

사회복지사는 평가 가능한 개입 방법을 선택하여 그들의 개입효과를 평가해야 하고, 클라이언트의 변화과정을 체계적으로 점검해야 한다. 이러한 과정은 연구를 하고 활용할 것을 요구한다. 사회복지사들이 수행하는 조사는 때때로 단일사례설계 방법을 취한다.

5) 체계개발자

사회복지사는 미충족된 클라이언트의 욕구, 서비스 간의 괴리, 예방적 서비스에 대한 욕구에 의해 기관의 서비스를 확대하거나 개선할 기회를 갖게 된다. 이와 관련된 역할은 프로그램개발자, 계획가, 정책 절차 개발자, 옹호자이다.

2. 실천 영역에서의 사회복지사의 역할

1) 사회복지조직에서의 사회복지사의 업무

① 조직에 대한 이해와 효율적 기관 운영을 위한 업무
② 업무량 관리 및 자기 개발
③ 프로그램 개발과 모금
④ 기관들 간의 협조와 연계업무
⑤ 지역사회와의 협조 업무

2) 실천 현장별 사회복지사의 역할

(1) 공공기관에서의 역할

① 미시적 수준의 개입 역할로서, 직접적인 서비스의 제공과 자원개발 및 연계 업무를 하는 조력자와 중개자의 역할이 있다.

② 기관이나 조직 중심의 중범위 차원에서, 사회복지전담공무원은 공공복지 전달체계상에서의 행정업무나 서비스 업무 수행상의 문제점을 개선하고, 조직 내의 기능이나 조직 간의 연결망을 강화하는 촉진자로서의 역할을 담당한다.

③ 거시적 차원에서 사회복지전담공무원은 국민기초생활보장 관련 업무나 기타 복지서비스에 관한 홍보와 지역주민들에 대한 교육 활동, 주민의 욕구를 기초로 한 프로그램의 개발과 같은 계획가나 현장개입가로서의 역할이 부분적으로 가능하다.

④ 사회복지전담공무원이 담당하는 지역 내의 아동, 노인, 장애인, 한부모가정의 욕구와 실태, 서비스 만족도에 관한 조사업무는 효과적 서비스 개발이나 전달을 위해 전문가 차원에서 이루어지는 연구자/학자의 역할이라고 볼 수 있다.

(2) 민간 사회복지서비스 기관에서의 역할

① 생활시설에서의 역할

생활시설에 거주하고 있는 클라이언트는 시설보호를 필요로 하는 특수한 욕구를 가진 경우가 많기 때문에 생활시설의 사회복지사는 단순한 시설 내 보호 수준에서 벗어나 클라이언트의 치료, 재활, 사회복귀 과정에 필요한 개별화된 서비스를 제공하는 전문가 역할을 수행해야 한다.

② 이용시설에서의 역할

지역사회복지관에서 일하는 사회복지사는 지역사회에서의 통합적인 개입을 위해 개인 클라이언트로부터 집단, 지역사회, 전문가 집단까지 개입 수준을 확대하며 다양한 역할을 수행하게 된다. 직접적인 서비스 제공자, 서비스 연결자, 교육자, 촉진자, 중재자, 계획가와 현장개입가로서의 역할을 수행할 수 있으며, 전문가 조직의 활동을 통해 정보를 공유하고 전문직의 발전을 위한 다양한 활동에 참여한다.

(3) 사회복지실천 분야별 역할

① **아동복지 분야**: 아동복지 분야에서 일하는 사회복지사가 효과적인 조력자의 역할을 수행하기 위해서는 아동의 욕구에 적합한 태도와 기술이 요구된다. 이때 사회복지사는 아동기의 핵심적 특성인 안정감을 줄 수 있는 지지자로서 부모와의 정상적 관계를 맺을 수 있도록 중개하는 역할이 필요하다.

② **청소년복지 분야**: 청소년과 함께 일하는 사회복지사는 불안정하며 다양한 변화를 체험하는 청소년기의 특성을 이해하는 것이 중요하다. 전문가로서 청소년의 특성과 욕구를 파악하고 이를 기초로 청소년의 개인적 성장과 사회적응 과정을 도울 수 있는 프로그램을 개발하는 것이 매우 중요하다.

③ **노인복지 분야**: 노년기의 정체감 상실과 역할상실에서 오는 무력감 등에 대해 공감하며 노년기를 정서적으로 안정되게 꾸려갈 수 있도록 돕는 조력자로서의 역할과 취업교육이나 사회교육, 여가활동지도, 치매노인을 위한 가족교육 프로그램 등 다양한 교육 프로그램을 개발하고 지도하는 교사로서의 역할이 이 분야에서 강조된다.

④ **여성복지 분야**: 여성들이 독립된 개인으로서 자신의 삶을 영위할 수 있도록 정서적으로 지지하며 자립지원서비스나 사회복지 자원을 제공해주는 조력자/중개자의 역할이 기본적으로 요구되며, 부모교육이나 취업교육, 기타 자립생활에 필요한 정보를 제공하는 교사의 역할도 필요하다.

⑤ **장애인복지 및 의료보건 분야**: 신체적 · 정신적 기능상의 장애를 극복하고 사회의 한 구성원으로 살아나가는 데 필요한 정서적 지지와 지원을 해줄 수 있는 조력자/중개자 역할과 함께, 장애인이 정상화된 삶을 누릴 수 있는 환경을 만들기 위해 장애인의 권리를 알리고 경제적 · 물리적 · 사회적 제반 서비스를 개발하는 옹호자, 행동가, 현장개입가의 역할이 요구된다.

⑥ **소득보장/생활보장 분야**: 개별 클라이언트 차원에서 개인과 그 가족이 겪는 경제적, 행동적, 정서적 문제에 관한 지지와 상담을 할 수 있는 조력자의 역할과 치료, 자활, 사회복귀에 필요한 주변 자원을 연결하는 중개자로서의 역할이 있다.

(4) 2차 현장에서의 사회복지사의 업무

① **학교사회복지 분야**: 학교사회복지는 학교 부적응이나 중도 탈락과 같은 취학 청소년

의 문제와 학교제도나 운영상의 문제를 해결함으로써 최적의 교육 환경을 만들고 교육의 효과를 극대화할 수 있도록 돕는 사회복지실천의 개입 분야이다.

② **의료사회복지 분야**: 의료시설에서 환자와 그 가족의 심리적 · 정신적 · 경제적 제반 문제들에 관심을 갖고 의료진과 협력하에 치료과정에 개입함으로써 의료서비스가 보다 효과적으로 제공되도록 돕는 역할을 한다.

③ **교정복지 분야**: 사회복지사의 활동이 이루어지는 교정복지 분야의 기관으로는 법원, 소년분류심사원, 소년원, 보호관찰소 등이 있다. 보호관찰 업무나 소년분류심사 업무를 담당하는 사회복지사는 비행 행위에 대한 원인을 밝히고 문제요인을 제거하고 새로운 삶을 이룰 수 있도록 도와주는 조력자 역할과, 퇴소 후 건강한 사회복귀가 이루어질 수 있도록 필요한 자원을 연결해 줄 수 있는 중개자 역할을 담당한다(길귀숙 외, 2018).

제 6 장

사회복지실천 현장에서의 윤리

| Ⅰ. 사회복지사의 윤리기준 |

| Ⅱ. 한국 사회복지사 윤리강령 |

| Ⅲ. 사회복지실천 현장에서의 가치갈등 |

Social Work Practicum and Seminar

Ⅰ 사회복지사의 윤리기준

1. 사회복지의 가치와 윤리의 필요성

1) 사회복지실천의 기본적 가치 전제

사회복지실천에 있어서 토대 또는 기반이 되는 것은 지식기반, 가치기반, 그리고 개입기술기반이다. 이들 중 가치기반이란 사회복지실천의 사상, 가치, 윤리 등의 인간이 가지고 있는 철학에서부터 시작한다. 사회복지실천에 종사하는 사회복지사는 과학적이고 전문적인 지식과 실천과정상의 적절한 개입기술만을 갖추는 것만으로는 부족하고 사회복지실천의 가치와 윤리에 대해 이해하는 것이 필요하다.

왜냐하면 사회복지실천의 가치와 윤리, 사회복지사 개인의 가치와 윤리, 클라이언트의 가치와 윤리들이 서로 얽히면서 나타날 수 있기 때문이다. 결국 이들 간의 문제는 사회복지사와 클라이언트와의 관계 그리고 서비스의 전달과정과 효과성에 중요한 영향을 준다(권구영 외, 2008).

사회복지현장실습 진행과정에서도 사회복지실천에서의 가치와 윤리 관련 문제에 맞부딪치는 경우들이 있으므로 이에 관한 학습과 적용으로 준비하여야 할 것이다.

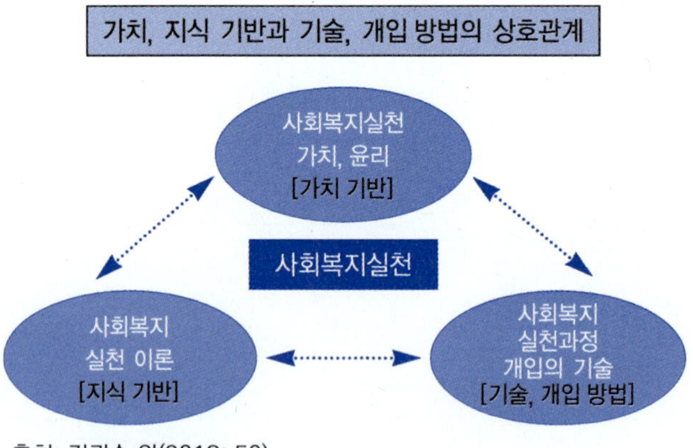

출처: 길귀숙 외(2018: 50)

그림 6-1 사회복지실천의 토대 또는 기반

사회복지 사상은 사회복지사가 바람직하다고 생각하는 것을 추구하고 실현하는 목적과 방법에 대한 사회적 사유, 즉 사회구성원의 지배적 생각의 총체이다. 그리고 사회복지 가치는 '바람직하다고 생각하는 것' 즉 사회복지가 이념적으로 바람직하다고 지향하는 것으로 사회복지의 제도적 · 실천적 선택에 영향을 미치는 신념체계로 정의할 수 있다. 다시 말해 사회구성원의 지배적인 생각인 사회복지사상 중에서 사회복지실천 현장에 적용할 수 있는 지향점인 사회복지 가치가 도출된다고 하겠다.

윤리는 가치에서 비롯되나 무엇이 옳고 그른가를 판단하여 주는 도덕적 지침이 된다. 사회복지실천의 윤리에서 가치문제를 중요하게 다루는 것은 사회복지사의 가치에서 윤리적인 원칙들이 나오기 때문이다. 윤리와 가치의 차이점은, 가치는 무엇이 좋고(Good) 싫은가(Bad)와 관련되고, 윤리는 무엇이 옳고(Right) 그른가(Wrong)를 다루는 데 있다(엄명용 외, 2014).

2) 사회복지윤리의 필요성

리머(Reamer, 1998)가 제시한 사회복지윤리의 필요성은 다음과 같다(정효신 외, 2020).

첫째, 윤리는 전문가 자신의 가치와 클라이언트, 지역주민, 동료 전문가, 슈퍼바이저 등 다른 사람들의 가치관 사이에 어떤 공통점과 차이점이 있는가에 관해 체계적으로 확인하기 위해 필요하다.

둘째, 윤리는 윤리적 딜레마를 이해하고 이에 대처할 수 있는 능력을 갖추기 위해 필요하다.

셋째, 윤리는 다양한 가치들 사이의 관계 정의 또는 순위를 결정하기 위해 필요하다.

넷째, 윤리는 사회복지의 현행 주류 가치가 얼마나 정당한가를 성찰하고, 나아가서 시대적 조류에 맞는 가치를 정립하기 위해 필요하다.

다섯째, 윤리는 사회복지 전문성을 발전시키고 실천 방법을 개발하기 위해 필요하다.

2. 사회복지 전문직의 가치와 윤리

윤리적 실천지침을 제공하는 일은 전문가의 가장 핵심적인 역할 가운데 하나이다. 특히 사회복지실천에 있어서 윤리적인 실천기준을 마련하는 일은 전문가가 실천에 있어 윤리적인 문제를 다루는 데뿐만 아니라, 전문가로서의 정체성을 확보하는 데 도움이 된다. 특히 전문가의 행동과 관련하여 윤리적으로 받아들일 수 있는 행동과 그렇지 못한 행동이 무엇인지에 대한 명확한 기준을 제공한다는 면에서 매우 의의가 높다. 전문가들은 대체로 실천과 관련한 윤리강령을 제정하고, 이 기준에 의해 자신들의 윤리적인 기준을 제시하고 있다(백은령 외, 2009).

1) 사회복지실천과 가치

사회복지의 목적들은 핵심적 가치체계들-자원의 개발과 활용, 클라이언트의 존엄의 보장, 고유성 및 개별성의 존중, 문제해결 능력 및 자기결정의 확신, 그리고 비밀보장으로부터 나오고 있다. 그런데 이러한 전문적 가치들은 사회적 가치들과 분리되어 존재하는 것은 아니다. 특히 인간과의 관계 속에서 사회규범과 사회적 도덕체계들을 다루는 사회복지실천 영역은 가치 관련 부담이 큰 전문직이라 할 수 있으며, 특정의 사회적 가치들과 연계됨으로써 사회의 양심 혹은 도덕관념으로 작용하는 경향이 있다(Hepworth & Larsen, 1993).

가치가 보편적이고 추상적인 체계인 반면, 윤리는 가치와 일치된 행위로 이끄는 행동상의 규칙들이라고 할 수 있다. 즉 가치가 주로 무엇이 좋고 바람직한가에 관심을 두는 것에 비해 윤리는 무엇이 옳고 정확한 것인가에 대한 구체적 행동지침을 다룬 것이다. 한 전문직 안에서의 이러한 윤리적 행위에 대한 내용을 정리한 것이 윤리강령이며, 이것은 이론체계 개발과 더불어 모든 전문직이 그 전문성을 인정받기 위해 반드시 필요로 하는 부분이다. 윤리강령 안에서 해당 전문직의 주요 사상, 신념 및 전통이 모두 반영되며, 이로써 전문가들을 올바르고 책임성 있는 행위로 안내할 수 있다(권구영 외, 2008).

2) 사회복지사의 가치 기준

사회복지실천은 인도주의적 이상과 민주주의적 사상으로부터 유래되었다. 개인적 · 사회적 상호작용으로부터 생겨나는 인간의 욕구를 충족시켜 주기 위하여 또 인간의 가능성을 개발하기 위하여 전문적인 사회복지사들은 사회복지실천에 헌신한다(김융일 외, 2000).

로웬버그와 돌고프(Loewenberg & Dolgoff, 1996)는 사회복지실천의 중심 가치를 다음과 같이 여섯 가지로 제시하고 있다.

① 사회복지사들의 전문적 관계는 개인의 가치와 존엄성에 기초하며, 상호참여와 수용, 비밀보장, 정직성 그리고 책임성을 통해 발전한다.

② 사회복지사들은 클라이언트가 독립적으로 결정할 권리와 원조과정에 적극적으로 참

여할 권리를 존중한다.

③ 사회복지사들은 클라이언트 체계가 필요한 자원을 획득하도록 원조할 책임이 있다.

④ 사회복지사들은 사회제도를 보다 인도적이며, 인간의 요구에 부응하도록 만들기 위해 노력해야 한다.

⑤ 사회복지사들은 다양한 집단의 고유한 특성을 존중하고 수용해야 한다.

⑥ 사회복지사들은 자신이 행한 윤리적 행위와 실천 행위에 대한 책임을 져야 한다. 따라서 사회복지사들은 전문적인 지식과 기술을 지속적으로 발전시키기 위한 노력을 해야 한다.

3) 사회복지실천과 윤리

(1) 윤리의 출현

사회복지실천의 윤리가 본격적으로 논의되기 시작한 것은 겨우 1970년대에 들어서였다. 그 이전에는 가치가 윤리의 자리를 대신하였으며, 실천윤리를 논하여야 할 만큼 실천의 대상, 과정, 결과 등이 복잡하지 않았다(양옥경 외, 2004).

사회복지사들은 1920년대부터 윤리의 필요성을 절감하고 전문직 윤리강령을 만들고자 하였으나 잘 되지 않았다. 1960년에 와서야 최초의 사회복지사 윤리강령이 사회복지사협회에 의해 채택되었다(Reamer, 1992). 그전까지는 전문지식과 기술의 개발에 주로 초점을 두고 있었다. 가치에 중점을 두면 사회복지 전문직이 과학적이지 않게 보이기 때문에 전문직의 발전을 위해 가치 및 윤리에 대한 관심이 활발히 진행되지 못한 것이다.

그러나 1970년대 후반에 들어와 윤리가 각광을 받게 된 이유는 과학과 기술의 발전으로 생명 연장이 가능해졌으며, 장기이식이나 유전공학의 실현 등으로 다양한 형태의 윤리적 결정을 해야 하는 상황에 놓이게 되며 이 상황에서 사회복지사들의 개입이 필요하게 되었다. 또한 사회가 성숙함에 따라 환자의 권리, 피의자의 권리, 죄수의 권리, 사회복지 대상자의 권리를 인정하자는 사회분위기의 영향도 있다(Reamer, 1999). 사회복지 대상자의 권리 인정으로 인한 다양한 형태의 윤리적 갈등이 발생함에 따라 이를 해결하기 위한 윤리적 토론이 진행되었으며, 결국 윤리적 지침의 필요성이 대두된 것이다(길귀숙 외, 2018).

(2) 윤리강령의 주요 기능

로웬버그와 돌고프(Loewenber & Dolgoff)는 전문가 윤리강령의 주요 기능을 다음과 같이 소개하고 있다.

① 실천 현장에서 윤리적인 딜레마가 발생하게 된 경우 이를 해결하기 위한 지침을 제공한다.

② 부정직하고 무능력한 실천가들로부터 클라이언트를 보호한다.

③ 정부의 통제로부터 전문직을 보호한다. 전문직의 자기규제는 정부의 규제보다 더욱 우선된다.

④ 전문직의 내부갈등으로부터 초래되는 자기파멸을 예방하여 전문가들이 조화롭게 일하도록 돕는다.

⑤ 소송으로부터 전문가를 보호한다. 윤리강령을 따르는 실천가들이 실천오류로 인해 제기된 소송에서 일정한 보호를 받도록 한다(서미경 외, 2000).

II 한국 사회복지사 윤리강령

한국사회복지사협회에서는 1982년에 사회복지사 윤리강령을 제정하였으며 이를 2001년 12월에 대폭 개정하였다. 1982년에 제정되었던 사회복지사 윤리강령은 서문과 10개의 조항으로 되어 있으나 2001년 개정된 사회복지사 윤리강령에서는 서문을 비롯하여 내용을 기본적 윤리기준, 클라이언트에 대한 윤리기준, 동료에 대한 윤리기준, 사회에 대한 윤리기준, 기관에 대한 윤리기준, 윤리위원회의 구성과 운영에 관한 부분으로 범주화하였다. 한국사회복지사협회의 이러한 윤리강령은 2021년 7월 5일 제4차 개정되어 실천적으로 활용되고 있다. 매우 다양하면서도 구체적인 내용을 담고 있는 한국 사회복지사 윤리강령의 핵심적인 내용을 살펴보면 다음과 같다.

(1) 서문

서문에서는 사회복지사의 사명을 천명하고 있다. 사회복지사는 인본주의 · 평등주의 사상에 기초하여, 모든 인간의 존엄성과 가치를 존중하고 천부의 자유권과 생존권의 보장 활동에 헌신하며, 사회적 · 경제적 약자들의 편에 서서 개인의 주체성과 자기결정권을 보장함은 물론 사회정의와 평등 · 자유와 민주주의 가치를 실현하는 데 앞장선다. 이러한 사명을 실천하기 위하여 전문적 지식과 기술을 개발하고, 사회적 가치를 실현하는 전문가로서의 능력과 품위를 유지하기 위해 노력해야 한다는 내용이다.

(2) 사회복지사의 기본적 윤리기준

이 부분에서는 사회복지사의 ① 전문가로서의 자세 ② 전문성 개발을 위한 노력 ③ 경제적 이득에 대한 태도를 제시하였다. 사회복지사는 어떠한 이유로도 클라이언트를 차별적으로 처우하지 않으며, 전문적인 가치와 판단에 따라 성실하고 공정하게 업무를 수행하며 업무상 어떠한 압력과도 타협하지 않으며 부당한 간섭을 받지도 않는다. 사회복지사는 전문적인 지식과 기술개발에 노력하여야 하며 그 과정에서도 클라이언트를 보호해야 한다는 내용이다. 그리고 자신의 이익을 위하여 사회복지 전문직의 가치와 권위를 훼손하지 않으며 사회정의 실현을 위해서 노력한다는 것이다.

(3) 사회복지사의 클라이언트에 대한 윤리기준

이 부분에는 ① 클라이언트와의 관계 ② 동료의 클라이언트와의 관계로 나누어지는데, 사회복지사는 클라이언트의 권익옹호를 최우선의 가치로 삼고 행동하며 클라이언트에 대하여 인간으로서의 존엄성과 자기결정권을 존중해야 한다는 내용과 동료, 혹은 다른 기관의 클라이언트와 적법하고도 적절한 논의 후에 전문적 관계를 맺어야 한다는 내용이다.

(4) 사회복지사의 동료에 대한 윤리기준

이 부분에서는 ① 동료 ② 슈퍼바이저로 나누어, 사회복지사는 존중과 신뢰로써 동료를 대하며, 비윤리적 행위에 대해 제반 법률규정이나 윤리기준에 따라 조치를 취해야 하며, 슈퍼바이저로서 전문적 기준에 의해 공정하게 책임을 수행하며, 사회복지사 · 수련생 및 실습생에 대한 평가는 서로 공유해야 한다는 내용이다.

그리고 다음으로는 사회복지사는 인권 존중과 인간 평등을 위해 헌신해야 하며, 사회적 약자를 옹호하고 대변하는 일을 주도해야 한다는 **(5) 사회복지사의 사회에 대한 윤리기준**,

사회복지사는 기관의 정책과 사업 목표의 달성 및 서비스의 효율성의 증진을 위해 노력해야 한다는 (6) **사회복지사의 기관에 대한 윤리기준**, 사회복지윤리위원회를 구성하여 사회복지실천의 질적인 향상을 도모하여야 한다는 (7) **사회복지윤리위원회의 구성과 운영**에 대한 내용이며, 마지막으로 (8) **선언문**에서는 사회복지사 윤리강령을 준수함으로써, 도덕성과 책임성을 갖춘 사회복지사로 헌신한다는 내용이다.

표 6-1 한국 사회복지사 윤리강령(2021년 개정)

전 문

사회복지사는 인본주의 · 평등주의 사상에 기초하여, 모든 인간의 존엄성과 가치를 존중하고 천부의 자유권과 생존권의 보장활동에 헌신한다. 특히 사회적 · 경제적 약자들의 편에 서서 사회정의와 평등 · 자유와 민주주의 가치를 실현하는 데 앞장선다. 또한 도움을 필요로 하는 사람들의 사회적 지위와 기능을 향상시키기 위해 저들과 함께 일하며, 사회제도 개선과 관련된 제반 활동에 주도적으로 참여한다. 사회복지사는 개인의 주체성과 자기결정권을 보장하는 데 최선을 다하고, 어떠한 여건에서도 개인이 부당하게 희생되는 일이 없도록 한다. 이러한 사명을 실천하기 위하여 전문적 지식과 기술을 개발하고, 사회적 가치를 실현하는 전문가로서의 능력과 품위를 유지하기 위해 노력한다. 이에 우리는 클라이언트 · 동료 · 기관, 그리고 지역사회 및 전체 사회와 관련된 사회복지사의 행위와 활동을 판단 · 평가하며 인도하는 윤리기준을 다음과 같이 선언하고 이를 준수할 것을 다짐한다.

윤리기준

1. 사회복지사의 기본적 윤리기준

1) 전문가로서의 자세

(1) 사회복지사는 전문가로서의 품위와 자질을 유지하고, 자신이 맡고 있는 업무에 대해 책임을 진다.

(2) 사회복지사는 클라이언트의 종교 · 인종 · 성 · 연령 · 국적 · 결혼상태 · 성 취향 · 경제적 지위 · 정치적 신념 · 정신, 신체적 장애 · 기타 개인적 선호, 특징, 조건, 지위를 이유로 차별대우를 하지 않는다.

(3) 사회복지사는 전문가로서 성실하고 공정하게 업무를 수행하며, 이 과정에서 어떠한 부당한 압력에도 타협하지 않는다.

(4) 사회복지사는 사회정의 실현과 클라이언트의 복지 증진에 헌신하며, 이를 위한 환경 조성을 국가와 사회에 요구해야 한다.

(5) 사회복지사는 전문적 가치와 판단에 따라 업무를 수행함에 있어, 기관 내외로부터 부당한 간섭이나 압력을 받지 않는다.

(6) 사회복지사는 자신의 이익을 위해 사회복지 전문직의 가치와 권위를 훼손해서는 안 된다.

(7) 사회복지사는 한국사회복지사협회 등 전문가단체 활동에 적극 참여하여, 사회정의 실현과 사회복지사의 권익옹호를 위해 노력해야 한다.

2) 전문성 개발을 위한 노력

(1) 사회복지사는 클라이언트에게 최상의 서비스를 제공하기 위해, 지식과 기술을 개발하는 데 최선을 다하며 이를 활용하고 전파할 책임이 있다.
(2) 클라이언트를 대상으로 연구하는 사회복지사는 저들의 권리를 보장하기 위해, 자발적이고 고지된 동의를 얻어야 한다.
(3) 연구과정에서 얻은 정보는 비밀보장의 원칙에서 다루어져야 하고, 이 과정에서 클라이언트는 신체적, 정신적 불편이나 위험 · 위해 등으로부터 보호되어야 한다.
(4) 사회복지사는 전문성을 개발하기 위해 노력하되, 이를 이유로 서비스의 제공을 소홀히 해서는 안 된다.
(5) 사회복지사는 한국사회복지사협회 등이 실시하는 제반 교육에 적극 참여하여야 한다.

3) 경제적 이득에 대한 태도

(1) 사회복지사는 클라이언트의 지불능력에 상관없이 서비스를 제공해야 하며, 이를 이유로 차별대우를 해서는 안 된다.
(2) 사회복지사는 필요한 경우에 제공된 서비스에 대해, 공정하고 합리적으로 이용료를 책정해야 한다.
(3) 사회복지사는 업무와 관련하여 정당하지 않은 방법으로 경제적 이득을 취하여서는 안 된다.

2. 사회복지사의 클라이언트에 대한 윤리기준

1) 클라이언트와의 관계

(1) 사회복지사는 클라이언트의 권익옹호를 최우선의 가치로 삼고 행동한다.
(2) 사회복지사는 클라이언트에 대하여 인간으로서의 존엄성을 존중해야 하며, 전문적 기술과 능력을 최대한 발휘한다.
(3) 사회복지사는 클라이언트가 자기결정권을 최대한 행사할 수 있도록 도와야 하며, 저들의 이익을 최대한 대변해야 한다.
(4) 사회복지사는 클라이언트의 사생활을 존중하고 보호하며, 직무 수행과정에서 얻은 정보에 대해 철저하게 비밀을 유지해야 한다.
(5) 사회복지사는 클라이언트가 받는 서비스의 범위와 내용에 대해, 정확하고 충분한 정보를 제공함으로써 알 권리를 인정하고 존중해야 한다.
(6) 사회복지사는 문서 · 사진 · 컴퓨터 파일 등의 형태로 된 클라이언트의 정보에 대해 비밀보장의 한계 · 정보를 얻어야 하는 목적 및 활용에 대해 구체적으로 알려야 하며, 정보 공개 시에는 동의를 얻어야 한다.
(7) 사회복지사는 개인적 이익을 위해 클라이언트와의 전문적 관계를 이용하여서는 안 된다.
(8) 사회복지사는 어떠한 상황에서도 클라이언트와 부적절한 성적 관계를 가져서는 안 된다.
(9) 사회복지사는 사회복지 증진을 위한 환경 조성에 클라이언트를 동반자로 인정하고 함께 일해야 한다.

2) 동료의 클라이언트와의 관계

(1) 사회복지사는 적법하고도 적절한 논의 없이 동료, 혹은 다른 기관의 클라이언트와 전문적 관계를 맺어서는 안 된다.

(2) 사회복지사는 긴급한 사정으로 인해 동료의 클라이언트를 맡게 된 경우, 자신의 의뢰인처럼 관심을 갖고 서비스를 제공한다.

3. 사회복지사의 동료에 대한 윤리기준

1) 동료

(1) 사회복지사는 존중과 신뢰로서 동료를 대하며, 전문가로서의 지위와 인격을 훼손하는 언행을 하지 않는다.

(2) 사회복지사는 사회복지 전문직의 이익과 권익을 증진시키기 위해 동료와 협력해야 한다.

(3) 사회복지사는 동료의 윤리적이고 전문적인 행위를 촉진시켜야 하며, 이에 반하는 경우에는 제반 법률규정이나 윤리기준에 따라 대처해야 한다.

(4) 사회복지사가 전문적인 판단과 실천이 미흡하여 문제를 야기시켰을 때에는, 적절한 조치를 취하여 클라이언트의 이익을 보호해야 한다.

(5) 사회복지사는 전문직 내 다른 구성원이 행한 비윤리적 행위에 대해, 제반 법률규정이나 윤리기준에 따라 조치를 취해야 한다.

(6) 사회복지사는 동료 및 타 전문직 동료의 직무 가치와 내용을 인정 · 이해하며, 상호 간에 민주적인 직무관계를 이루도록 노력해야 한다.

2) 슈퍼바이저

(1) 슈퍼바이저는 개인적인 이익의 추구를 위해 자신의 지위를 이용해서는 안 된다.

(2) 슈퍼바이저는 전문적 기준에 의해 공정하게 책임을 수행하며, 사회복지사 · 수련생 및 실습생에 대한 평가는 저들과 공유해야 한다.

(3) 사회복지사는 슈퍼바이저의 전문적 지도와 조언을 존중해야 하며, 슈퍼바이저는 사회복지사의 전문적 업무 수행을 도와야 한다.

(4) 슈퍼바이저는 사회복지사 · 수련생 및 실습생에 대해 인격적 · 성적으로 수치심을 주는 행위를 해서는 안 된다.

4. 사회복지사의 사회에 대한 윤리기준

(1) 사회복지사는 인권존중과 인간평등을 위해 헌신해야 하며, 사회적 약자를 옹호하고 대변하는 일을 주도해야 한다.

(2) 사회복지사는 필요한 사회서비스를 개발하기 위한 사회정책의 수립 · 발전 · 입법 · 집행에 적극적으로 참여하고 지원해야 한다.

(3) 사회복지사는 사회환경을 개선하고 사회정의를 증진시키기 위한 사회정책의 수립 · 발전 · 입법 · 집행을 요구하고 옹호해야 한다.

(4) 사회복지사는 자신이 일하는 지역사회의 문제를 이해하고, 그것을 해결하는 일에 적극적으로 참여해야 한다.

5. 사회복지사의 기관에 대한 윤리기준

(1) 사회복지사는 기관의 정책과 사업 목표의 달성, 서비스의 효율성과 효과성의 증진을 위해 노력함으로써, 클라이언트에게 이익이 되도록 해야 한다.

(2) 사회복지사는 기관의 부당한 정책이나 요구에 대하여, 전문직의 가치와 지식을 근거로 이에 대응하고 즉시 사회복지윤리위원회에 보고해야 한다.

(3) 사회복지사는 소속기관 활동에 적극 참여함으로써, 기관의 성장발전을 위해 노력해야 한다.

6. 사회복지윤리위원회의 구성과 운영

(1) 한국사회복지사협회는 사회복지윤리위원회를 구성하여, 사회복지윤리실천의 질적인 향상을 도모하여야 한다.

(2) 사회복지윤리위원회는 윤리강령을 위배하거나 침해하는 행위를 접수받아, 공식적인 절차를 통해 대처하여야 한다.

(3) 사회복지사는 한국사회복지사협회의 윤리적 권고와 결정을 존중하여야 한다.

사회복지사 선서문

나는 모든 사람들이 인간다운 삶을 누릴 수 있도록,
인간존엄성과 사회정의의 신념을 바탕으로,
개인 · 가족 · 집단 · 조직 · 지역사회 · 전체사회와 함께 한다.
나는 언제나 소외되고 고통받는 사람들의 편에 서서,
저들의 인권과 권익을 지키며, 사회의 불의와 부정을 거부하고,
개인이익보다 공공이익을 앞세운다.
나는 사회복지사 윤리강령을 준수함으로써,
도덕성과 책임성을 갖춘 사회복지사로 헌신한다.
나는 나의 자유의지에 따라 명예를 걸고 이를 엄숙하게 선서합니다.

출처: 한국사회복지사협회 홈페이지

Ⅲ 사회복지실천 현장에서의 가치갈등

1. 가치갈등 유형

사회복지실천에 임하는 사회복지사는 개인적 가치, 전문적 가치, 클라이언트와 클라이언트집단의 가치, 사회의 가치에 의해 영향을 받으며, 이러한 가치들 간의 갈등으로 인해 어려움을 경험하게 된다. 사회복지사가 겪게 되는 다양한 갈등의 유형은 다음과 같이 제시될 수 있다(양옥경 외, 1993; 길귀숙 외, 2018).

1) 가치 상충

가치 상충은 윤리적 딜레마가 가장 빈번히 야기될 수 있는 상황으로 사회복지사는 두 개 또는 그 이상의 경쟁적 가치와 직면했을 때 윤리적 딜레마에 빠지게 된다. 자주 문제가 되는 것은 '클라이언트의 자기결정'이라는 가치와 '인간의 생활보호'의 가치 사이에서 어떤 윤리적 결정을 내려야 하는 상황이다. 예를 들면, 심각한 유전 질병을 가진 남편이 부인에게 이 사실을 알리지 않고 자녀를 갖기 원하는 경우, 사회복지사는 클라이언트의 자기 삶의 결정권이라는 가치와 장애아 출산 예방이라는 가치 사이에서 윤리적인 갈등에 빠지게 된다.

2) 의무 상충

사회복지사는 기관에 대한 의무와 클라이언트에 대한 의무 사이에서 갈등하게 된다. 사회복지사는 자신이 속한 기관의 정책을 따라야 하나 기관의 목표가 클라이언트 이익과 위배되면 윤리적인 딜레마에 직면하게 된다. 클라이언트의 이익이 최선이라는 가치에도 불구하고 기관에 자원이 부족하기 때문에 클라이언트에게 최선의 서비스를 제공하지 못하는 사례는 드물지 않다. 예를 들어, A라는 클라이언트는 노숙인 쉼터에서 경미한 정신적인 어려움을 갖고 있지만 계속 여기에서 생활하면서 공공근로를 계속하기를 원하고 있고 이를 사회복지사도 계속 도와주고 싶지만, 다른 클라이언트들과 공동생활을 해야 하는 어려움으로 인해 정신요양원이나 부녀보호소로 보내야 한다는 기관의 결정이 의무 상충이라는 갈등 상황을 유발할 수 있다.

3) 클라이언트 체계의 다중성

아동학대문제, 심각한 부부갈등, 구타 등의 복합적인 문제를 가진 이혼부부의 자녀문제를 다룰 때 사회복지사는 누가 클라이언트인가를 결정하는 데 어려움을 겪는다. 누구의 이익을 최우선적으로 고려하고, 어떤 문제에 먼저 개입해야 하는가를 결정하는 것은 어려운 일이다. 판사의 관점, 사회의 관점, 아동의 관점, 어머니의 관점에 따라 문제에 접근할 때 다양한 윤리적 딜레마를 겪게 된다.

4) 결과의 모호성

사회복지사가 내린 윤리적 결정의 결과가 모호할 때 사회복지사는 선택의 딜레마에 봉착하게 된다. 특히 클라이언트가 아동일 때 어떻게 결정하는 것이 아이를 위해 최선인지, 앞으로 5~10년 후에도 최선일 수 있는지, 무슨 권리로 사회복지사가 아동에 대한 결정을 해야 하며, 바른 윤리적 결정이 어느 것인지가 모호한 상황에서 사회복지사는 종종 난관에 봉착하게 된다, 예를 들어, 해외 입양이 아동을 위한 최선의 결정인지를 확신할 수 없기 때문에 해외 입양 담당 사회복지사는 자주 갈등을 겪게 된다.

5) 힘 또는 권력의 불균형

사회복지사와 클라이언트의 관계가 권력적으로 평등하지 않다는 것은 사실이며 이것이 기본적으로 윤리적 딜레마를 일으킨다. 클라이언트는 도움을 구하는 위치에 있으므로 전문가에게 의존하는 관계가 되기 쉽다. 따라서 비록 사회복지사들이 클라이언트의 자기결정권, 클라이언트 이익의 최우선성, 의사결정에서의 클라이언트 참여 우선성 등의 요인들에 높은 가치를 두고 있지만 사회복지실천 과정에서 이를 충분히 반영하지 못하는 경우가 생길 수 있다. 특히 미성년자나 정신지체 등의 요인으로 클라이언트의 능력이 제한되어 자신의 결정과 선택을 전문가에게 의존할 수밖에 없음으로써 클라이언트의 알 권리와 자기결정권의 포기가 생길 수 있다.

2. 윤리적 딜레마 해결을 위한 준거 틀

1) 윤리적 딜레마 점검의 준거 틀

사회복지실천가들은 실천 과정에서 자주 윤리적인 결정을 해야 한다. 실천과정에서 상호배타적인 가치 전제들 때문에 많은 혼란을 겪게 된다. 그러한 경우 다음과 같은 준거 틀을 고려해 봄으로써 도움이 될 것이다(길귀숙 외, 2018).

매티슨(Mattison, 1997)이 제시하는 준거 틀은 사회복지사가 윤리적 딜레마를 해결하는 데 사용할 수 있도록 단계별 과정을 상세히 기술하고 있다. 의사결정 단계마다 사회복지사는 분석도구의 상호의존도와 개인의 의사결정과정 방향에 주의를 기울여야 한다.

① 1**단계**는 **사례 이면의 사실과 사례의 세부 사항에 대한 수집 및 평가 단계**이다. 윤리적 의사결정과정은 사례의 세부 사항과 이면에 대한 명확한 이해가 우선되어야 하며, 사회복지사는 클라이언트와 그의 체계에 관계하면서 특별한 사례 상황을 수집 · 평가해야 된다. 특정한 사실을 포함시키는 여부와 책임질 클라이언트의 선정은 의사결정자에 따라 다를 수 있다.

② 2**단계**는 **실천에 대한 고려와 윤리적 요소를 구분하는 단계**이다. 사회복지사가 윤리적 문제를 실천과정의 문제에서 구별할 수 있고 또한 윤리적 문제를 고려하는 방법을 얼마나 습득하고 있는가에 따라 윤리적 문제를 다루는 능력을 가늠할 수 있다. 윤리적 고려를 모두 평가하여야 한다.

③ 3**단계**는 **가치갈등에 대하여 확인하는 단계**이다. 서로 상충되는 책임 가운데 어느 것을 선택해야 하는 경우에는 의사결정자가 무엇에 우선권을 두어야 하는지를 결정해야 된다. 윤리적 딜레마를 해결한다는 것은 한 가지 의무에만 헌신함으로써 다른 의무가 희생되는 것을 인식하면서 여러 의무 중에 한 가지를 선택하는 것이다.

④ 4**단계**는 **사례에 영향을 미치는 윤리강령 원칙들을 확인하는 단계**이다. 사회복지사는 윤리강령을 참조하여 자신이 책임져야 할 윤리적 기준을 이해하여야 하고 어떤 기준에서 행동하여야 하는지를 판단하여야 한다. 그리고 의사결정자의 판단에 따라서 개별 사례에 어떤 윤리강령 원칙을 적용해야 하는가를 결정해야 한다.

⑤ 5**단계**는 **가능한 행동양식을 결정하는 단계**이다. 사회복지사는 담당하고 있는 사례와 관련된 법, 규칙, 정책 또는 잠재적 위험과 혜택을 모두 고려하여 행동양식을 결정하여야 한다. 어떤 행동양식은 유익하기도 하고 해롭기도 한 결과를 가지고 올 수도

있다. 의사결정자는 클라이언트 체계, 사회복지사, 더 넓은 사회에서의 유익함과 해로움을 고려해야 한다.

⑥ **6단계**는 **어떤 의무가 우선적인지 평가하고 행동의 선택을 정당화하는 단계**이다. 이전 단계에서 얻은 정보를 바탕으로 어떤 순위와 의무, 가치들이 다른 것보다 중요하다는 것을 결정해야 한다. 특정한 행동을 선택한 후 모든 사실과 정보를 검토하고 사회복지사도 자성을 해 보면서 선택 배경을 이해하는 단계이다. 의사결정자는 무슨 근거로 우선순위를 판단했는지에 대하여 명확히 함으로써 행동 선택에 정당성을 부여해야 한다.

⑦ **7단계**는 **해결과 반영의 단계**이다. 선택된 가치선호에 대해 사회복지사가 반영해 볼 수 있는 기회를 갖게 된다. 여러 대안들 가운데 어떤 가치나 윤리원칙에 우선권을 부여했는지를 보고 사회복지사는 자신의 가치선호도를 알게 된다.

2) 의무의 우선순위 결정의 준거 틀

위의 6단계에서 어떤 의무가 우선하는가에 대한 것을 명확히 하는 것은 사회복지실천의 정당성을 확보함에 있어서 매우 중요하다. 의무의 우선순위를 결정함에 있어서 참고할 수 있는 준거 틀로는, 로웬버그와 돌고프(Loewenberg & Dolgoff, 1996)의 준거 틀에 양옥경(1995)이 몇 가지를 첨가한 윤리적 결정지침이 있는데 다음과 같다(길귀숙 외, 2018).

윤리원칙 1은 **생명 보호의 원칙**이다. 사회복지사는 인간의 생명을 보호하여야 할 의무가 있다. 이는 기본적인 의식주의 해결로부터 의료보장, 소득보장에 이르기까지 인간의 기본 생존권을 보장하는 것을 의미한다. 또한 저소득 계층의 최저생계보장 및 최저생활보장 등 삶의 질을 높이는 데도 기여해야 한다.

윤리원칙 2는 **자기결정의 원칙**이다. 사회복지사는 클라이언트의 자유, 자율 그리고 독립성을 최대한 보장하는 환경을 제공하여야 한다. 클라이언트가 자유로운 분위기에서 자신의 의지에 따라 스스로 결정할 수 있는 환경이 보장되어야 한다. 그러나 클라이언트가 스스로 결정한 것이 자신이나 타인의 생명을 위협하는 것일 때는 사회복지사는 우선순위 1번으로 생명보호를 먼저 생각해 보아야 할 것이다.

윤리원칙 3은 **비밀보장의 원칙**이다. 사회복지사는 클라이언트가 제공하는 자신 및 타인에 관한 모든 정보의 비밀을 보장해 주어야 할 의무가 있으며, 또한 클라이언트가 자신의 사적 생활을 보호하고자 하는 자유의지도 보호해 주어야 할 의무가 있다. 클라이언트는 사회복지사와의 전문적인 관계 속에서 자신의 문제해결을 위해 많은 내용을 공개하게 된다. 사회복지사는 이 내용들을 클라이언트의 문제해결을 위한 목적 이외에는 타인에게 공개해서는 아니 된다. 클라이언트의 비밀보장이 우선순위 1번인 생명보호에 위배될 때는 생명보호가 클라이언트의 비밀보장에 우선된다.

윤리원칙 4는 **진실성의 원칙**이다. 사회복지사는 클라이언트가 진실을 알기를 원하는 경우에는 알 권리를 보호해 주어야 한다. 사회복지사는 클라이언트에게 진실만을 이야기해야 하며 그가 원하는 정보는 모두 진실하게 알려 주어야 한다.

윤리원칙 5는 **균등의 원칙**이다. 사회복지사는 모든 인간이 균등한 기회를 제공받을 수 있도록 하여야 한다. 이 원칙은 소득보장의 기회, 학업과 취업의 기회, 의료혜택의 기회, 사회문화적 노출에까지 균등한 기회 제공을 의미한다.

윤리원칙 6은 **객관성의 원칙**이다. 사회복지사는 자신의 가치관을 공적으로 실행하는 사람이므로 자신의 가치관 및 윤리관을 탐색하여 알도록 하여 객관성을 유지하여야 한다. 객관적 기준에서 개인의 가치관을 탐색하여 알도록 하여 객관성을 유지하여야 한다. 객관적 기준에서 개인의 가치관을 반영시키려면 자신이 신봉하는 이념이나 가치관을 알아야 한다.

윤리원칙 7은 **최소손실의 원칙**이다. 모든 선택대안들이 모두 다 유해하거나 또는 누구에게든지 유해할 때 가장 최소로 유해한 대안을 선택해야 하며, 가장 빠르고 쉽게 원상복귀될 수 있는 대안을 선택해야 한다는 의미이다.

윤리원칙 8은 **효과성의 원칙**이다. 효과성이란 기대하는 결과의 성취 정도에만 관심을 두기 때문에 하나의 방법이 다른 방법보다 더 나은 결과를 초래하면 그 방법이 더 효과적이라고 한다. 반면에 효율성이란 목적 달성을 위한 비교가치, 즉 비용, 직원, 시간, 기관자원 및 지역사회 자원 등 목적 달성을 위해 쓰인 자금에 관심의 초점을 둔다. 적은 비용, 적은 직원 수 그리고 짧은 시간에 같은 결론에 도달하는 것이 더 효율적이다. 그러나 효율적인 것이 효과가 적다거나 효과적인 것이 효율성이 떨어진다는 데 문제가 있다. 가장 효과적이고 가장 효율적인 것이 가장 윤리적이라고 할 수도 없다. 그러므로 사회복지사는 문제해결 방법을 결정할 때 경제적 효율성과 윤리적 효율성을 함께 고려해야 할 것이다.

윤리원칙 9는 **규칙준수의 원칙**이다. 사회복지사는 자신이 자발적으로 수용하는 규칙과 규정에 따라야 한다. 그러나 이 원칙은 윤리적 결정에 있어서 인간존엄성 등 모든 다른 원칙이 우선된 후에 마지막으로 고려되어야만 할 것이다.

제 7 장

실습생이 부딪히는 문제들과 대처 방법

| Ⅰ. 현장실습에서 실습생이 부딪히는 문제들과 대처 방법 |

| Ⅱ. 실습생의 권리 |

Social Work Practicum and Seminar

I 현장실습에서 실습생이 부딪히는 문제들과 대처 방법

1. 실습생들이 실습과정에서 부딪히는 문제들

사회복지현장실습 진행과정 동안 실습생들이 부딪히는 문제들은 다음과 같은 내용으로 다양하다(오혜경 외, 2010; 보건복지부 · 한국사회복지사협회, 2014).

첫째, 개인적 문제, 예컨대 장래 문제

둘째, 기관과의 관계 문제, 예를 들어 실습생의 역할에 대한 문제, 관료적인 권위에 도전함으로써 발생되는 문제, 실습지도자와의 관계 문제 등

셋째, 전문 영역에 대한 문제, 예컨대 새로운 임상기술을 배우는 것에 대한 두려움이 있다.

이 외에도 전문직으로서 사회복지사 역할에 대한 갈등, 기관에 적응하는 문제, 동료 실습생과의 문제, 클라이언트와의 관계 문제, 다른 전문직과의 역할 갈등 문제, 사회복지실천과정에서의 윤리적 딜레마 등이 보고되고 있다.

이러한 문제들은 실습과정 중에 발생해 실습생의 학습경험을 방해하기도 하나 문제해결에 따라 값진 학습경험이 되기도 한다.

문제 상황은 실습생, 기관, 학교의 특성에 따라 매우 다양하게 나타날 수 있으므로 발생 가능성이 있는 문제 상황에 대해 적절한 준비를 하여 실습에서 발생할 수 있는 갈등을 최소화하고 적절한 학습경험이 될 수 있도록 해야 한다.

- 실습생의 지각 · 결석
- 실습시간의 조정
- 실습 내용
- 슈퍼비전의 부재
- 실습 취소
- 클라이언트의 비밀보장
- 클라이언트에게 실습생임을 알리는 문제
- 실습생의 위치
- 클라이언트의 문제나 상황이 악화되었을 때
- 실습기관에서의 실수

- 실습생의 자신의 정서 문제
- 클라이언트와의 사적인 이성관계
- 클라이언트로부터의 답례
- 성희롱 문제
- 폭력의 위험이 있는 클라이언트를 만났을 때
- 실습생의 개인정보를 클라이언트에게 알려주는 문제
- 실습지도자가 사적 만남을 요청했을 때
- 사회복지 가치 딜레마에 빠지게 되었을 때

다음은 실습생들이 실습 진행과정 중에서 겪는 문제들 중 많이 부딪히는 문제들이다(이경아 외, 2011; 한국사회복지사협회, 2017; 신민선 외, 2020; 정효신 외, 2020).

1) 실습생의 지각과 결석

실습생의 개인적인 상황으로 인한 지각과 결석은 있어서는 안 될 기본 행동 중의 하나이다. 그러나 경우에 따라서 질병이나 사고, 가족의 사고나 사망 등 피할 수 없는 사정으로 인하여 결석이나 지각을 하게 될 때 가장 먼저 해야 할 일은 기관의 실습지도자와 연락하는 것이고, 통화하기 힘들 때에는 반드시 기관관계자에게 메모를 남겨 놓아야 한다. 그래야만 기관에서는 필요한 조치를 취할 수 있기 때문이다. 기본적인 시간 엄수와 약속은 실습생의 태도를 평가하는 데 있어 매우 중요한 요소로 인식되고 있고, 성실성은 실습생이 지녀야 할 가장 중요한 덕목 중의 하나이다. 어떠한 경우이든 결석으로 인한 실습시간의 부족은 무조건 시간 보충을 하여야 하고 실습시간 160시간에 법적으로 문제가 발생하지 않도록 반드시 조치하여야 한다.

2) 실습시간의 조정

기관의 사정에 따라서는 실습생이 업무시간 외의 시간을 기관에서 보내야 하는 경우가 있을 수 있다. 예를 들면, 캠프 준비를 위한 밤샘 작업, 다른 직원의 휴가나 결근 등으로 인한 과외 업무 등이 대표적이다.

실습생이 규정된 시간 외에 더 많은 시간을 실습에 투자했을 때에는 기관에 따라서 실습일 중 적절한 날을 선택하여 어느 정도의 휴가를 갖도록 하거나 실습의 종결을 앞당길 수도 있으나 이러한 결정은 실습기관과 실습지도자와의 충분한 협의를 거쳐 이루어져야 한다.

3) 실습생의 업무 내용

사회복지현장실습은 실습생이 예비 사회복지사로서 실습기관의 업무를 있는 그대로 경험하고 클라이언트에게 직접 서비스를 제공해 보는 것이다. 그럼에도 기관이 실습지도 계획서와 다르게 실습기간 내내 직접 서비스보다는 교육만 실시하거나 부족한 일손을 메우기 위한 보조인력 수준의 업무 수행만이 진행되는 경우도 있을 수 있다. 과다업무나 부족한 업무는 실습생의 의욕과 동기를 저해하는 요인이며 실습생의 소진을 일으킬 수도 있다. 실습기간 동안 업무가 지나치게 많거나 부족할 경우, 이에 대해 실습지도자와 논의하고 이후에도 개선이 되지 않으면 학교 실습지도교수에게 보고한다.

4) 적절한 실습지도의 부재

기관의 실습지도자는 현장실습기간 동안 실습생에게 슈퍼비전을 제공해야 할 책임과 권한이 있다. 그러나 실습지도자의 업무 과다나 실습에 대한 관심 부족 혹은 개인적 사정 등으로 인하여 실습생에 대한 슈퍼비전이 불성실하게 이루어지는 경우가 발생할 수 있다. 실습지도자의 부재 시에는 관련 직원의 실습지도로 대체할 수 있어야 한다. 실습지도자의 불성실이나 무관심으로 인해 실습지도가 이어지지 않을 경우, 실습생은 실습지도자에게 정기적인 슈퍼비전을 요청할 수 있고 계속 이러한 상황이 지속되면 학교 실습지도교수에게 보고한다. 실습기관에서 적절한 실습 슈퍼비전을 기대할 수 없을 경우, 학교 실습지도교수는 해당 학생에 대한 실습지도를 해야 한다.

5) 실습기관 변경

사회복지현장실습은 학교와 산업체인 기관 간의 계약으로 이루어지므로 실습기관 변경은 매우 드물게 발생할 수 있다. 실습기관의 변경은 기관의 문제, 실습지도자의 문제 또는 실습생 개인의 문제 등으로 인하여 더 이상 해당 기관에서 실습을 수행하기 어려운 경우에 직면하게 된다. 이때 실습생은 실습담당교수에게 먼저 이 상황을 보고해야 하며 담당교수는 실습기관 조정을 위한 노력을 해야 한다.

실습생이 기관을 변경하게 되는 상황은 다음과 같다.

첫째, 실습생이 여러 차례 요구했음에도 불구하고 적절한 정도의 실습지도를 받지 못했을 때

둘째, 실습생이 실습기관에서 할 일이 거의 없거나 주어진 업무가 단순보조업무로서 여러 차례 좀 더 책임 있는 일을 맡겨 달라는 요구를 했음에도 변화가 없을 때

셋째, 실습생이 성적 희롱을 당하고 있거나 위험 상황이 있다고 느낄 때

넷째, 실습생과 실습지도자 간에 심각한 성격 차이 등으로 실습지도자가 실습생을 믿지 못하게 되었을 때

다섯째, 비윤리적이거나 불법적인 실무 활동이 빈번하게 일어나는 기관에서 실습하게 되었을 때

6) 실습생의 비밀보장

클라이언트는 실습생의 학력 등 개인정보에 대해 질문하는 경우가 있는데 그 이유는 다양하다. 실습생과 더 친밀해지고 싶거나 개인적인 관심을 갖는 경우도 있고, 실습생이 과연 자신을 도울 수 있는 사람인지를 파악하기 위해서 사적인 정보를 요구할 때도 있다. 이와 같은 상황에서 실습생의 지나치게 방어적인 태도는 클라이언트와의 관계형성에 별 도움이 되지 않을 수 있다. 클라이언트가 실습생의 미숙함이나 경험 부족을 우려하고 있다면 클라이언트의 불안에 대해 충분히 공감하며 자신이 어떻게 노력할 것인지를 구체적으로 설명하는 것이 좋다. 만약 클라이언트가 실습생에 대해 사적인 친밀감을 요구한다면 기관의 규정에 따라 간단한 정보 공개 여부에 대해 적절히 행동해야 한다.

7) 실습생의 안전

사회복지사의 안전은 사회복지서비스를 수행함에 있어 무엇보다 우선한다. 그러므로 실습기관은 실습생에 대해서도 안전한 환경을 보장해야 한다. 기관 안·밖에서의 업무에서도 안전을 보장할 수 있어야 한다. 운전이 미숙한 실습생에게 외출 시 운전을 맡기는 경우가 있는데 이에 대한 점검이 필요하다. 가정방문 시 실습생 2명이 함께 한다거나, 난폭한 클라이언트의 행동에 대해 실습생 혼자만 감당하게 하지 않는다거나, 보안 벨을 준비하여 유사시에 벨을 눌러 도움을 청할 수 있게 하는 등 기관은 정책적으로 지침을 마련해야 한

다. 또 기관에서는 실습생을 위한 상해보험 및 배상책임보험을 마련해야 한다. 실습생은 실습업체의 안전수칙을 철저하게 준수하여야 한다. 또한 실습업체의 현장 지도관 지시에 따르며 개인행동을 일체 삼가야 하고 성실, 근면한 마음으로 현장실습에 임하며, 위험물질과 기자재 등을 취급할 때는 반드시 입회한 현장 지도관의 감독에 따른다.

8) 성희롱 문제

최근 직장이나 학교 내에서 성희롱 문제에 대한 관심이 증가하고 있고 상사와 부하직원, 교수와 학생, 실습지도자나 직원과 실습생, 직원과 클라이언트 관계를 이용한 성희롱이 문제시되기 때문에 실습생은 직장 내 성희롱 대응 절차에 대해 정확히 숙지할 필요가 있다. 실습생은 실습지도자들, 기관의 직원들, 또한 클라이언트와 윤리적이고 전문적인 관계를 유지하고 원칙을 반드시 지켜야 한다. 실습기관에서 성희롱 문제가 발생할 경우 이를 실습담당교수에게 즉시 보고하고 대처방안을 함께 모색해야 한다.

9) 실습생 자신의 정서적 문제

실습생들 중 일부는 실습에 적응하기 위해 지나치게 신경을 쓰거나 과도한 스트레스를 받는 경우가 있다. 또는 미해결된 개인적 문제나 정신적인 어려움으로 인해 실습지에서의 적응이 힘들 때도 있다. 실습생이 상담하고 있는 클라이언트의 문제 때문에 일반적인 정도를 넘어서 지나치게 자주 혹은 힘들 정도로 우울한 기분을 경험한다면, 실습지도자나 실습지도교수에게 이를 알려야 한다. 실습생 자신의 해결되지 않은 개인적 문제가 관련되었을 가능성이 있으며, 경우에 따라서 실습생 자신이 상담을 받는 것이 필요할 수도 있다. 현장실습을 하는 동안 클라이언트와의 정서적 경험을 나누고 경험하는 것이 실습생에게 너무 힘든 작업이라면, 클라이언트와의 직접 서비스보다는 사회복지정책, 행정, 혹은 연구조사 업무가 현장실습 업무로 더 적절할 수도 있다.

10) 실습 도중에 발생한 실수

실습생의 업무 수행상 실수는 대개 그럴 수 있는 일로 여겨질 수 있으며 비교적 관대한 반응을 얻는 편이다. 그렇다고 해서 실수를 절대로 낮게 평가해서는 안 된다. 예를 들어 클라이언트와의 상담동안 중요한 정보에 대해 알아보는 것을 잊었다거나 서류에 클라이언트의 서명이 필요한데 이를 잊었을 경우, 조금 불편하기는 해도 전화로 다시 물어보거나 클라이언트와의 다음 면접에서 알아볼 수 있는 것이다. 그러나 실습생의 실수가 심각한 경우가 있을 수 있다. 예를 들면 클라이언트와 상담을 하는 동안 알게 된 개인정보를 클라이언트가 알리고 싶지 않은 사람에게 말을 해버렸거나 클라이언트 개인 파일을 잃어버렸을 경우, 클라이언트의 기본권리, 클라이언트의 건강관리를 해치는 경우에 따라 이로 인해 클라이언트에게 정신적 · 육체적 · 경제적 해를 입히게 될 수도 있다. 이러한 중요한 실수를 하게 되었다면, 이를 비밀로 하면 안 되며 즉시 실습지도자와 상의하여 해결 방법을 찾아야 할 것이다. 실습생은 실수를 바로바로 인정하고 최대한 빨리 해결해야 한다.

11) 자살, 폭력 위험이 있는 클라이언트

클라이언트의 자살 문제는 실습생이 적절히 다루기에는 매우 어려운 문제이다. 클라이언트가 직 · 간접적으로 자살에 대한 생각을 암시하는 말을 하여 자살을 시도할 위험이 있다고 판단되었을 때, 실습생 반응은 먼저 클라이언트가 자살을 심각하게 고려하고 있는지 직접적으로 묻는 것이다. 이때 클라이언트의 눈을 정확히 바라볼 수 있어야 하며, 실습생 스스로가 두려워하거나 주저해서는 절대로 안 된다. 클라이언트와 좋은 신뢰관계를 형성하고 있었다면 솔직한 반응을 얻을 수 있을 것이다. 자살의 실행성에 대해 시인한다면, 클라이언트와 함께 문제해결을 위한 시간을 더 가질 때까지 자살을 시도하지 않겠다는 계약을 하도록 하며, 클라이언트의 절망의 깊이를 이해하고 희망을 불어넣을 수 있는 긍정적인 생각을 갖도록 하여야 한다. 클라이언트의 장점과 긍정적인 부분을 칭찬하고, 이제까지의 원조과정에서 성취해 온 진전을 생각하게 해야 하며, 클라이언트가 자살 계획을 시인하거나 시인하지 않더라도 자살의 위험이 심각하다고 판단되면, 조속히 전문적인 상담을 받도록 정신과 입원을 고려해 볼 필요가 있다. 이를 클라이언트가 거절한다면, 기관의 실습지도자, 클라이언트의 보호자, 경우에 따라서는 경찰에게 이를 보고하는 것이 필요하며 이러한 위급 상황에서는 비밀보장의 원칙이 유보될 수 있다. 즉, 인간의 생명을 보호하기 위한 의무가 클라이언트와의 비밀보장에 대한 계약보다 우선하기 때문이다.

기관에 따라 실습생이 폭력적인 클라이언트와 접촉할 가능성이 있는 경우도 있다. 극도로 분노를 참지 못하고 폭력적인 사람과 상호작용을 할 때 실습생은 자신의 계획을 다른 사람과 먼저 상의하지 않고 위험해 보이는 상황으로 뛰어들지 않으며, 위험한 상황이 있는 가정을 방문할 때에는 항상 기관에 방문일정을 알리고 가야 한다. 실습생의 신변이 위험할 수도 있는 상황에서 실습하게 될 때 실습지도자는 이러한 위험 가능성에 대해 충분히 인식시키고 이에 대한 대처방안에 대해서 가르쳐 줄 책임이 있다. 실습생이 기관의 안전수칙, 위기개입, 위기처리절차 등을 잘 알고 있어야 하며, 자신과 클라이언트를 보호하기 위해 책임 있는 결정을 내릴 수 있도록 배워야 한다.

2. 실습생이 겪는 스트레스

사회복지현장실습은 이론을 현장에 접목하는 공식적인 훈련을 통하여 예비 사회복지사로서의 지식, 기술, 태도를 습득하는 실천적 교과목이다. 현장실습은 사회복지 이론을 실질적으로 적용하는 것뿐만 아니라 실습생 자신의 적성과 잠재력을 발견하므로 앞으로의 진로 선택과 사회복지사로서의 정체성 함양에도 영향을 준다.

따라서 사회복지학을 전공하는 학생이라면 사회복지사 자격증을 취득하기 위해서는 반드시 사회복지현장실습을 이수해야 한다. 실습생은 이러한 현장실습을 통해 실천 현장에서 조직의 일원이자 예비 사회복지사로서의 직·간접적인 업무 및 관계를 경험하게 된다.

이렇듯 사회복지현장실습은 매우 중요한 의미가 있지만, 학생들의 실습 관련 경험이 언제나 긍정적인 것만은 아니다. 많은 학생들은 실습을 통하여 다양한 사회복지실천 및 이론에 대한 전문가로서의 역량을 향상시키는 동시에, 여러 가지 어려움과 그로 인한 스트레스를 경험한다.

실습생들은 실습 시작 전에는 지식의 부족이나 자신감 저하 등으로 막연하게 불안해하거나 긴장하며, 실습을 진행하는 동안에는 실습환경과 실습지도자와의 관계, 실습생 간의 관계, 클라이언트와의 관계 및 활동 내용 등에서 오는 스트레스를 경험한다. 또한 실습을 마친 후에는 지식·기술의 부족, 역할 갈등 및 사전에 기대한 만큼의 만족을 느끼지 못하는 경우 사회복지사로서의 자신감을 상실하거나 위축됨으로써 좌절감을 경험한다(정무성·조혜영, 2009).

사회복지 현장의 스트레스는 업무상 필요한 조건에 실습생의 역량이 부족하거나 조직이 제공한 직무 환경이 개인의 욕구에 부적합한 상태에서 발생한다. 직무스트레스는 사회복지사의 직무만족을 저하시키고 소진을 발생시킨다. 물론 스트레스는 일의 능률을 떨어트리고 신체적·심리적 장애를 가져오는 부정적인 면도 있지만 모든 스트레스가 우리에게 나쁘게 작용하는 것은 아니다. 생활 속에서 적당한 긴장감으로 생기를 주고 성취 욕구와 에너지를 일깨우는 긍정적인 역할을 하기도 한다. 즉, 적당한 스트레스는 삶에 활력을 유지하는 원동력이 될 수 있으나 단지 너무 지나치거나 감당하기 어려울 경우 문제가 되는 것이다(최세영 외, 2021).

1) 스트레스의 원인과 증상

사람들은 성격에 따라 스트레스를 많이 받고 적게 받는다. 어떤 사람은 스트레스 상황을 무난하게 넘기는 반면, 또 어떤 사람은 자신이 처한 스트레스 상황을 확대 해석하고 더욱 스트레스를 받는다. 같은 환경과 조건 가운데서도 스트레스는 성격 유형에 따라 다르게 나타난다. 실습생들이 사회복지현장실습을 하는 동안 경험하는 공통적인 스트레스 상황은 다음과 같다.

① 전문 지식 및 기술의 부족에서 오는 프로그램 준비 및 주도적으로 실행해야 하는 부분에서의 어려움
② 클라이언트에 대한 지식 부족으로 클라이언트 문제 대처능력 및 해결능력의 부족
③ 클라이언트와의 의사소통 기술 부족
④ 실습일지 기록의 어려움
⑤ 사회복지에 관한 지식의 부족
⑥ 실습 환경에서 학교 교육 내용을 적용하는 데 있어서의 어려움
⑦ 실습생을 위한 공간 부재 및 휴게시간 부족
⑧ 실습생 역할의 불분명과 슈퍼바이저의 실습지도 내용의 모호함
⑨ 실습업무의 과중으로 인한 부담과 잠재된 돌발 상황에 대한 대처능력 부족
⑩ 실습기간 중 지나치게 많은 실습과제 등

이처럼 실습생은 실습에 대한 크고 작은 스트레스를 경험할 수 있다. 실습이 진행되는 동안 실습생이 경험하는 스트레스로 인한 증상들을 살펴보면 다음과 같다.

(1) 고립

고립(isolation)은 신체적 고립, 정서적 고립으로 구분된다. 신체적 고립은 가정 또는 사회로부터 신체적으로 고립된 상태를 의미한다. 즉, 어떤 장소나 집단으로부터 고립되었을 때 불안과 소외감으로 스트레스가 발생한다. 실습이 진행되는 동안 동료 및 슈퍼바이저와의

관계에서 그리고 클라이언트와의 관계에서 잘 적응하지 못하거나 융화되지 못할 경우 실습을 하는 동안 고립을 경험하면서 스트레스를 경험한다.

정서적 고립은 물리적으로 혼자 있는 상황이기보다는 주변의 무관심 속에서 경험한다. 즉, 사회적으로 소외된 상황에서 혼자 쓸쓸해하고 있는 상황을 의미한다. 실습이 진행되는 동안 그룹지도가 이루어지기도 하고, 팀별 활동을 하는 가운데 자신이 속한 팀 내에서 소외되기나 클라이언트와의 관계에서도 긍정적 신뢰관계를 형성하지 못할 경우, 모든 실습 활동에서 소극적인 자세로 임하면서 더욱 고립감을 경험할 수 있다.

(2) 좌절

좌절(frustration)은 자신이 성취하고자 하는 어떤 일의 목표가 방해를 받거나 문제가 생겨서 이룰 수 없을 때 나타난다. 이에 대한 반응으로 좌절에 빠지고, 분노와 공격성이 나타나며 결국엔 스트레스로 인한 무력감에 빠진다. 실습생들이 기관에서 수행되는 과제를 수행하는 과정에서 과제의 난이도, 정보수집 능력, 성취 결과물에 대한 평가 등에서 부정적일 때 좌절을 경험한다. 그룹 활동을 통한 과제 수행 시 자신의 부족으로 팀에 영향을 주게 될까 불안하거나 그런 팀 구성원이 있는 경우 분노를 표출하기도 한다.

사회복지현장실습은 그동안 배운 이론과 지식을 바탕으로 실무에 적용하는 것이다. 철저히 준비하여도 돌발적 상황이 언제든 발생할 수 있고, 실습생 또한 업무를 수행하는 과정에서 시행착오를 통해 배울 수 있기 때문에 좌절을 경험한다고 하더라도 긍정적 자세로 극복하려고 노력하는 것이 중요하다.

(3) 갈등

갈등(dispute)은 상반되는 두 개의 욕구 혹은 동기가 있을 때 그중 한 가지만을 선택해야 하는 상황에서 발생한다. 개인 사이 또는 집단 사이에 원하는 것이 달라 서로 적대시하거나 충돌이 일어나는 것을 일컫기도 한다. 이처럼 한 가지 욕구나 동기를 선택해야 하는 갈등 상황 속에서 흔히 우리는 좌절, 분노, 불안, 염려 등을 경험하게 되고, 이는 스트레스의 주요 원인으로 여겨지고 있다.

이러한 갈등은 실습생 또한 낯선 환경과 다양한 욕구를 가진 클라이언트를 만나는 과정에서 경험할 수 있다. 실습생은 실습이 진행되는 동안 만나는 모든 사람과의 관계 속에서 실습생으로서의 위치, 역할, 과제수행 등에서 어떠한 결정을 내려야 하고, 어떻게 대처해야 하는지 등 실무경험 부족에서 오는 갈등을 경험한다. 또는 실습생으로서 최선의 것을 선택하고자 하며 열심히 하고자 하는 열의가 지나친 경우, 동료와의 갈등을 부추기는 상황이 발생하기도 한다.

(4) 불안

불안(anxiety)은 매우 복잡하고 알기 힘든 스트레스 유발 요인이다. 불안한 사람들은 왜 이러한 상태가 되는지 알지 못한다. 주로 자신의 신체적 안녕이나 심리적 자존감이 손상당할 위험이 높을 때, 이에 대한 자신의 대체자원이 한정적일 때 나타난다. 자신의 정보 부족, 능력 부족, 자존감이 낮아진 상태에서는 실습생의 불안은 더욱 커지게 되며, 이러한 심리적 상태의 불안은 안절부절못하는 상태, 쉽게 피로감을 느끼는 것, 근육 긴장과 염려, 초조함 등의 증상이 동반되어 나타날 수 있다. 현대인에게 있어 스트레스는 일상생활을 통해 장애를 초래할 수 있으며, 불안증상이 심해져서 불안장애, 범불안장애, 공황발작 등 신경증으로 발전하기도 한다.

(5) 불면증

불면증(不眠症, insomnia)은 스트레스의 증상으로 나타날 수 있으며, 이러한 불면증이 무서운 이유는 다양한 방식으로 우리 삶에 지장을 초래한다는 데 있다. 불면증은 우리의 정신력과 감정 상태에 악영향을 끼침으로써 낮 동안의 우리 활동을 저해하고, 그 결과 우리의 스트레스는 한층 더 심화된다. 만일 이러한 불면증을 방치하거나 적절히 관리하지 못하면 심각한 불안증 및 우울증으로 발전될 수 있다.

실습생은 하루 8시간을 실습하는 경우가 대부분이다. 이는 실습생이 실습기간(160시간)을 완수하기 위해서는 건강한 체력을 유지해야 하기에 숙면을 취하는 휴식은 매우 중요하다. 그러나 스트레스로 인해 불면증을 경험하게 되면 충분한 휴식을 취하지 못한 만큼 다음 날 실습 일정에도 지장을 줄 수 있으며, 건강을 해치므로 경계해야 한다.

(6) 무력감

무력감(無力感, helplessness)은 개인의 행동과정과 결과에 스스로 결정할 수 없다고 느끼는 심리상태로, 현재 상황이나 직면할 상황에 대해 통제력을 상실했다고 지각하는 것이다. 즉, 무력감은 기력, 활동력을 나타내는 신체적인 힘과 지식, 학식과 같은 심리적인 힘뿐만 아니라 세력, 권력, 경제력, 도움과 같은 사회적인 힘을 상실할 때 느끼는 감정이다. 이렇듯 무력감은 신체적 · 심리적 · 사회적 힘이 부족하거나 결핍될 때 경험하며 실습생의 실습 의욕을 상실시키며 실습에도 부정적 영향을 미친다.

2) 스트레스에 대한 대처 방법

스트레스는 인간과 환경과의 관계에서 그 관계의 형성과 유지를 위해 개인이 소유한 자원의 양을 넘어서 자원이 과도하게 요구되는 상황으로, 개인의 행복을 위협할 수 있다. 특히 사회복지현장실습에 참여하는 학생들이 실습을 통해 경험하는 스트레스에 대해 적절히 대응하지 못할 경우 실습 활동에 긍정적이지 않은 요인이 되며, 이러한 부정적인 영향은 스트레스 증상을 유발해 실습을 중도 포기하게 하거나 사회복지에 대한 부정적 인식을 가지게 할 수 있다. 사회복지현장실습 스트레스는 예비 사회복지사로서의 직무를 감당해야 하는 사회복지전공 실습생의 경험과도 연결된다.

정리해 보면, 사회복지현장실습 스트레스는 사회복지를 전공하는 실습생이 사회복지현장실습이라는 필수교과목 이수를 위한 모든 절차 및 과업 수행 내에서 자신이 가진 자원이나 역량의 적절한 활용에 부적합함을 경험하는 환경적 · 대인적 · 업무적 · 개인적 어려운 상태라고 할 수 있다(정효신 외, 2020).

첫째, 전문지식 및 기술의 부족에서 프로그램 준비 및 실행주도의 어려움, 클라이언트에 대한 지식 부족, 클라이언트 문제 대처 · 해결능력 부족, 클라이언트와의 의사소통기술 부족, 실습일지 기재의 어려움, 사회복지에 관한 지식의 부재가 있다. 둘째, 실습 환경에서의 학교교육 내용의 현장 적용 어려움, 실습생을 위한 공간 부족, 실습생 역할의 불분명함이다. 셋째, 실습업무 부담으로 잠재된 돌발 상황에 항시 대비, 지나치게 많은 실습과제가 있다.

대처는 개인에게 부담이 되거나 자신이 소유한 자원을 넘어선다고 평가되는 특정한 외적 · 내적 요구를 관리하고자 하는 인지적 · 행동적 노력으로 정의된다. 초기의 스트레스 대처 연구는 자아심리학자들을 중심으로 스트레스 상황의 다양성에도 불구하고 개인의 기질에 따른 대처 성향을 연구하였으나, 1980년대에 이르러 환경적인 영향력을 고려한 통합적인 관점에서의 대처행동에 대한 연구로 이어졌다. 이러한 연구를 기반으로 대처를 스트레스 상황에 의해 창출된 내 · 외적인 요구들을 처리하고자 하는 노력이라고 정의하였다.

대처전략은 스트레스를 감소 또는 제거하려는 노력의 과정으로 사용되는 실질적 활동 ·

행동 · 사고를 말한다. 대처전략이란 상황을 다루기 위해 취해지는 어떠한 형태의 반응이며, 이는 태도 및 실제로 취한 행동이라는 두 가지 요인과 관련이 있다. 대처전략은 두 가지로 분류해 볼 수 있다(Lazarus & Falkman, 1984). 문제해결을 목적으로 의사결정을 하거나, 직접적인 행동을 취하는 것과 같이 스트레스 상황 자체를 변화시키고자 적극적인 노력을 하는 문제 중심 대처전략, 또한 스트레스 상황에 변화를 주기보다는 부정적인 정서를 다루거나 완화시키는 데 초점을 두는 정서중심 대처전략이 그것이다. 따라서 정보를 수집하거나 사회적 지지를 추구하는 것과 같이 스트레스 사건과 관련된 문제들에 대해 피하지 않고 맞부딪혀 해결해 나가는 접근 대처전략과 문제를 부인하거나 관심을 다른 곳으로 전환시킴으로써 스트레스 사건으로부터 심리적인 거리를 두려고 하는 회피 대처전략이 그것이다(정효신 외, 2020).

문제해결 중심 전략은 스트레스 상황을 피하지 않고 직접 뛰어들어 해결하려는 것이고, 사회적 지지 추구 전략은 역경에 처했을 때 정서적이든 도구적이든 인간이 가지고 있는 기본적인 대인접촉 욕구를 반영하여 해결하려는 것이며, 회피중심 전략은 문제 상황에 맞부딪히기보다는 심리적인 거리를 두고 외면하려는 측면을 반영하는 것이라고 하였다. 결과적으로 스트레스 대처전략들은 처한 상황에 대해 취하는 실제 행동 및 태도로서, 이는 문제해결, 접근대처 등의 개인적 전략 또는 사회적 지지 추구라는 주변 환경을 활용한 전략인 적극적 양상 측면, 회피 혹은 정서 중심 완화라는 소극적 양상 측면 등 크게 두 가지 맥락에서 구분되어 왔음을 볼 수 있다. 사회복지현장실습의 스트레스 상황은 누구나 있지만 현명한 대처가 중요함을 인식하고 실습 상황에서의 어떤 문제에 대해서도 신중하게 행동할 수 있도록 노력하며 실습지 적용을 위한 상황 파악에 주력하여야 할 것이다. 그리고 부과된 업무량을 정해진 시간 내에 수행하려고 목표를 수립하는 등 문제해결 대처 방법을 적극적으로 활용할 필요가 있다. 또한 사회적 지지를 추구하는 방법으로 과제나 문제가 생기면 비슷한 문제를 경험한 실습생들끼리 도움을 주고받고, 실습생들끼리 실습에서 느꼈던 감정을 털어놓는 것은 기분이 나아질 수 있게 한다. 따라서 실습생들의 지지체계 구축을 주요 전략으로 사용할 필요가 있다. 비교적 활용도가 낮으나 실습이 무조건 끝나기를 기다리거나 자신을 내버려두기를 바라는 등 회피중심 전략을 활용하는 경우도 한 방법일 수 있다(정효신 외, 2020).

(1) 스트레스 관리의 중요성

스트레스로 인한 신경전달물질인 세로토닌(serotonin)의 저하는 우리가 부정적인 마음을 느끼게 만들 수도 있고, 걱정과 짜증을 느끼게 만들 수도 있다. 따라서 행복을 느끼게 하고 우울한 감정을 지워주는 역할을 하는 세로토닌이 제 기능을 하지 못하면 쉽게 좌절하고 작은 스트레스도 이겨내지 못한다. 만성 스트레스, 만성 피로 등이 현대인의 만성질환의 근원이다.

우리 몸에서 스트레스 관리 회로가 작동을 잘하면 웬만한 스트레스는 문제없이 처리된다. 문제는 스트레스가 너무 커서 감당하지 못할 경우에는 히스테리(hysterie) 발작을 일으키거나 조용하던 사람이 갑자기 폭발하기도 한다. 반대로 작은 일에도 지나친 걱정으로 의기소침해하고 우울증에 빠지기도 한다.

(2) 스트레스 관리 방법

① 걷기와 운동

걷기만큼 좋은 스트레스 해소법은 없다. 걷기는 신체 활동을 통해 자기통제감을 확보하게 한다. 온몸에 기운이 넘치고 매사 의욕이 넘친다. 하루에 5분 정도 짧게 걸어도 된다. 단, 그냥 걷는 것이 아니라 느낌에 집중해야 한다. 다른 일에 집중하면 스트레스가 감소할 것 같지만 컨트롤하기가 쉽지 않다. 하지만 몸은 스스로 통제할 수 있어서 자신이 좋아하는 운동을 통하여 얻는 심리적 · 신체적 효과는 매우 다양하다. 스트레스 때문에 긴장된 근육을 풀어주고, 반면 운동 부족으로 이완되어 있는 근육에는 탄력을 부여한다. 이처럼 적절한 운동은 긴장되고 피로한 정신기능을 완화시켜 머리를 맑게 해주며, 자신감이나 행복감을 높이며, 기억력을 향상시키고, 자신을 돌아보게 하며 대인관계도 좋아지게 한다.

② 긍정적 사고

인지행동치료는 사건에 대한 해석이 변하면 그 사건에 대한 정서적인 반응과 생리적 반응도 변화한다고 보는 것이다. 역기능적 사고에는 임의적 추론, 선택적 추론, 과잉 일반화, 확대와 축소, 이분법적 사고가 있다. 개인은 부정적인 사고가 자신의 정서 · 행동에 부정적인 영향을 미친다는 것을 통찰한 후에 자기 생각을 지지하거나 반대할 수 있는 증거를 탐색하여 부정적인 자동적 사고에 대한 현실 검증을 한다. 따라서 긍정적인 사고가 중요하다.

긍정적인 사람은 부정적인 사람보다 스트레스를 잘 관리할 뿐만 아니라 사전에 예방하고 같은 강도의 스트레스를 받아도 그 상황을 현명하게 해결할 수 있는 능력이 있다.

③ 생활양식의 점검

많은 학자 그리고 의학계에서는 질병이 바람직하지 못한 생활양식에서 비롯된다고 주장한다. 따라서 질병의 치료나 예방을 위해 생활양식의 개선이 강조된다. 따라서 자신의 생활양식을 점검해 봄으로써 스트레스를 유발하는 상황과 연관된 점들을 찾아 발견하고, 이를 수정해야 한다.

④ 전문가와 상담치료

혼자서 모든 것을 해결하려고 하는 것은 자신에게도, 주변 가족들에게도 도움이 되지 않는다. 스트레스로 인한 증상이 돌이킬 수 없을 정도로 악화되기 전에 적절한 시기에 주변에 도움을 청해야 한다. 정신과 의사, 전문상담사와 같은 전문 인력과 상담을 해야 하고, 필요 시 약물치료를 받는 것도 효과적이다(이시형, 2010; 최세영 · 한주빈 · 오봉욱, 2021; 최세영 · 박경수, 2021).

Ⅱ 실습생의 권리

실습생을 대상으로 실습교육을 한다는 것을 부담으로 인식하고 실습생을 받지 않으려고 하는 사회복지기관들이 있다. 약자의 입장인 실습생의 인권에 대해 요청한다는 것은 어려운 현실이지만 한국사회복지사협회는 실습생의 인권, 실습생의 학습권에 대해 다음과 같이 언급하고 있다(한국사회복지사협회, 2017).

1. 실습생의 인권

윤리적인 가장 보편적인 기준이 되는 것이 인권(human right)이다. 인권이란 인간의 생존에 있어서 불가결한 기본적인 권리이다. 좁은 의미의 개념에서 인권은 개인이 타인이나 사회로부터 자신을 보호하면서 자유롭게 살아가기 위해 필요한 기본적 권리로 정의하고 있다.

반면, 넓은 의미의 개념에서 인권은 최저생활을 보장하고 생활수준을 향상되도록 제도나 여건을 조성하여 모든 사회구성원이 인간다운 삶을 영위하도록 하는 권리와 사회구성원을 해당 사회에 통합시키기 위해 필요한 최소한의 요건을 충족시켜주는 것이라고 정의한다.

그 밖에 2001년 제정된 「국가인권위원회법」 제2조에서는 인권이 '「헌법」 및 법률에서 보장하거나 대한민국이 가입하고 비준한 국제인권조약 및 국제관습법에서 인정하는 인간으로서 존엄과 가치 및 자유와 권리'를 의미한다고 정의하였다. 이를 문헌적으로 말하면 국가의 기본법인 「헌법」, 즉 단순한 법률에 의해서 규정된 권리보다도 우위에 선 것으로, 가장 우선하여 보장되는 인간의 권리를 의미한다.

◎ 개인적 기본권

① 정신적 자유에 관한 기본권: 사상의 자유, 표현의 자유 등에 관련한 기본권이다.

② 경제적 자유에 관한 기본권: 직업 선택의 자유, 재산권 등의 자유에 관련한 기본권이다.

③ 신체의 자유에 관한 기본권: 체포, 구금, 수색, 압수에 대한 적법한 절차의 보장, 고문의 금지 등의 자유에 관련한 기본권이다.

◎ 생존권적(사회권적) 기본권

생존권, 노동권, 교육을 받을 권리 등의 자유에 관한 기본권의 생명에 관련한 기본권이다.

◎ 능동적 관계에 있어서의 기본권

참정권, 청원권, 재판을 받을 권리 등과 같은 기본권 등을 확보하기 위한 권리이다.

존 로크(John Locke, 1632-1704)가 주장했듯이 I7세기의 인권은 근본적으로 '자연적' 권리를 말한다. 그는 태어나면서부터 인간은 모두 평등하며 '자연적으로' 똑같은 권리를 획득하므로 공통의 인간성으로부터 나오는 자연권적이며, 천부의 인권을 암시하였다(곽미정 외, 2016). 따라서 사회복지에서는 인간이 모두 평등하고 존엄한 개별적인 존재이므로 다양성과 차이를 인정해야 한다고 규범화하고 있다. 또한 사회복지실천 현장에서 클라이언트의 인권 존중에 대한 중요성은 인식되고 있지만, 사회복지사에 대한 인권은 등한시되는 부분이 있기에 실습생들이 경험하는 인권의 중요성도 함께 생각해 볼 필요가 있다.

실습교육기관에서 실습생의 신분은 학생이다. 실습은 하나의 교육과정 일환으로서, 사회복지기관과의 계약을 통한 교육현장 밖에서의 또 다른 교육이라고 할 수 있다. 이는 실습생이 기관에서의 실천업무를 담당하거나 실습지도자의 업무를 보조하기 위해 있는 것이 아니라는 것이다. 따라서 실습지도자와 학교에서는 이를 이해하고 있어야 하며, 수직적 관계에서 실습이 진행되어서는 안 된다. 모든 실습과 관련된 업무 및 실천관계는 누구에게도 평등해야 하며, 실습지도계획에 따른 실습 진행이 이루어져야 한다. 실습생을 실습기관의 보조업무를 지원 나온 것처럼, 청소 및 설거지 등을 담당시킴으로써 클라이언트와 관계없는 행위들이 실습 전반을 차지하게 해서는 안 된다는 것이다. 실습생 또한 실습기관에서 평가를 받는 것에 신경을 쓰느라 자신의 위치나 실습생으로 해야 할 역할과 책임을 무시한 채 종속적 관계를 유지하는 것은 바람직하지 않다.

2. 실습생의 학습권

실습생은 사회복지현장실습을 통해 사회복지 지식과 기술에 따른 실무경험을 학습하게 된다. 따라서 실습생은 전문가인 실습지도자에게 교육받을 권리가 있으며 기관은 이를 제공할 의무가 있다.

실습생이 실습을 통해 배울 수 있는 학습권에 대한 내용을 구체적으로 살펴보면 다음과 같다.

① 실습지도자로부터 전문적인 지식과 기술을 교육받을 권리
② 실천 현장에서만 학습할 수 있는 업무나 사례를 제공받을 권리
③ 쾌적한 환경에서 학습할 권리
④ 안전한 환경에서 학습하고 활동할 권리
⑤ 인간다운 대우를 받을 권리
⑥ 윤리적인 대우를 받을 권리
⑦ 성추행이나 성폭력으로부터 자유로울 권리
⑧ 사회복지기관에서 사용하고 필요한 모든 행정적 절차에 대해 학습할 권리 등

3. 자기인식(self-awareness)

1) 자기점검의 필요성

사회복지사는 인본주의 · 평등주의 사상에 기초하여 모든 인간의 존엄과 가치를 존중하고 자유권과 생존권의 보장 활동에 헌신해야 한다. 즉, 사회적 · 경제적 약자의 편에 서서 사회정의와 평등 · 자유와 민주주의 가치를 실현하는 데 앞장서야 한다. 그리고 도움이 필

요한 사람들의 사회적 지위와 기능을 향상시키기 위해 함께 일하며, 사회제도 개선과 관련된 제반 활동에 주도적으로 참여해야 한다. 또한 개인의 주체성과 자기결정권을 보장하는 데에도 최선을 다하고 어떠한 여건 속에서도 개인이 부당하게 희생되는 일이 없도록 해야 한다. 이러한 사명을 실천하기 위하여 전문적 지식과 기술을 개발하고 사회적 가치를 실천하는 전문가의 능력과 품위를 유지해야 한다(정효신 외, 2020).

2) 자기인식 훈련

사회복지 현장에서는 사회복지사뿐 아니라 실습생도 실천 활동을 할 때, 자기 자신을 실천도구로 활용하게 되므로 자신의 가치관을 인식하기 위해서는 자신에 대한 이해와 가치관 형성 훈련이 필요하다. 우선 사회복지실천과정은 사회복지사 자신의 전문적 지식, 자세, 기술을 활용하여 클라이언트의 문제를 해결하는 것이다. 따라서 자기 삶의 다양한 상황에 대해 어떠한 태도와 마음가짐을 가졌는지를 상담가, 실습지도자, 실습지도교수를 통해서나 역할극을 통해서 점검하거나, 성격유형검사(MBTI)를 통해서 점검해 볼 필요가 있다(최세영 외, 2021).

사회복지 현장에서 클라이언트를 만날 때 실습생은 자기인식의 문제점이 없는지 파악해야 한다. 즉, 실습생의 자기인식은 선입견, 편견, 자신의 경험을 이해하고 클라이언트에게 서비스를 제공하는 데 있어서 자신이 어떤 방해가 되는지 이해하는 것이다. 자기인식은 사회복지사로서의 업무능력을 향상시키며, 필요 이상으로 클라이언트에게 개입하는 것을 예방하고, 전문적인 관계형성에 도움이 된다. 사회복지 현장의 업무를 수행하는 과정에서 주변 상황 파악, 타인 수용, 비차별적 행동, 비심판적 행동과 태도, 자기주장, 자기통제, 직관력, 자기개방, 전문적인 경계선 유지하기 등은 자기인식을 통해 점검할 수 있다.

자기인식을 위한 질문 내용은 다음과 같다(천정웅 외, 2020).

① 사회복지사가 가치상의 심판 없이 클라이언트와 솔직하게 상호작용이 가능한가?

② 실습생은 클라이언트가 실습생 자신의 신념과 가치를 받아들이기를 바라는가?

③ 실습생은 자신에게 스스로 진솔하며, 동시에 클라이언트가 자신의 가치관과 다른 가치를 가질 수 있도록 자유를 허용하는가?

④ 실습생은 자신과 클라이언트 사이에 일어난 가치갈등으로 인해 다른 전문가에게 의뢰해야 할지를 어떻게 결정지을 것인가?

⑤ 실습생의 가치와 삶의 경험에 있어 클라이언트와 어느 정도 유사성을 필요로 하는가?

⑥ 특정 사안(낙태, 동성애, 아동학대 등 가치를 수반하는 문제)과 관련된 실습생의 입장은 무엇인가?

⑦ 실습생으로서의 관점은 어디에서 발전된 것인가?

⑧ 실습생은 자신의 가치기준에서 수정의 여지가 있는가?

⑨ 실습생은 자신의 가치를 강요하지 않고, 클라이언트에게 어떤 방법으로 의사전달을 할 것인가?

⑩ 실습생의 가치와 신념체계가 클라이언트와 활동하는 데 어떤 방식으로 영향을 미치고 있는가?

제 8 장

개입기술 및 관계형성기술

| Ⅰ. 사회복지실천에서의 개입기술 |

| Ⅱ. 관계형성 |

| Ⅲ. 관계형성기술 |

Social Work Practicum and Seminar

I 사회복지실천에서의 개입기술

1. 사회복지실천에서의 개입기술의 개념

사회복지실천에서의 개입기술의 일반적 성격 및 개념은 다음과 같다(장인협, 1993).

① 자기 스스로 해결하기 곤란한 문제를 가진 개인 및 그 가족이 대상이 된다.

② 문제에 대한 과학적 인식과 이에 대한 전문적 기술을 가진 전문가에 의해서 실시된다.

③ 개별적으로 이루어진다. 즉 대상에 따라 그 방법이 여러 면으로 달라진다.

④ 환경에의 적응과 인격의 성장발달을 돕기 위한 의식적 노력이 지속적으로 이루어진다.

⑤ 사회복지실천가와 클라이언트의 인간관계가 중요시된다. 사회복지사와 클라이언트의 협동적 활동이다.

⑥ 예방보다는 치료에 중점을 둔다.

⑦ 개인과 개인이 속하는 사회환경과의 상호작용이다.

사회복지실천에서의 개입기술은 "개인의 인격 존중을 전제로 한 전문적인 대인관계의 기반 위에서 클라이언트가 직면하고 있는 문제 상황을 분석하고 검토하여 클라이언트의 생활상 욕구를 조직적이고 체계적으로 충족시켜 나가는 전문적인 방법"이다(길귀숙 외, 2021).

2. 사회복지실천에서의 개입과정

사회복지실천에서의 개입과정은 사회복지사가 클라이언트와 클라이언트를 둘러싼 다양한 환경 내의 체계들을 변화시키기 위해 그의 전문적 가치와 지식에 기초하여 개입하는 과정이다(양옥경 외, 2005).

1) 초기 단계

도움을 받으러 온 클라이언트를 도와주기 위해서는 먼저 클라이언트가 어떤 상태에 있는지를 파악해 나가는 과정이 필요하다. 클라이언트를 파악해서 사정하기 위한 자료수집이 먼저 이루어져야 한다. 초기 단계에는 접수, 자료수집, 사정, 계획, 계약 등이 포함된다.

(1) 접수

접수(intake)란 문제를 가진 사람이 사회복지기관을 찾아왔을 때 사회복지사가 그의 문제와 욕구를 확인하여 그것이 기관의 정책과 서비스에 부합되는지 여부를 판단하는 과정이다(양옥경 외, 2005).

① 관계형성

관계형성은 기관을 찾는 클라이언트들이 일반적으로 새로운 환경에 대한 두려움과 양가감정을 해소하기 위해 사회복지사와 상호 긍정적인 친화관계, 즉 라포(Rapport)를 형성하는 것이다. 관계형성은 개입과정 초기에 집중적으로 이루어지기는 하지만 개입기간 내내 진행되는 지속적인 과정이다.

② 문제 확인

클라이언트의 문제가 무엇인지를 확인하는 것이다. 문제의 확인에서는 문제의 성질, 문제의 중요성, 문제의 원인, 클라이언트의 문제해결 노력과 방법, 기관에 요구하는 해결책, 클라이언트의 문제해결 방법과 기관의 성격 등을 확인하는 단계이다.

③ 원조과정에 대한 안내

클라이언트에게 서비스 제공을 결정한 후에는 서비스 제공에 대한 규칙과 조건, 서비스 제공 과정에서 사회복지사와 클라이언트가 각기 수행해야 할 역할 등에 대하여 설명해 준다. 제공해야 할 사항은 서비스에 관련된 세부 사항 즉, 시간, 장소, 빈도, 모임 횟수, 프로그램 진행시간 등이 포함된다.

④ 의뢰

클라이언트가 서비스에 대한 정보를 얻게 되면 사회복지사는 서비스의 수혜 여부를 결정하게 된다. 의뢰(referral)는 클라이언트의 문제와 욕구를 기관에서 해결할 수 없을 경우 혹은 문제해결에 더 적합한 기관이 있을 경우 다른 기관으로 클라이언트를 보내는 것이다. 이때 반드시 클라이언트의 동의가 필요하다.

(2) 자료수집

자료수집(data collection)은 클라이언트의 문제를 이해, 분석, 해결하는 데 필요한 자료를 모으는 것을 말한다. 이렇게 수집된 자료를 바탕으로 사정을 하게 되므로 자료수집이 사정에 선행되어 이루어져야 할 것으로 보이지만 실제 자료수집과 사정은 거의 동시에 반복적으로 이루어진다. 자료수집의 목적은 클라이언트를 사정하는 데 필요한 정보를 얻는 것에 있다.

① 자료의 출처

- 클라이언트의 이야기
- 클라이언트가 작성한 양식: 초기 면접지 등
- 부수 정보: 가족, 이웃, 친구, 친척, 다른 기관, 학교 등. 클라이언트의 동의 없이 정보를 얻어서는 안 된다.
- 심리검사: 심리검사척도에 의해 실시되는 다양한 성격 및 지능검사 결과 정보
- 클라이언트의 비언어적 행동
- 중요한 사람과의 상호작용 및 가정 방문
- 직접 상호작용하면서 느끼는 사회복지사의 감정

② 자료수집에 포함될 요소

- 접수 시 클라이언트에 대한 기본적인 정보
- 문제에 대한 깊이 있는 정보(개인적 · 환경적 측면 관찰)
- 개인력(클라이언트가 살아온 역사)
- 가족력(가족관계, 가족 구성 등)
- 클라이언트의 기능(지적 · 정서적 · 신체적 · 행동적 · 대인관계적 기능, 업무능력, 문제해결 능력 등)
- 클라이언트의 자원(현재 이용하고 있는 서비스, 활용 가능한 자원 등)
- 클라이언트의 한계, 강점, 동기 등

(3) 사정

사정(assessment)은 클라이언트의 문제와 원인이 무엇인지, 그리고 문제를 완화 · 해소하기 위하여 무엇이 변화될 수 있는지를 탐사하는 사회복지실천과정의 핵심적 단계이다. 사정은 클라이언트의 욕구나 문제해결을 위한 자원을 조사하여 사회복지사의 개입계획을 세우기 위한 토대를 제공하는 것이다. 클라이언트들의 문제는 클라이언트 개인이나 가족 및 집단, 지역사회나 각종 체계들을 포함한다. 따라서 사정은 개입의 전 과정에 걸쳐 행해지며, 사정의 내용으로 크게 욕구 및 문제의 발견, 정보의 발견, 문제 형성 등이 있다.

① 문제의 발견

문제의 발견은 사정의 기초적 단계이다. 문제는 클라이언트가 제시한 문제(presenting problem)에 초점을 둔다. 문제의 정의는 클라이언트 중심으로 그의 고유한 가치와 상황 속에서 정의되는 것이므로 사회복지사는 문제에 대한 클라이언트의 이해를 존중하고 그 문제를 잘 정의할 수 있도록 도와주어야 한다.

② 정보의 발견

브라운과 레비트(Brown & Levitt, 1979)는 사정 시 정보를 수집하는 유용한 지침으로 다음과 같은 질문을 제시하였다.

- 누가 문제체계에 관여되어 있는가?
- 참여자들은 어떻게 관여하고 있는가?
- 클라이언트가 문제에 어떤 의미를 부여하는가?
- 어디서 문제 행동이 일어나는가?
- 언제 문제 행동이 일어나는가?
- 문제 행동이 일어나는 빈도는 어느 정도인가?
- 문제 행동은 언제부터 있어 왔는가?
- 문제와 관련하여 채워지지 않은 욕구는 무엇인가?
- 문제에 대한 클라이언트의 정서적 반응은 어떠한가?
- 클라이언트는 그동안 문제에 어떻게 대처해 왔으며, 문제를 해결하는 데에는 어떤 기술이 필요한가?
- 클라이언트는 어떤 장점과 기술을 가지고 있는가?
- 필요로 하는 외적 자원은 무엇인가?

③ 문제 형성

사정의 세 번째 영역은 그동안 얻어낸 정보들을 분석하여 사회복지사가 전문적 소견으로 판단하는 것이다. 존슨(Johnson, 1995)은 문제 형성을 하기 위해서는 첫째, 무엇보다도 우선 충족되지 못한 욕구를 찾아내고, 둘째, 어떤 요인들이 욕구충족을 방해하는지를 고려해야 한다.

④ 사정 도구

가. 가계도

가계도(genogram)는 2~3세대의 가족관계를 도표로 작성하여 현재 제시된 문제의 원인을 규명하는 것으로 사람을 표시하는 기호와 관계를 묘사하는 선을 활용하여 보통 3세대 이상의 가족들에게 나타난 중요한 생활사건(결혼, 별거, 이혼, 사망, 입양 등)과 인구학적 정보(연령, 학력, 직업, 주거 등)들을 기술한다. 가족 구조를 도식화하고 가족에 관한 정보를 기록하며 마지막으로 가족관계를 기술하는 순서로 작성된다. 중요한 가족 사건이란 과도기, 인간관계의 변화, 상실과 성공 같은 것을 말한다. 가족관계의 표현은 선으로 나타나게 되는데, 융합이나 대립적 관계를 선으로 상징화하여 나타낸다.

나. 생태도

생태도(ecomap)는 가족 및 가족구성원과 환경 간의 상호작용을 그림으로 나타낸 것으로 특정 문제에 대한 개입계획을 세우는 데 매우 유용한 도구이다. 외부체계로부터 스트레스를 경험하고 있는 가족의 문제를 사정할 때 유용하며, 완성된 생태도는 가족과 환경체계 간의 관계에 대한 전체적 조망과 함께 개입에 필요한 정보를 간략하게 한눈에 파악할 수 있도록 해준다.

다. 사회적 관계망 그리드

사회적 관계망 그리드(grid)는 개인, 가족의 사회적 지지체계를 사정하는 도구이다. 사회적 관계망을 그림이나 표로 보여줌으로써 가족의 관계망을 전체적으로 볼 수 있게 해준다. 사회적 관계망 그리드에서 알 수 있는 정보로는 가족의 사회적 관계망에서 중요한 인물, 가족이 지지를 받는 생활 영역, 사회적 관계망에서 지지 제공 유형, 제공되는 정도의 중요도, 지지의 방향 및 방향의 상호성과 일방성, 개인적 친밀감 정도, 접촉 빈도, 관계의 기간 및 알고 지낸 기간, 종교성 등이 포함된다.

라. 생활력 도표

생활력 도표는 여러 시기에 개인이 경험한 것이나 가족구성원에게 발생한 중요한 사건이나 시기를 조사하여 그 자료를 연대기적으로 조직화한 것이다. 생활력 도표는 특정 발달단계의 생활 경험을 이해하는 데 도움이 되고, 특히 아동과 청소년 대상의 활동에서 유용하게 사용된다. 생활력 도표 작성 방법은 개인이나 가족의 다양한 시기의 자료를 조직화하여 표현하고, 삶의 중요한 사건을 시계열적으로 나열한다(구혜영, 2010).

(4) 계획

계획과정은 수집된 자료를 근거로 하여 사회복지사와 클라이언트가 상호협의에 의하여 다루어야 할 문제를 정의하고 목적을 구체화시키고 문제로부터 목적으로 옮겨가기 위하여 계획된 중재 방법을 제공하는 과정이다.

계획 단계에서 가장 중요한 과업은 목표를 설정하는 것이다. 목표 설정(goal selection)은 클라이언트의 능력을 고려하여 현실적이고 실현 가능한 구체적인 것으로 책정되어야 한다. 즉 목표를 설정할 때는 앞의 사정과정에 나타난 욕구나 문제를 근거로 설정하여야 한다(양옥경 외, 2005).

목표를 설정할 때의 지침으로 목표는 반드시 클라이언트가 바라는 것, 측정 가능한 것, 달성 가능한 것, 사회복지사의 지식과 기술에 상응하는 것, 긍정적인 것, 기관의 기능과 일치해야 한다. 수집된 정보를 바탕으로 사정을 통해서 적절한 개입목표를 정해야 한다. 적절한 목표를 설정하는 것은 능률적인 개입과 개입의 효과를 높이는 데 필수적이다(최선화, 2009).

(5) 계약

계약(contract)은 목표를 달성하기 위한 구체적인 계획에 대해 사회복지사와 클라이언트가 서로 동의하는 것을 말한다. 계약은 클라이언트에게 구체성과 참여감을 주기 때문에 문제와 과업을 수행하려는 클라이언트의 동기를 배양하고 강화시킬 수 있고, 클라이언트가 자신의 활동을 통해서 합의된 목적과 목표에 도달하는 것은 자아존중감을 향상시키고 상황에 영향을 미칠 수 있다는 자신감을 갖게 한다(양정남 외, 2008).

2) 개입 단계

개입 단계는 사회복지사와 클라이언트가 상호합의하여 결정한 목표를 달성하기 위한 실천 단계이다. 즉 사회복지사의 원조 활동이란 바로 개입 활동을 의미하는 것으로 이 중간 단계가 바로 사회복지실천과정의 핵심적인 단계이다. 이 단계에서는 심리치료, 옹호, 조정, 중재, 사회계획, 지역조직, 자원의 발굴 및 개발 등 기타 다양한 활동들을 포함하고 있다(남기민, 2004).

(1) 직접적 개입

직접적 개입은 클라이언트의 심리적·내적 측면의 욕구나 문제 등에 초점을 두며 중재를 통하여 클라이언트가 생활에 필요한 대처능력을 향상시키는 데 목적이 있다. 즉, 문제되는 상황이 어떤 것이든지 긍정적이고 효과적인 방법으로 대응할 수 있도록 클라이언트의 감정, 주관적 사실, 사고와 행동적 방식에 초점을 두어 장애가 되는 태도와 행동, 그리고 인간관계의 왜곡을 수정하려고 하는 것이다(전재일 외, 2003). 직접적인 개입 활동은 ① 정보 제공 및 의뢰 ② 가용자원을 활용할 수 있게 하는 개입 ③ 역량강화 접근 등이 있다.

(2) 간접적 개입

간접적 개입이란 사회복지사가 목표 달성을 위하여 사회복지사와 상호작용할 계획에 합의하지 않은 체계에서 변화를 일으키는 행동에 종사하는 것이다. 개인 및 가족을 대신하여 다른 개인, 집단, 조직, 지역사회 등에 간접적으로 개입하기도 한다. 간접적 개입은 사회복지사들에게 가장 매력적이고 어려운 형태의 개입 방법이다(전재일 외, 2003). 간접적 개입 활동은 ① 영향력 있는 사람들을 관련시키는 활동 ② 서비스 조정 활동 ③ 프로그램 계획 및 자원 개발 ④ 옹호 등이 있다.

3) 평가 및 종결 단계

(1) 평가

평가(evaluation)란 사회복지실천에서 사용되는 중재 또는 개입의 결과를 사정하기 위한 기술이다. 넓은 의미에서 평가과정은 개입이 효과적이고, 효율적이었는가를 사정한다. 이상적인 개입은 효과적이면서 효율적이어야 한다.

평가는 변화가 일어났는지 아닐지, 변화가 얼마나 일어났는지를 설명할 수 있는 측정도구로 측정 절차를 선택하고 설계하는 것이 필요하다. 또한 평가는 종결과 관련된다. 변화를 위한 활동을 끝내는 시점에서 원만하고 만족스러운 원조과정을 종결할 수 있는 능력은 효과적인 실천의 핵심적인 요인이다(김충식 외, 2009).

① 평가의 목적

첫째, 프로그램의 실천과정에서 수립된 정보를 입수해서 실천에 반영하여 실천과정을 수정하는 경우이다. 이때의 평가는 문제해결 과정의 마지막 단계라 볼 수 없고 문제 설정 · 목표 수립 · 프로그램의 개발 · 프로그램의 실천이라는 전 과정에 영향을 주는 계속적 활동이라고 보는 것이 타당하다.

둘째, 문제해결 전 과정의 결과와 최종 산출을 평가하는 것이다. 이러한 평가는 일반적으로 프로그램을 통해 성취하고자 하는 목표가 어느 정도 달성되었는지, 즉 프로그램의 효과성과 영향을 측정하는 것이다(최항순, 2007).

② 평가의 종류

사회복지실천에서 평가는 일반적으로 형성평가(formative evaluation)와 총괄평가(summative evaluation)가 있다. 형성평가는 목표 달성을 지속적으로 모니터하기 위해 수행된다. 이러한 평가는 클라이언트의 문제해결을 지향하는 제반 노력의 적절성과 투입량을 평가한다. 총괄평가는 사회복지실천과정이 종결 시 설정했던 목표 및 하위 목표들이 얼마나 달성되었는지를 평가하는 것이다(남기민, 2004). 다음으로 평가에는 기관 내에서 이루어지는 자체 평가와, 외부의 전문기관에 의뢰하는 외부 평가도 있다. 또한 질적 평가와 양적 평가도 있다.

(2) 종결

종결 단계는 사회복지실천과정의 최종 단계이다. 종결 작업은 클라이언트의 사회적 기능을 강화시키는 동시에 사회복지사와 클라이언트가 개입의 전 과정을 통해 같이 발전시켜 온 성과를 이해시키는 과정이기도 하다. 사회복지사는 클라이언트가 종결을 준비할 수 있도록 개입의 후반에서부터 종결 준비를 해야 한다. 클라이언트는 안정적이고 우호적인 관계가 끝난다는 데에 기쁨과 서운함, 두려움, 불안 등 다양한 감정을 경험하게 된다. 사회복지사는 이러한 클라이언트의 정서적 반응을 이해해야 하며 잘 감지하여 적절한 케어를 해 주어야 한다(남일재 외, 2007).

① 종결 유형

- 일방적인 조기 종결(계획되지 않은 종결)
  - 클라이언트의 일방적 종결
  - 사회복지사의 일방적인 종결
- 시간 제한에 의한 종결(계획된 종결)
- 시간 제한이 있는 양식(modalities)과 관련된 종결(계획된 종결)

- 시간 제한이 없는(open ended) 양식을 포함한 종결(계획적 종결)
  - 전형적으로 나타나는 종결의 반응
  - 사회복지사에게 매달리는 반응
  - 과거의 문제가 재발했음을 보고하는 경우
  - 새로운 문제를 가지고 오는 경우
  - 사회복지사를 대치할 대상을 찾는 경우
- 사회복지사의 이동으로 인한 종결

② 변화의 지속 및 강화 전략

긍정적 결과를 지속시키는 것은 종결에서 다루어야 할 중요한 사항이다. 변화를 안정화시킴으로써 사회복지사는 클라이언트에게 사회복지사의 도움 없이 기능할 수 있다는 현실적 희망을 심어주며 클라이언트에게 클라이언트 자신이 성취감과 능력 있는 존재라는 사실을 인지시켜 줄 수 있는 것이다. 긍정적인 결과를 지속시키기 위한 방법은 다음과 같다.

- 중요한 타인들을 관여시킴
- 행동 변화의 중요성을 인식시킴
- 인위적 보강물의 제거
- 자신에게 적절한 개입을 선정할 것
- 접촉을 점차적으로 줄일 것
- 환경적 자원의 제공
- 예보적 가이던스의 제공

③ 의뢰

종결 과정에서 클라이언트가 개인의 미해결된 물리적 · 정서적 혹은 사회적 욕구 해결을 위해 다른 기관의 서비스가 요청될 때 의뢰를 할 필요가 있다.

④ 사후관리

개입이 종료된 이후 성취된 바람직한 행동을 계속 유지하는 것은 많은 클라이언트들에게 쉽지 않다. 이러한 변화 유지상의 문제들을 효과적으로 다루기 위해 사후관리가 이루어져야 한다.

Ⅱ 관계형성

1. 관계형성의 중요성

사회복지실천은 사회복지사가 클라이언트에게 직접 관여하여 문제를 해결하고 클라이언트의 능력 향상을 지원하는 것이다. 따라서 사회복지실천에서의 사회복지사와 클라이언트와의 관계는 전문적 원조관계라고 할 수 있다. 이러한 관계는 사회복지사와 클라이언트 간의 감정과 태도의 역동적인 상호작용으로서, 클라이언트 자신과 환경 간의 좀 더 나은 적응을 이룰 수 있도록 돕는 목적을 갖고 있다.

사회복지실천에서 관계의 개념을 학자들은 다음과 같이 정의하고 있다.

비에스텍(Biestek, 1957)은 관계란 사회복지사와 클라이언트 간의 감정과 태도의 역동적인 상호작용으로서, 클라이언트가 자신과 환경 간의 보다 나은 적응을 이룰 수 있도록 개인의 능력과 지역사회 자원을 적절히 동원하고 활용할 수 있도록 돕는 것이라고 정의하였으며, 펄만(Perlman, 1957)은 관계를 정서적인 유대 및 인간적인 도움을 위한 수단으로 간주하였으며 좋은 관계란 자극과 영양이 되고 타인의 개성을 존중하고 키워주며 안전한 느낌과 일치성을 제공하는 것이라고 하였다. 핀커스와 미나한(Pincus & Minahan, 1973)은 관계란 사회복지사와 그가 관계하는 다른 체계들 간의 정서적인 유대로 볼 수 있으며, 이들 관계에는 협력, 협상 또는 갈등의 분위기가 포함될 수 있다고 하였다.

결론적으로 사회복지실천에서의 관계란 사회복지사와 클라이언트 간의 감정과 태도의 역동적 상호작용으로서 클라이언트의 문제해결과 그를 둘러싼 환경과의 사이에 보다 나은 적응을 위해 개인, 집단, 지역사회의 자원을 활용할 수 있도록 도움으로써 클라이언트의 문제해결과 적응능력 향상을 위해 협력하는 활동이다.

2. 관계형성의 기본 원칙

비에스텍(Biestek, 1957)은 도움을 구하는 모든 사람들에게 공통적인 기본감정 및 태도유형이 존재한다고 보았으며, 사회복지실천관계의 기본을 사회복지사와 클라이언트와의 태도 및 감정의 상호작용으로 간주하여 그의 저서 『개별사회사업관계(Casework Relationship)』에서 7대 원칙이라 부르는 '관계론'을 정립하였다(길귀숙 외, 2018).

표 8-1 클라이언트의 욕구와 사회복지실천관계의 원리

클라이언트의 욕구	관계의 원리
독특한 특성을 가진 한 개인으로 처우받기 바라는 욕구	개별화
자신의 감정을 자유롭게 표현하고자 하는 욕구	의도적인 감정표현
문제에 대한 공감적 반응을 얻으려는 욕구	통제된 정서적 관여
가치 있는 인간으로 인정받고자 하는 욕구	수용
판단 받고 싶지 않은 욕구	비심판적 태도
자기 스스로 결정하고자 하는 욕구	클라이언트의 자기결정
자기비밀을 간직하고 싶은 욕구	비밀보장

출처: 길귀숙 외(2018: 164)

1) 개별화(individualization)

모든 인간이 개별적으로 취급되기를 원한다는 기본적인 욕구에 바탕을 둔 것이다. 즉, 모든 클라이언트는 다른 사람과 다르며 각 클라이언트의 감정, 사고, 행동, 독특한 생활양식, 경험 등은 각기 존중되어야 할 권리가 있다는 것이다. 사회복지사가 클라이언트를 원조함에 있어서 개개인에게 상이한 원리나 방법을 활용하는 것이며 개별성을 지닌 특정한 인간으로 대우받아야 한다는 것이다.

2) 의도적 감정표현(purposive expression of feeling)

클라이언트가 자신의 감정, 특히 부정적인 감정을 자유롭게 표현하려는 욕구에 대한 인식에서 출발한다. 클라이언트가 자신이 비판받게 될지도 모르는 감정들을 자유롭게 표현하는 것이다. 사회복지사는 클라이언트가 표현하는 감정에 의도적으로 귀를 기울이고 비난하거나 실망시키지 않아야 한다. 때로 클라이언트가 감정을 자유롭게 표현할 수 있도록 자극하고 격려해 주어야 한다. 클라이언트에게 도움을 주고자 하는 마음을 전달하고, 편안한 환경을 제공하며, 상황을 충분히 이해하기 전에 충고나 해결책을 제시하는 오류를 방지한다.

3) 통제된 정서적 관여(controlled emotional response)

클라이언트가 자신의 문제에 대해 공감을 얻고자 하는 욕구에 기초한다. 클라이언트의

감정에 대한 사회복지사의 민감성과 그 감정들이 의미하는 것에 대한 이해, 그리고 클라이언트의 감정에 대한 의도적이고 적절한 반응으로 대하는 것이다.

4) 수용

수용(acceptance)은 사회복지사의 행동상 원칙이자 기본적으로 갖추어야 할 태도이다. 사회복지사가 클라이언트의 강점과 약점, 바람직한 성격과 그렇지 못한 성격, 부정적인 감정, 비판적인 태도와 행동 등 모든 것을 있는 그대로의 모습을 인정하고 존중해 주는 것을 말한다. 그러나 수용한다는 것을 일탈적인 태도나 행동을 허용한다는 것은 아니다. 클라이언트를 바람직하고 수용할 수 있는 상황으로 발전할 수 있도록 돕는 것이 사회복지사의 역할이다. 수용을 통하여 클라이언트를 바람직하지 못한 자기방어로부터 자유롭게 하며 현재 있는 그대로의 자기를 내세울 수 있고 그런 자신에 대한 안도감, 신뢰감을 가질 수 있게 한다.

5) 비심판적인 태도

비심판적 태도(nonjudgemental attitude)는 클라이언트가 심판받지 않으려는 욕구에 대한 것이다. 클라이언트가 가진 문제나 욕구의 발생 원인에 대해서 클라이언트의 잘못 때문인지, 클라이언트에게 책임이 있는지 등을 심판하지 않으며 클라이언트의 특성 및 가치관을 비난하지 않는다는 원칙이다. 클라이언트는 자신의 무능력, 실패, 부도덕성에 관한 사회복지사의 심판가능성에 두려움을 가지고 있으므로 심판이 아닌 분석적 · 객관적 판단을 클라이언트에게 전달되어야 한다.

6) 클라이언트의 자기결정

클라이언트의 자기결정(client self-determination)은 클라이언트가 모든 의사결정에 참여하여 스스로 선택하고 결정하는 것이다. 사회복지실천의 개입과정에서 클라이언트가 자신의 삶에 대해 스스로 선택하고 결정할 수 있는 권리와 욕구를 존중하고 인정해야 하며, 최대한 사용토록 권장해야 한다. 자기결정권을 최대화하기 위해서는 클라이언트의 실수나 한계보다 장점과 능력을 강조한다. 사회복지사가 클라이언트를 위해 무엇을 해 주는 것이 아니라 클라이언트와 함께 해결해 나가는 것을 의미하므로 전문적 관계의 파트너십을 강조하게 된다.

7) 비밀보장

비밀보장(confidentiality)은 클라이언트가 자신의 비밀을 간직하려는 욕구에 대한 것이다. 클라이언트의 기본적 권리이자 사회복지사의 윤리적 의무, 사회복지실천의 가장 기본 원칙이다. 클라이언트가 전문적 관계에서 노출한 비밀스런 정보를 사회복지사가 전문적 치료 목적 외에 타인에게 알려서는 안 된다는 원리에 근거하고 있다. 그러나 타인이나 클라이언트의 생명을 위협하는 경우 생명의 보호가 우선이 되므로 비밀보장의 원리는 유보될 수밖에 없다. 사전에 클라이언트에게 비밀보장의 한계를 분명히 말해주어서 양해를 구해야 된다.

3. 관계형성의 장애요인

사회복지사와 클라이언트의 관계는 변화의 중요한 도구이다. 따라서 이 양자 간 관계에서의 문제점은 변화를 방해할 뿐 아니라 관계를 단절하여 도중에 사회복지개입을 중단시키기도 한다. 일반적으로 변화를 방해하는 관계에는 다음과 같은 것들이 있다.

1) 클라이언트의 불신

클라이언트의 불신은 대부분 사회복지사와의 관계 이전의 중요한 다른 관계로부터 유래된다. 살아온 과정에서 격려와 인정을 받아보지 못한 사람은 사회복지사를 신뢰하고 그에게 의지하는 것이 쉽기 때문에 비난, 거부, 상처를 미리 예상하여 방어적 태도를 보이게 된다. 이런 상황에서는 클라이언트의 자기노출은 어려워지고 더 이상의 변화는 기대할 수 없다(김익균 외, 2006).

2) 클라이언트의 전이

전이(transference)는 클라이언트가 다른 사람과 과거 경험에서 비롯된 누군가에 대한 기대, 원망, 사랑, 두려움 등의 무의식적인 감정들을 사회복지사에게 보이는 것이다. 이런 감정들은 어린 시절에 그 뿌리를 두고 있기 때문에 스스로 인식하지 못하는 경우가 많다. 전이 반응은 상황에 맞지 않는 비현실적인 왜곡을 낳아 변화에 대한 강한 저항을 일으킨다.

3) 사회복지사의 역전이

사회복지사의 역전이(counter-transference)는 사회복지사가 클라이언트에게 느끼는 전이로 인한 무의식적 반응이다. 역전이는 사회복지사가 클라이언트를 마치 자신의 과거 시점의 어떤 인물이나 그와의 관계인 것처럼 느끼고 무의식적으로 그렇게 반응하는 것이다.

4) 저항

사회복지사와 클라이언트의 관계에서 변화를 방해하는 힘을 저항(resistance)이라고 한다. 저항은 개입목표와는 반대되는 클라이언트의 행동을 말하는데, 클라이언트가 이러한 행동을 인식하고 있는 경우도 있지만 대부분의 경우 의식하지 못하며 사회복지사의 눈에만 보이는 경우가 많다.

저항의 근원지는 인간의 양가감정에서 찾을 수 있다. 인간은 변화를 원하여 도움을 요청하나 동시에 새로운 것에 대한 두려움으로 변화에 대한 저항을 가지게 된다. 따라서 사회복지사는 양가감정이 매우 자연스러운 것임을 수용하면서 자유롭게 표현할 수 있도록 도와야 한다. 그렇게 함으로써 클라이언트는 자신의 양가감정을 인식하게 되고 저항을 줄일 수 있게 된다.

또 다른 저항의 근원지는 서비스와 개입에 대한 잘못된 이해를 가지고 있거나 혹은 익숙하지 못한 상황에 직면하는 것이 두려워 저항을 보일 수 있다. 이런 경우 서비스와 기관의 특성을 제대로 설명해 주고 익숙하지 않은 상황인 경우 사회복지사가 시범을 보여주거나 역할극을 통해 상황에 익숙해지도록 돕는다.

사회복지실천 관계에서 가장 많이 보이는 저항의 유형은 다음과 같다.

첫째, 침묵하기이다. 초심자의 입장에서 가장 다루기 어려운 저항의 한 형태로, 갑자기 말을 하지 않거나, 할 말이 생각나지 않는다거나, 말하고 싶지 않다는 경우이다.

둘째, 핵심에서 벗어난 주제를 이야기하는 것이다. 쓸데없는 이야기를 장황하게 하다가 정작 중요한 부분은 그냥 뛰어넘어 버린다. 고통스러운 이야기에 대해서는 마치 못들은 것처럼 한다거나 딴짓을 하는 등의 행동을 하는 것이다.

셋째, 비관적이고 무력한 태도를 표현하는 것이다. "잘 되지 않을 거예요.", "전 아무것도 못해요." 등의 표현으로 비관적으로 미래를 내다보고, 자신의 무력감을 나타내며, 변화를 원하지 않는 것으로 오히려 사회복지사를 무력하게 만들기도 한다.

넷째, 문제의 축소 또는 마술적인 해법을 기대하는 것이다. 문제를 직면하지 않음으로써 변화에 대한 노력을 기울이지 않으려고 하는 것으로, "어떻게든 될 거예요.", "시간이 해결해 주겠죠." 등의 표현으로 문제에 직면하지 않음으로써 변화에 대한 노력을 기울이지 않으려고 하는 것이다.

다섯째, 저항 심리를 행동으로 표출하는 것이다. 지각하거나 결석하는 것, 면담 중 안절부절못하며 산만하게 움직이며 주의집중하지 않기, 지루해하며 하품을 하는 행동 등으로 나타난다.

Ⅲ 관계형성기술

사회복지사는 전문적인 대인관계를 통하여 클라이언트의 문제를 파악하고 해결하는 데 이용 가능한 지식과 기술을 적용하고 응용한다. 개인대상 사회복지실천과정에서 클라이언트의 감정, 문제, 변화과정 등을 사실적이고 객관적으로 이해하는 것은 실천의 밑거름이 된다.

클라이언트의 문제나 고통, 어려움을 해결하기 위해 필요한 다양한 기술 중에서 관계기술, 면접기술, 의사소통기술, 관찰기술 등은 클라이언트에 대한 이해와 문제 상황을 파악하는 데 필요한 실천기술이라 할 수 있다(길귀숙 외, 2021).

1. 관계기술

전문적 관계의 기술을 살펴보면 다음과 같다(Compton & Galaway, 1994).

1) 타인에 대한 관심

클라이언트에게 일어난 일에 대해 진실된 관심을 가지며, 이들의 감정과 교류할 수 있어야 함을 의미한다. 사회복지사는 목적 의식을 가지고 클라이언트와의 관계를 유지해 나가는 민감성과 책임성이 있어야 한다. 책임감, 배려, 존중, 타인에 대한 이해는 필수적인 요소이다.

2) 헌신과 의무

헌신(commitment)과 의무(obligation)는 돕는 과정에서의 책임감을 의미하는 것으로 일관성을 포함하는 개념이며, 사회복지사의 헌신과 의무는 관계를 맺을 때 필수적인 절차상의 조건들로써 시간 약속, 클라이언트의 문제에 대한 초점을 유지하는 것, 성장과 변화를 가져오는 관계 유지를 지키는 것을 말한다. 클라이언트의 헌신과 의무는 자신의 문제에 대해서 정직하고 개방적으로 제시하고 전문적 관계에서 요구되는 시간 약속 등을 지키는 것 등이 있다.

3) 수용

수용(acceptance)이란 클라이언트를 자신의 감정과 사고에 대한 권리를 가진 독특한 개인으로서 배려하고 클라이언트에 대한 관심과 인식, 경청하는 태도, 그들의 행동에 대한 주의 집중, 돕고자 하는 열망의 전달, 클라이언트에 대한 진실된 염려를 의미한다(Northen, 1995; Schulman, 1992).

4) 감정이입

감정이입(empathy)은 타인이 경험한 것을 이해하기 위하여 타인의 감정과 생각에 자신을 투사시키는 능력이다. 감정이입을 통하여 클라이언트는 사회복지사라는 중요한 타인으로부터 충분히 이해받고 있다고 느끼면서 자기인식이 확장됨과 동시에 자신의 문제를 탐색하고 정체성을 발견하며 자신에 대한 현실적 목표를 세우고 이를 달성하기 위해 나아가게 된다(양정남 외, 2008).

5) 권위와 권한

권위(authority)는 클라이언트와 기관에 의해 사회복지사에게 위임된 권한(power)으로 정의된다. 사회복지사는 일정한 지식과 일정한 경험을 보유함으로써, 또한 일정한 지위에 있음으로써, 영향력을 미칠 수 있는 권한을 가진다.

전문적 관계에서의 권위는 제도적 측면에서 사회복지기관 내에서 사회복지사의 위치와 기능으로부터 나오는 것을 말한다. 심리적 측면에서의 권위는 전문가인 사회복지사에게 정보와 조언을 구함으로써 클라이언트가 사회복지사에게 부여하는 것을 말한다.

6) 진실성

진실성(genuineness, authenticity)은 솔직성과 관련된 개념으로 정직성, 믿음직함, 가장되지 않은 것, 신뢰감 그리고 진실함과 같은 뜻을 함축하고 있다(Northen, 1995). 진실된 태도는 신뢰감 발달에 필수적이다. 사회복지사가 클라이언트와 관계를 맺을 때 일관성이 있고 정직한 개방성을 유지하며, 대화의 내용과 행동이 항상 일치하면서도 전문가로서의 자아와 가치체계에 부합하여야 함을 의미한다.

2. 변화를 방해하는 관계 다루기

1) 저항 다루기

저항 다루기는 저항이 변화로의 진전을 심각하게 방해할 때만 사용하는 것이 좋다. 왜냐하면 저항은 클라이언트의 행동으로 나타나므로 저항을 다루기 위해 행동 하나하나를 일일이 끄집어내는 것은 불쾌할 수 있고 오히려 역효과를 가져올 수 있기 때문이다. 목표 달성을 심각하게 방해할 때 저항을 인식하고 부정적 감정을 표현함으로써 저항을 다루어 준다.

2) 긍정적 재해석

재명명 기법과 유사한 것으로 클라이언트의 부정적이고 바람직하지 못한 감정들에 사회복지사가 긍정적 의미를 부여하는 것이다. 이 기법의 목적은 클라이언트의 자기방어를 줄이고 손상되기 쉬운 자존심을 보호하고자 하는 것이다.

3) 문제를 성장의 기회로 재구성

문제를 성장의 기회로 재규정하는 것은 분명 변화되어야 하는 것임은 틀림이 없지만 지나치게 부정적으로만 볼 것이 아니라 이것을 성장과 도전의 기회로 인식하게 하는 것이다. 이 기법은 두려워하고 불안해하는 클라이언트에게 문제에 대한 낙관적인 관점을 제공해 주며, 아무리 어려운 상황도 생각하기 나름이라는 좀 더 확대된 시각을 제공해 준다.

4) 직면

직면은 변화를 방해하는 부정적인 감정, 생각, 행동들을 클라이언트가 인식하도록 돕는 것으로 매우 직접적인 방법이다. 클라이언트가 자신의 행동, 감정, 생각 사이의 모순을 발견하지 못할 때 직면은 효과적이나 클라이언트가 받아들일 준비가 되어 있지 않은 상태에서 하게 되면 오히려 역효과가 나타나기 쉽다. 따라서 사회복지사는 모순된 양상에 대해 클라이언트가 스스로 생각해 보도록 돕는 것이 필요하다.

5) 전이와 역전이 다루기

(1) 전이

클라이언트의 반응이 비현실적임을 지적하고 현실적인 사회복지사의 관점을 갖도록 도와야 한다. 또한 사회복지사에 대한 감정을 과거에 다른 사람에게도 느낀 적이 있는지 알아보고 그 유래에 대해 클라이언트가 깨닫도록 도와준다.

(2) 역전이

사회복지사는 자신의 감정의 기원에 관심을 갖고 클라이언트와의 현실적 관계에 관점을 갖도록 노력해야 한다. 그러나 역전이로 인해 관계를 지속할 수 없을 경우에는 클라이언트에게 사회복지사 자신의 문제로 인해 관계를 지속할 수 없음을 알리고 다른 사회복지사에게 의뢰해야 한다.

제 9 장

면접기술 및
면접기록

| Ⅰ. 면접기술 |

| Ⅱ. 면접기록 |

Social Work Practicum and Seminar

I 면접기술

1. 면접기술의 개념

면접기술은 상담의 과정에서 내담자의 의도를 올바르게 파악을 하고 상담을 성공적으로 이끌어 줄 수 있는 방법, 즉 상담자가 내담자의 관계 속에서 지니고 있어야 할 의사소통기술이다. 면접기술은 초기면접(intake)에서부터 실천의 전 과정에 걸쳐 요구된다. 면접을 통해 사회복지사는 실천에서 클라이언트와의 신뢰관계를 유지하고 정보를 획득한다. 클라이언트는 면접을 통해 수용과 지지적인 경험, 억제되고 복잡한 감정의 표출과 정리가 가능해지므로 면접 그 자체가 클라이언트에게 치유의 효과를 가져다준다. 또한 면접은 실천의 진행 단계에 따라 면접의 초점을 달리하는데, 예를 들어 초기 단계에서는 신뢰 형성에, 사정 단계에서는 정보수집에, 개입 단계에서는 치료적 효과 등에 면접의 비중을 둔다.

2. 면접기술의 종류

1) 경청기술

경청기술은 면접에서 가장 중요한 기술이다. 경청이란 사회복지사가 클라이언트의 말에 선택적으로 주목하는 것을 말한다. 즉, 클라이언트가 무엇을 말하는지, 면접자의 질문에 어떻게 반응하는지를 듣는 것이다. 이때 경청은 클라이언트의 어려움에 공감하고 그에게 필요한 반응을 해가면서 적극적으로 잘 듣는 것이다. 경청을 잘하기 위한 방법은 다음과 같다.

① 클라이언트가 말을 할 때에 적절한 반응을 보여 준다. 예를 들어 고개를 끄덕거린다든지, 단순한 "아", "예" 등과 같은 음성적 반응 등을 보여 준다.

② 사회복지사가 궁금하거나 내용을 잘 이해하기 위하여 적절한 질문을 하면, 클라이언트는 자신의 말을 경청하고 있다는 느낌을 받게 된다.

③ 클라이언트가 한 말에 대하여 반복과 환언을 실시한다. 이를 통해 클라이언트의 말을 충분히 경청하고 있음을 표현할 수 있다(길귀숙 외, 2021).

2) 의사소통기술

의사소통이란 면접의 실질적인 내용을 구성하는 것으로 사회복지사와 클라이언트 간의 면접을 매개한다. 의사소통기술에는 언어적인 것과 비언어적인 것 두 가지로 대별된다. 언어적 의사소통은 다시 서면 의사소통(written language)과 구두 의사소통(oral language)으로 나누어 볼 수 있다. 또한 비언어적 의사소통도 그 기호의 종류에 따라서 신호, 몸짓, 촉감, 도형, 그림 그리기 등이 포함된다(길귀숙 외, 2018).

언어를 통한 의사소통은 사실적인 지식을 정확하게 효율적으로 전달할 수는 있으나 감정이나 의미의 뉘앙스를 전달하기에는 효과적인 수단이 되지 못하며 모든 인간의 의사소통 중에서 지극히 소량만을 나타내줄 뿐이다. 효과적으로 의사소통을 하고자 할 때는 구어에 내재하는 한계와 문제점을 간파하고 자신의 이해를 타당화하고 비언어적 단서의 지식도 포함시킴으로써 이러한 문제점들을 극복하려고 노력해야 한다(김수지 외, 2001).

비언어적 의사소통(non-verbal communication)이란 언어나 문자가 아닌 행동과 느낌에 의해 의사소통하는 것을 말한다. 언어 이외의 모든 의사소통을 포함하게 되므로 실질적으로 아주 광범위한 의사소통을 포함하게 된다. 의미의 약 7%는 말에 의해 전달되며, 38%는 목소리와 같은 초언어적 자질에 의하여, 55%는 몸짓에 의하여 전달된다. 비언어적 의사소통은 다른 의사소통에 연계되어 여러 기능을 하고 있다. 즉, 구어를 보완, 대체, 강화, 반박, 강조한다. 비언어적 경로에는 얼굴표정, 손짓, 몸 움직임, 목소리의 간격, 고저, 속도, 성량, 감촉, 몸의 향기 등 다양하다(김수지 외, 2001).

인간관계에서 의사소통의 핵심은 분별력과 민감성을 갖고 상대방의 세계에 몰입한다는 것이다. 감정이입(empathy)을 통해 상대방의 인식과 감정의 세계에 함께 하면서 혼연일체감을 형성함으로써 서로에 대한 신뢰(rapport)를 창출해내는 것을 의미한다(유수현 외, 2009).

따라서 사회복지사는 소극적 경청, 반영적 경청과 나 전달법(I-Message) 등 효과적인 의사소통을 위한 기술을 익힘으로써 의사소통의 걸림돌로 인하여 상대방이 혼자서는 해결하기 어려운 문제들을 해결 가능한 구체적 문제들로 바꾸어주는 일을 해주어 상대방뿐만 아니라 자기 자신의 내적 치유와 내적 통합을 돕게 되는 것이다.

3) 질문기술

질문은 면접의 중심이 되는 기술이다. 면접자는 몇 마디의 질문으로 클라이언트에게 많은 이야기를 하도록 해야 한다. 특히 클라이언트의 보조에 맞춰서 질문을 해야 하고, 우회적이며 도움을 주기 위한 질문을 해야 한다. 질문을 하는 목적은 필요한 정보를 얻기 위해, 그리고 클라이언트의 마음을 탐색하기 위해, 클라이언트의 말을 정확하게 이해하기 위해, 대화의 실마리를 풀기 위해 질문을 한다. 그리고 치료의 개입수단으로 질문을 하게 된다. 질문에는 여러 가지 기술이 있다. 질문의 형태를 살펴보면 다음과 같다(백은령 외, 2009).

(1) 개방형 질문과 폐쇄형 질문

개방형 질문이란 자유로운 응답이 나올 수 있는 질문형태를 말한다. 반면 폐쇄형 질문이란 비교적 제한된 답이 나올 수 있는 질문의 형태를 말한다. 어떠한 질문의 형태가 좋다고 말할 수는 없지만, 클라이언트의 생각이나 감정이 어떠한지 폭넓게 들어보고 싶은 경우에는 개방형 질문이 좋다고 할 수 있겠다. 특히 폐쇄형 질문을 많이 할 경우에 클라이언트는 조사당한다는 느낌이 들 수 있으며, 불쾌할 수 있다.

(2) 간접 질문과 직접 질문

직접 질문은 문장의 형태가 의문문이고, 간접 질문은 서술문의 형태로 이루어진다. 간접 질문은 클라이언트 자신이 질문을 받는다는 느낌을 덜 받으며, 질문 공세를 받는다는 느낌을 주지 않는다.

(3) '왜' 질문

대부분 '왜'라는 질문은 면접의 과정에서 논란이 되고 있는 질문의 형태이다. 왜냐하면 책임 추궁이나 비난·비판의 의미로 느껴지기 때문에 그 사용에 주의를 기울여야 한다. 그러나 클라이언트 행동의 이유·배경·원인 등을 알아보고자 할 때에는 '왜' 질문을 사용할 수 있다. 다만 책임 추궁·비난의 의미로 받아들여지지 않을 수 있도록 주의해야 한다.

사회복지사가 너무 '왜'라는 질문을 억지로 피하려다 보면 대화가 자연스럽지 못할 수 있으므로 강박적으로 이것을 피하려고 할 필요는 없다. 중요한 것은 클라이언트가 어떻게 받아들이느냐 하는 것이다. '왜'라는 말을 피할 수 있는 방법은 '왜'라는 말 대신 '이유'라는 말을 사용하는 것이다. 예를 들어 "왜 그런 행동을 했지요?"보다는 "그러한 행동을 한 이유를 말해 줄래요?"로 사용하는 것이다.

4) 요약기술

요약기술은 지금까지 클라이언트가 한 말의 내용과 그 속에 담겨 전해진 감정들을 전체적으로 묶어 정리하는 것을 의미한다. 요약은 면접 동안에 줄곧 사용할 수 있는 기술이며 각각의 내담자를 개별화하고 특별하게 다루는 데 필수적 기술이다. 요약은 클라이언트의 생각, 행동, 감정들을 사회복지사의 언어로 정리해 줌으로써 사회복지사가 클라이언트의 말을 주의 깊게 듣고 있다는 확신을 주고 또한 클라이언트의 말을 정확히 이해했음을 확인시켜 준다.

대개 클라이언트의 이야기는 많은 사고와 느낌이 혼합되어 있으므로 그동안 나눈 대화의 느낌과 사고들을 하나의 문장으로 정리해 주는 것이다. 일반적으로 감정 요약보다는 내용 요약을 더 자주 사용한다.

사회복지사는 지금까지 행한 면접 내용이나 지난번 면접 내용을 요약한다. 사회복지사가 토의를 해 온 것과 면접의 방향을 제시한 것을 간략히 반복한다. 요약은 토의해 온 항목의 주제를 명확히 해 주게 되며 또 사회복지사가 계속된 토의의 내용을 알고 주의 깊게 들었다는 것을 확인해 주는데, 의미가 있다.

트레비식(Trevithick, 2000)은 요약기술의 유용한 점을 다음과 같이 지적하고 있다.

① 사회복지사는 지난 면담시간 내용을 요약함으로써 새로운 면담기술을 시작할 수 있다.
② 이제까지 논의된 핵심적인 내용을 간략하고 정확하게 부분적으로 혹은 상세하게 정리해 준다.
③ 클라이언트와의 면담에서 방향을 잃었을 때 혹은 주제에서 벗어났을 때 한 주제를 정리하고 새로운 주제로 옮겨 갈 수 있도록 해 준다.
④ 면담시간을 만족스럽게 마감할 수 있도록 돕는다.

5) 해석기술

해석기술은 클라이언트가 말한 내용을 명확하게 설명하는 것이다. 즉 클라이언트가 말한 내용을 확인하거나 명료화하거나 부연 설명하는 것과는 달리 이 기술은 사회복지사의 이론적 지식과 직관력, 사고적 유추가 통합되어 클라이언트의 상황, 특히 산재해 있는 행동과 사고, 감정 등의 유형을 클라이언트에게 설명하는 것으로 충분한 타당성을 확보한 상태에서 이루어져야 한다.

해석기술은 사회복지사가 클라이언트에게 그의 어떤 행동이나 사고, 감정이나 생각 등을 지적해 주는 것이기도 하지만, 거기에 대해서 그런 생각이나 감정이 본인에게 어떤 의미를 지니는지 그 의미에 관한 사회복지사 나름의 추리를 제시해 주는 것을 말하기도 한다.

해석은 면접자가 클라이언트의 현존 상태에 대해 이해하도록 인식시키는 데 있다. 면접자는 클라이언트가 직면한 문제 상황에 대해 해석을 내리는 것이 중요하다. 해석을 사용하는 전형적 목적은 클라이언트의 통찰을 촉진시키고자 하는 것이다. 해석을 통하여 새로운 대안, 좀 더 기능적인 행동, 깊은 책임감을 갖도록 하는 데 도움을 준다. 즉 클라이언트의 표현과 행동 상황 저변의 단서를 발견하고 그 요인들을 이해하여 클라이언트 스스로 자신의 문제를 해석하고 직면할 수 있도록 해 주는 방법이다.

사회복지실천 현장에서 사회복지사는 수시로 하나의 사건과 다른 사건을 서로 연관지으려 한다. 또한 비슷한 유형을 보이는 행동에 대해서도 클라이언트에 따라서는 그 의미와 경험이 다르기 때문에 똑같은 해석이 내려질 수 없으며, 클라이언트도 사회복지사의 해석을 자신의 관점에서 독특한 방식으로 받아들이게 된다. 이러한 점에서 사회복지사는 해석을 제공하기 위한 정보와 이론적 근거를 충분히 검토한 후 언제, 어떤 방법으로 해석을 제공할 것인지 결정하는 것이 중요하다. 이를 위해 클라이언트의 문제 상황을 임시적인 가설로 설정하고 보다 덜 위협적이거나 불안을 덜 야기시키는 해석을 먼저 제공함으로써 클라이언트의 반응을 살펴볼 수 있다.

6) 명료화기술

명료화기술은 클라이언트가 말하는 것을 반영하는 것인데 이해하기 쉽도록 보다 유사한 말로 바꾸어서 표현하는 것이다. 즉, 클라이언트가 표현을 분명하게 할 수 있도록 격려함과 동시에 클라이언트가 말한 내용을 사회복지사가 잘 이해하고 있는가를 확인하기 위한 질문을 말한다. 클라이언트가 한 말을 사회복지사가 보다 이해하기 쉬운 말과 생각으로 정리를 하는 것으로 특히 클라이언트가 겪고 있는 가장 중요한 문제나 어려움을 파악하고, 확인하고, 순위를 정할 때 사용된다. 명료화는 가끔 주관적 현실을 객관적 현실과 구별하고 고려하기 위하여 여러 가지 선택을 제시하고 상이한 선택의 결과에 관한 서술을 하는 데 관심을 가진다.

명료화기술의 장점은 사회복지사가 클라이언트의 이야기를 주의 깊게 경청하고 있으며 한편으로는 이야기에 중요성을 부여하고 있음을 보여주는 것이다. 하지만 면담의 흐름을 방해할 수도 있다는 점에서 그리고 클라이언트가 혹시 잘못 설명하고 있을 수 있다는 점을 암시할 수 있다는 측면에서 주의해서 활용해야 할 필요가 있다. 명료화기술은 우선 내담자의 말이 모호하고 이해가 잘 되지 않는다는 것을 밝히고, 클라이언트에게 자신의 말을 재음미하거나 구체적 예를 들어 명확히 해 줄 것을 요청하는 것이다(백은령 외, 2009).

7) 초점유지기술

초점(focus)유지기술은 현재 다루고 있는 주제에 주의를 집중하고 유지하기 위해 사용되는 것이다. 초점이란 주의나 고려해야 할 어떤 핵심의 선택을 의미한다. 즉 이 기술은 유용한 기술이지만 때로 강압적인 면을 갖고 있다.

면접이 본질을 이탈하였을 때 사회복지사는 논의했던 주제로 되돌아가거나 필요한 다른 주제를 논의하면서 초점을 다시 맞추게 된다. 비록 면접의 초점을 다시 맞추는 동안이라도 사회복지사는 면접 내용의 본질이 이탈하게 된 이유와 한 주제에서 다른 주제로 바꾼 이유를 이해하려고 노력한다(Brown, 1992).

라포 및 신뢰관계에 방해를 주지 않으면서 주제와 면담의 목적을 유지하는 데 활용된다. 초점 및 면담의 목적 유지 이유를 살펴보면 다음과 같다(Trevithick, 2000).

① 이제까지의 논의가 특정 문제에 지나치게 초점을 둔 나머지 다른 문제에 대해서는 다루지 못하였을 수 있다.
② 논의 내용이 소진되어 같은 내용이 반복적이다.
③ 논의 내용이 주변적이거나 관련성이 없어 핵심에서 벗어나 있다.
④ 어려운 주제에서 벗어나 이 주제에 다시 초점을 맞출 필요가 있다.
⑤ 논의 내용으로 인해 격한 정서적 감정을 불러일으켜서 진정하고 균형을 유지할 필요가 있다.

8) 탐색기술

탐색기술은 보다 자세하고 구체적인 정보 혹은 특정 정보에 대해 자세하게 알고자 할 때 활용하며 특히 의사소통 과정에서 종종 주제에서 벗어나는 말을 하는 클라이언트를 대상으로 정확한 정보를 수집할 때 활용할 수 있다. 카두신 등의 탐색기술 구분은 다음과 같다(Kadushin & Kadushin, 1997).

① 명료화 탐색: 보다 자세한 설명을 위한 탐색
② 완결을 위한 탐색: 빠트리거나 다루지 못한 혹은 지나쳐 버린 내용을 탐색
③ 반응적 탐색: 클라이언트의 생각과 감정에 초점을 두면서 클라이언트의 정서적 깊이를 향상시키기 위한 탐색

클라이언트가 자칫 방어적이거나 숨기려는 태도를 보일 수 있으며 이 기술을 잘못 사용하면 마치 클라이언트를 심문(혹은 반대심문)하는 느낌을 줄 수 있기 때문에 주의를 요하며 또한 사회복지사는 적극적이지만 클라이언트는 수동이 되는 단점도 가지고 있다.

9) 분위기조성기술

분위기조성기술은 면접을 위해 심리적으로 편안한 분위기를 만드는 기술이다. 이를 위해 서로에 대한 이해와 개방성을 촉진시킬 수 있는 방향으로 분위기를 조성해야 한다. 면접 분위기를 조성하기 위해서는 일단 자연스럽게 자신의 관심사에 대해 이야기할 수 있도록 가벼운 일상 대화로부터 시작하여 클라이언트의 관심사와 문제에 초점을 두어 진행하도록 한다. 분위기 조성의 중요한 요건은 공감(empathy), 진심(genuineness), 온화함(warmth) 등이 있다(양옥경 외, 2005).

10) 관찰기술

면접과 의사소통에서 기본적으로 선행되어야 하는 것이 관찰기술이다. 특히 비언어적 의사소통에 있어 표정, 시선, 태도 및 자세 등을 포착하는 것은 관찰의 결과이므로 기본적인 실천기술이라 할 수 있다. 관찰기술은 클라이언트가 말하고 행동하는 것에 주의를 기울여 그를 이해하는 것이다. 관찰은 초기면접 이전에 클라이언트가 대기실에서 기다리고 있는 상황에서부터 시작된다. 클라이언트의 대기실에서의 태도는 개입에 대한 태도와 평소 불안함과 두려움을 어떻게 다루어 왔는지를 알 수 있게 한다.

면접 중에는 클라이언트의 언어적 표현뿐 아니라 비언어적 표현에도 민감해야 한다. 일반적으로 의사소통은 언어적 표현보다는 비언어적 표현을 더 적극적으로 활용하여 이루어진다. 신체적 행동, 얼굴 표정, 몸의 자세, 손놀림, 눈맞춤, 얼굴 붉힘, 손과 발의 움직임, 옷차림 등 클라이언트의 비언어적 표현을 관찰하는 것은 면접에서 매우 중요한 정보의 근원이 되므로 사회복지사의 주의가 필요하다(한국전문대학사회복지교육협의회, 2005).

11) 계약기술

클라이언트와 사회복지사가 각자의 역할, 책임, 기대 및 수행할 업무의 목적을 공식화하고 구조화하는 것이다(양옥경 외, 2005). 계약은 클라이언트의 욕구에 기반하기 때문에 말로써 혹은 문서로써 합의되며 때로는 편지의 형식을 띠기도 한다. 합의사항은 가급적 문서로 보관하는 것이 중요하며 계약서에는 충분한 정보를 담고 있어야 한다. 예를 들어 상담시간 및 기간, 장소, 기본적인 수칙, 비밀보장 및 사례기록 절차, 상담시간에 누가 참여하는지, 주요 염려 사항이나 문제의 요약, 응급 시 연락해야 할 사람, 업무의 목적과 목표 및 성취 방법 그리고 계약 파기 요건 등을 명시할 필요가 있다.

필요하다면 계약서가 재작성될 수 있음을 표기하는 것도 좋다. 계약서를 작성하는 데 익숙하지 않은 클라이언트에게는 계약서가 하나의 사슬처럼 느껴질 수 있기 때문에 계약서 작성과 관련된 클라이언트의 반응을 잘 살펴보고 클라이언트의 참여를 촉구할 필요가 있다.

12) 지지기술

사회복지사는 클라이언트의 감정, 내적 강점이나 반응방식, 혹은 의사결정 사항이나 행동, 그리고 관계 등과 같은 다양한 영역으로 어떤 면을 지지할 것인지 결정해야 한다. 여기에서는 지지기술이 정서적 지지, 격려하기, 인정하기, 재보증하기 기술을 포괄한다고 가정하고 이들을 차례로 살펴보면 다음과 같다.

(1) 정서적 지지

심리적 고통이나 스트레스 혹은 위기를 경험할 때 누군가에게 의지하려는 욕구에 반응하는 것이다. 이를 통해 클라이언트는 문제나 상황에 대처할 수 있는 것이다. 정서적 지지를 제공할 때 사회복지사는 클라이언트에게 어떠한 도움이 얼마동안 그리고 어떤 목적으로 제공될 것인지에 대해 분명하게 설명할 필요가 있다. 또한 그러한 지지가 실제로 의도한 바대로 제공받고 있는지 그리고 도움이 되는지 확인할 필요가 있다.

(2) 격려하기

초기 단계에서는 면담을 활성화하기 위해 사용된다. 클라이언트에게 말을 하도록 격려하기 위해서는 사회복지사는 클라이언트를 수용하는 자세를 보여주고 클라이언트가 판단되지 않을 것이라는 관점을 나타내야 한다. 이에 비해 중간 단계에서는 클라이언트가 특정한 행동이나 경험 혹은 생각으로부터 벗어나도록 하거나 그런 쪽으로 행동을 취할 수 있도록 도움을 주는 것을 의미한다.

(3) 인정하기

클라이언트가 어떤 행동을 취하거나 벗어난 이후에 이에 대해 긍정적인 평가를 내려 주는 것을 의미한다. 이 기술은 클라이언트가 자신의 결정이나 독자적인 행동을 취하는 데 자신감이 결여되어 있을 때 도움이 되고 사회복지사가 이 기술을 사용할 때는 과장된 표현이 아닌 진실하고 솔직한 표현이 될 수 있도록 해야 한다.

(4) 재보증하기

자신의 능력이나 자질에 대해 회의적인 클라이언트를 대상으로 이들의 자신감을 향상시키기 위해 활용하는 기술이다. 또한 클라이언트의 불안감이나 불확실한 감정을 줄이고 편안한 감정을 가질 수 있도록 돕기 위해 사용하는 기술이다. 특히 클라이언트가 자신의 삶에서 경험하는 사건이나 문제들로 인해 자신의 문제를 객관적으로 바라보지 못하거나 판단이 흐려질 때 매우 유용하게 활용될 수 있다. 나아가 적시에 재보증기술을 사용하면 사회복지사는 클라이언트에게 희망과 지지를 갖도록 도울 수 있다.

13) 정보제공기술

정보 제공은 사회복지사가 클라이언트에게 의사결정이나 과업 수행에 필요한 정보를 제공하는 것으로 실천의 효과와 업무량의 효율을 증가시키기 위해 다양한 형태의 정보기술을 사용한다. 사회복지사는 클라이언트가 필요한 정보 제공을 위해 이들 정보를 제공하는 기관의 위치와 연락처 그리고 담당자에 대해 알고 있어야 하며, 최신 정보를 갖고 있어야 한다.

정보 제공은 문제해결과 의사결정 과정에 있어 매우 중요한 기술이다. 특히 타 기관으로 의뢰할 경우, 클라이언트의 동의하에 의뢰되는 기관과 사전 조율을 할 필요도 있다. 그리고 사람들의 개인차가 있기 때문에 클라이언트에게 정확하게 정보를 제공하고 이를 충분히 이해했는지 확인할 필요가 있다. 쉐퍼 등(Sheafor et al., 1997)은 정보 제공에 있어 다음과 같은 지침을 제공하고 있다.

① 클라이언트의 현재 심리상태를 주의 깊게 고려해야 한다.

② 정보나 지시를 논리적, 체계적, 단계적으로 제공한다.

③ 복잡하고 다단계적인 지시사항은 서면으로 한다.

④ 대명사의 사용에 조심하고, 분명하고 명확하게 이해할 수 있도록 한다.

14) 조언기술

조언은 클라이언트가 해야 할 것을 추천하거나 제안하는 사회복지사의 진술을 의미한다. 쉐퍼 등(Sheafor et al., 1997)과 트레비식(Trevithick, 2000)은 조언기술이 초기 단계에서 사회복지사가 클라이언트를 대상으로 클라이언트의 문제를 명확하게 파악할 수 있도록 돕거나 문제해결을 위한 해결책을 파악할 수 있도록 돕는 데 활용된다고 주장하였다. 나아가 이 기술은 더 이상 다른 선택이나 개입의 여지가 없을 때 최후의 수단으로 활용될 것을 권하고 있다. 특히 단순하게 조언을 해 주는 것으로 끝나는 것이 아니라 사회복지사가 조언을 하게 되는 배경이나 논리적 근거를 분명하게 제시할 것을 요구하고 있다.

조언기술은 많은 한계점을 가지고 있어 매우 신중하고 제한적으로 활용할 필요가 있다. 이는 사회복지사의 조언으로 인해 클라이언트의 행동에 부정적인 결과가 발생했을 때 이에 따른 책임이 사회복지사에게 있을 수 있기 때문이다. 그리고 클라이언트의 사회복지사에 대한 의존성을 높일 수 있고 이미 문제를 경험하고 있는 클라이언트가 스스로 문제를 해결하기보다는 사회복지사에게 더욱 의존하게 되므로 클라이언트 자신에 대해 비관적이게 된다. 또한 사회복지사도 조언기술을 활용하는 데 혹시 잘못된 조언을 하지 않을까 불안할 수 있기 때문에 클라이언트에게 아는 것과 모르는 것을 솔직하게 말하고, 특정 상황의 구체적인 조언을 위해 관련 법과 규정 · 자원을 정확하게 이해 · 활용할 수 있는 전문능력을 갖추어야 한다.

15) 설명기술

설명기술은 사회복지실천기술의 핵심 기술 가운데 하나이면서 잘못 활용되기 쉽다. 설명기술은 클라이언트에게 특정 사건이나 상황에 대해 분명하게 이해할 수 있도록 돕거나 상황을 해석해 주는 것을 포함하고 있다. 특히 클라이언트가 잘 이해할 수 있도록 새로운 시각을 제시해 주지만 사회복지사가 자신의 가치관, 전문 지식, 기술에 근거해 클라이언트의 문제나 상황을 설명하는 것은 잘못 활용되는 하나의 예이다.

트레비식(Trevithick, 2000)은 설명기술을 ① 예를 들어 설명하는 방법 ② 실제 시범을 보이는 방법 ③ 말로써 설명하는 방법을 들었다. 또한 그는 클라이언트의 문제 상황에 대한 이해를 돕기 위해 사회복지사는 ① 클라이언트의 생각과 감정을 민감하게 고려 ② 흥미롭게 그리고 분명하게 잘 구조화된 방식으로 설명 ③ 학습과 이해를 최대한 향상할 수 있는 방법으로 설명하는 것이 좋다고 주장한다. 특히 클라이언트가 이해한 바를 사회복지사에게 다시 설명할 수 있도록 함으로써 이해 여부를 확인하는 것도 좋은 방법이다(엄명용 외, 2014).

16) 재구성기술

특정 문제에 대해 클라이언트가 부여하는 의미를 수정해 줌으로써 클라이언트의 시각을 긍정적인 방향으로 변화시키는 기술이다. 이는 인지행동접근법에서 많이 활용되는 기술로써 인지 및 사고과정과 행동의 변화에 목표를 두고 있다. 장점은 문제 상황이나 행동을 보다 긍정적이면서 다른 각도에서 조명해 볼 수 있는 기회를 제공한다는 것이다. 이 기술은 클라이언트의 자아존중감이 낮거나 자신감이 결여되어 있을 때 혹은 자기비판적이면서 자책할 때 매우 유용하게 활용될 수 있다. 사용할 때는 매우 구체적인 사실을 가지고 재구성하되 새로운 시각의 해석이 신뢰성 있고 클라이언트가 이해할 수 있는 것이어야 한다.

17) 환기기술

클라이언트의 억압된 감정, 특히 부정적인 감정인 분노, 증오, 슬픔, 죄의식, 불안 등이 문제해결을 방해하거나 감정 자체가 문제가 되는 경우, 이를 표출하도록 함으로써 감정의 강도를 약화시키거나 해소시키는 기술이다. 나아가 해소되어야 할 감정이 표면으로 표출될 수 있도록 하는 방법이며, 이러한 감정을 탐색하고 고려해 볼 수 있는 기회를 제공한다.

우리나라의 문화적 특성상 감정보다는 행동이 앞서 종종 문제를 악화시키는 경우가 많은데 사회복지사는 클라이언트가 갖고 있는 특히 억압된 감정이 적절한 언어로 표현될 수 있도록 도움으로써 문제해결능력 및 대처능력을 강화할 수 있도록 도울 필요가 있다.

18) 직면기술

면담과정이 항상 순조로운 것은 아니다. 사회복지사는 종종 클라이언트의 특정 행동에 대해 직면해야 할 때가 있다. 한편 사회복지사는 때로 기관의 잘못된 정책이나 실천 방법에 문제가 있을 때는 이에 대해 도전하고 직면하여 클라이언트에게 보다 나은 서비스를 제공해 줄 수 있도록 노력해야 한다.

클라이언트에게서 보이는 불일치나 왜곡, 문제의 부인, 비합리성 등에 대해 사회복지사는 자신의 반응을 먼저 인식하고 다룰 수 있어야 한다. 나아가 이러한 자신의 반응이 전문적 관계에 손상을 주지 않으면서 클라이언트의 문제 상황을 다룰 수 있어야 한다.

직면기술은 쉐퍼 등(Sheafor et al., 1997)은 주로 클라이언트의 행동이 자기에게도 도움이 되지 않으면서 타인에게 위협이 될 때 이를 재인식하도록 돕기 위해 쓰인다고 하였다. 카두신 등(Kadushin et al., 1997)은 일시적으로 클라이언트에게 불안정을 유발한다고 지적하였다. 브릴(Brill, 1997)은 상담가와 클라이언트는 동의하는 문제 영역만을 해결하려고 하기 때문에 직면기술은 이러한 합의점을 찾는 데 중요한 기술이라고 지적한다. 또한 양옥경 등(2005)은 변화를 방해하는 부정적인 감정, 생각, 행동들을 클라이언트가 인식하도록 돕는 매우 직접적인 방법이라고 지적하였다.

19) 자기주장기술

자기주장이란 자신과 타인의 권리를 동등하게 존중하면서 자신의 사고, 감정, 원하는 것, 성취하고자 하는 것, 의견 등을 단호하게 요구하거나 표현하는 것을 의미한다. 자기주장은 사람들이 '아니요'라고 말할 수 있고, 자신을 방어하며, 결과적으로 더 이득이 되고 성공적인 방법으로 불평하는 것을 학습하도록 도와준다. 주장기술과 관련된 일련의 기술과 과제는 다음과 같다.

① 문제의 범위에 대한 이해를 얻기 위한 사정
② 클라이언트가 주장, 거짓이나 강제적 동조 및 공격 간의 차이를 학습하도록 원조하는 구별 훈련 절차
③ 단계적이고, 서로 다른 환경에 적합한 주장의 정도를 클라이언트에게 보여주고, 격려와 확신을 제공하면서 그 기술들을 연습하도록 격려하는 모델링과 연습 요소
④ 당황스러운 상황에 클라이언트를 노출시켜 공포를 제거하도록 원조하는 둔감화 요소

⑤ 학습된 기술을 실제 상황에 연관시킴으로써 매일 매일의 경험과 문제에 일반화될 수 있도록 보증하는 일반화 등(엄명용 외, 2014)

Ⅱ 면접기록

1. 면접기록의 중요성

기록은 사회복지실천 현장에서 필요한 중요한 기술 가운데 하나이다. 클라이언트가 말하는 내용을 즉시 기록하는 것이 일반적이지만, 목적에 따라 여러 가지 방법을 사용할 수도 있다. 기록은 면담의 부수적 요소이다. 따라서 기록이 면담의 흐름에 장애가 되지 않도록 하고 기록하는 것에 대해 사회복지사 자신이 편안해야 한다. 특히 면담 시 기록을 하는 동안 눈맞춤이 안 되는 등 주의집중에 대한 장애가 되지 않도록 주의한다(양정남 외, 2008).

카두신(Kadushin)은 효율적 기록을 위해서는 면담을 할 때마다 점검과 평가를 하는 것이 유용하다고 제안한다(Kadushin, 1983; 문인숙 외 공역, 1995). 만약 클라이언트가 면담 중 기록에 대해 신경을 쓰거나 주저함을 보이면 사회복지사는 반드시 클라이언트와 의사소통을 해야 하고 면담의 장애로 판단되면 기록을 중단해야 한다.

기록은 사회복지실천과 서비스 전달에 중요한 역할을 해왔다. 사회복지사들은 클라이언트에 대해 기록을 해야 하고 서비스의 목적, 과정, 영향에 대해서도 기록을 해야 한다. 즉 클라이언트의 상황을 측정한 내용을 기록해야 하며 서비스의 목적과 과정을 서술해야 하며 활동의 결과와 진전 내용도 평가해야 한다. 기록은 사례에 대해 알 필요가 있는 사람에게 언제든지 정보를 줄 수 있도록 하기 위해 정보를 보존하고, 서비스 전달을 촉진하며, 기관 내외의 전문가들과의 의사소통을 가능하게 하며, 실천가들을 교육 및 감독하고, 서비스의 질을 높이며, 조사연구를 돕는 데 사용된다. 무엇보다도 기록의 주요 목적은 책임성(accountability)이다. 사회복지 실천가들은 자신의 서비스를 기록하고 설명하고 평가함으로써 클라이언트, 기관, 지역사회에 대한 법적·윤리적 책임을 져야 하는 것이다(Kagle, 1995).

1) 기록의 형태

기록의 종류에는 노트, 편지, 클라이언트나 클라이언트집단에게 주어진 서비스에 관한 기록 자료가 있다. 기록형태는 녹음기를 사용한 면담, 마이크로필름, 비디오테이프, 컴퓨터에 입력된 자료, 메모 등이 있다(양정남 외, 2008).

(1) 메모하기

메모(note taking)는 면접의 통합적 부분이다. 메모는 사회복지사의 지난 면접에 대한 기억을 상기시키고 클라이언트가 한 계약이나 사회력에 관한 정보, 전문적 중요 사항 교환, 해결되었거나 미결로 남아있는 사항에 대한 정리 등을 기록하기 위해서 필요하다. 그러나 면접의 목적이 메모하는 것보다 우선시되어야 하고 면접 전 클라이언트의 동의를 받아야 한다.

기록을 위하여 사회복지사는 간단히 메모할 수 있다. 메모가 필요한 경우, 좀 더 나은 이해와 면접에 대한 평가 때문에, 혹은 지도감독을 받기 위해 메모를 하겠다고 미리 클라이언트에게 양해를 구하는 것이 좋다.

(2) 녹음, 녹화하기

녹음이나 녹화는 면접의 전 과정을 기록해 주기 때문에 메모를 하는 것에 비해 훨씬 더 효과적으로 활용될 수 있다. 녹음이나 녹화 역시 메모와 마찬가지로 클라이언트에게 사전 동의를 구하여야 한다. 녹음과 녹화(tape recording & video taping)는 메모하는 것보다 모든 대화의 내용을 기록하여 제공하기 때문에 효과가 있으나 녹음은 채록하는 데 많은 시간과 노력을 요구한다. 녹화는 최근 들어 상담과 면담의 기술을 향상시키기 위한 방법으로 많이 쓰이고 있다.

(3) 시청각 자료의 이용

비디오나 오디오를 통한 촬영과 녹음 등은 클라이언트에게 유익한 피드백을 제공할 수 있다. 왜냐하면 클라이언트 자신의 상호작용을 있는 그대로의 생생한 그림으로 보여주기 때문이다(양정남 외, 2008).

2) 기록의 활용

캐글(Kagle)에 따르면, 문서화된 기록의 활용도는 다음과 같다(Kagle, 1995; 홍순혜 외 역, 1997).

① 클라이언트의 욕구 확인: 기록된 내용을 통해 클라이언트가 어떤 심리적, 사회적, 환경적 욕구가 있는지를 알 수 있다.

② 서비스 내용의 보고: 어떤 서비스가 제공되었는지 기록을 근거로 보고한다.

③ 사례의 지속성 유지

④ 전문가 간 의사소통의 원활화: 기록된 내용을 서로 공유함으로써, 클라이언트의 문제해결을 위한 개입의 방향에 관하여 전문가들 간의 의사소통 원활

⑤ 클라이언트와 기록 공유

⑥ 지도감독, 자문, 동료 검토의 원활화

⑦ 서비스의 과정과 효과의 점검

⑧ 학생과 다른 전문가들에 대한 교육

⑨ 행정적 과업을 위한 자료 제공

⑩ 조사를 위한 자료 제공

2. 면접기록의 유형

기록의 유형에는 현재 다양한 기록체계가 존재하지만 여기서는 최소기본기록, 요약기록, 이야기체기록, 구조적 기록으로 과정 기록, 문제중심기록, 목적중심기록에 대해서 알아보고자 한다(Epstein, 1985).

1) 최소기본기록

최소기본기록(minimum basic recording)은 단순하고 경제적인 기록 양식이다. 이 기록 유형은 먼저 기본적인 신상정보, 즉 클라이언트의 이름, 주소, 전화번호, 직업과 수입, 그리고 가족이나 친척의 주소와 전화번호를 포함한다. 그리고 면접 날짜와 주요한 클라이언트 문제, 목적, 개입계획, 클라이언트의 반응, 탐색이 필요한 영역, 필요한 자원, 클라이언트를 위해 필요한 행동, 종결 상태를 기록한다(조휘일 외, 2000).

2) 요약기록

요약기록(summary recording)은 일반적으로 사회복지기관에서 가장 많이 사용되는 기록형태로 시간의 흐름에 따라 변화된 상황, 개입 활동, 중요한 정보 등을 요약·기록하는 것이다. 요약기록은 날짜와 클라이언트의 기본적인 사항을 적은 뒤 개입 내용과 변화 상황을 간단히 요약하면 된다. 1회의 면접에서 파악한 것을 전체적으로 요점을 정리하여 기술한 방식이며, 압축기록이라고도 부른다(양정남 외, 2008).

3) 이야기체기록

이야기체기록(narrative recording)은 기본적으로 시간대별로 할 수 있고 또한 요약해서 할 수 있다. 시간대별 서술은 일지 형식과 비슷하다. 사건이 있을 때마다 기록을 해 두는 것이다. 그러므로 서비스의 연속성과 전문가 간의 의사소통 면에서 매우 유용하다. 사건 후 한참이 지나서 재구성하는 서술은 정확도와 신뢰도가 떨어지므로 사건 후 바로 기록하는 것이 바람직하다.

이야기체요약기록(narrative summary recording)은 일정 기간별로 서술되는 형태인데 일지 기록을 바탕으로 작성된다. 요약기록을 언제 할지는 세팅에 따라 다양하다. 요약은 모든 접촉 날짜를 기록해야 하고 누구와 어디서 접촉이 이루어졌는지 기록해야 한다. 기록 날짜와 본인의 사인을 남겨야 한다.

구조화된 이야기체기록(the structured narrative record)이 있다. 이 유형은 미리 정해진 기록 양식을 사용한다. 구조화된 기록 유형의 주요 이점은 가장 타당하고 유용한 정보만을 간결하게 기록하고 진부한 내용은 최소화하며 초점을 분명히 한다는 것이다(조휘일 외, 2000).

4) 과정기록

과정기록(process recording)은 사회복지사와 클라이언트가 면접하는 동안 일어난 모든 것들을 대화형태 그대로 기록하는 것이다. 이러한 기록은 교육 및 지도감독 시에 매우 유용하게 사용되나 시간과 비용이 많이 소모된다는 한계를 가지고 있다. 과정기록은 사회복지사와 클라이언트의 상담전개 과정을 시간적 흐름에 따라 기술하는 방식으로 클라이언트가 말한 내용, 행동한 것, 사회복지사가 말한 내용과 느낌을 포함한다. 즉, 기록의 정리 방식이 연극의 대본과도 유사하다.

원조과정이나 클라이언트와 사회복지사의 상호작용 과정을 있는 그대로 기록하는 방법인 과기록의 장점은 사회복지사가 스스로 자신이 수행한 사회복지실천과정과 결정한 내용들을 분석하고 그 내용을 개념화하고 조직할 수 있다는 점이다. 그래서 개입의 목적을 명확하게 하고 기술능력을 향상하는 데 도움이 된다. 반면, 기록에 시간이 너무 많이 소요되고, 실제 내용을 간접적이고 불완전하게 왜곡하여 기록할 수도 있다. 주로 실습생이나 수련생이 교육 목적으로, 자신의 발전에 필요한 사례를 선택하여 사용한다. 과정기록 방법은 면담 내용을 대화체로 참석자가 한 말을 그대로 옮겨 기록한다. 그리고 옆 칸에는 사회복지사가 관찰한 클라이언트의 행동과 그때 사회복지사가 느낀 감정 등을 기록한다(길귀숙 외, 2018).

표 9-1 과정기록 예시

면담 내용	사회복지사의 코멘트
• 사회복지사: 이렇게 오시기가 쉽지 않으셨을 텐데, 어떤 점이 달라지고 도움이 되시면 여기 오기를 잘했다고 하실 것 같으신가요?	클라이언트 가족의 문제와 욕구를 탐색하기 위한 질문 시도
• 남편: 저는 뭐 이렇게까지 할 것까지는 없다고 생각하는데 애들 엄마가 꼭 한 번만 같이 가달라고 해서······.	가족의 문제로 다른 사람의 도움을 받는 데 대한 양가감정의 표출
• 사회복지사: 아, 그러세요? 그럼 선생님은 부인의 의견을 존중해서 부인의 부탁을 들어주시려고 하신 거네요?	남편의 양가감정 해소를 위해 문제를 부인의 의견으로 긍정적 재구조화
• 남편: 아, 뭐, 그렇다고 할 수도 있고요, 아내가 워낙 아이들 문제에 관심이 많아서, 좀 지나치다 싶거든요. 그냥 내버려 두어도 될 것 같은데······.	부부 사이의 부모 역할에 대한 의견 차이 표출
• 사회복지사: 네, 두 분이 모두 자녀에게 관심이 많으신가봐요. 그런데 기르는 방법에 대해서는 다른 생각을 가지고 계신 것 같은데요.	내담자의 의견을 지지하고 숨겨진 감정의 표출을 도움
• 남편: 그러······.	
• 아내: (남편의 말을 가로채면서) 이 사람은요. 아이들에게 전혀 관심이 없어요. 요즘에 얼마나 부모가 열심히 해줘도 잘 안 되는 세상인데 도대체 집안일에는 관심도 없다고요.	내담자 부부의 관계 유형과 의사소통 유형을 엿볼 수 있음. 조금 더 탐색할 필요가 있음.
(이하 생략)	

출처: 양정남 외(2008: 172)

5) 문제중심기록

문제중심기록(Problem-Oriented Record; POR)은 더욱 정교하고 진일보한 기록 방법으로 단순히 기록 차원을 넘어 문제해결 접근 방법을 반영한다. 이 방식은 원래 병원에서 의료 기록을 표준화하고 이에 대한 일치 정도를 점검하기 위한 방법에서 유래되었다. 문제중심기록

(POR)은 주로 의료 분야와 같은 다학문적 접근을 하는 세팅에서 사용된다. 보건 및 정신보건 세팅에서 광범위하게 사용하는 형식이며 다음과 같은 네 가지 주요 부분으로 나눈다.

① 데이터베이스(data base) 구축: 수집된 자료와 정보

② 문제목록: 자료수집 과정 동안 정의된 모든 문제의 목록 작성

③ 초기 계획: 서비스 제공자들은 목록으로 작성된 문제들의 각각에 대한 계획 수립

④ 진행노트: 계획이 세워지고 실행된 이후에 진행과 변화는 문제번호와 제목에 따라 메모 개입 시작부터 클라이언트의 조건이 어떤지 분명하게 보여주고, 계획을 기록하며, 무엇이 수행되고, 클라이언트가 어떻게 반응하는지를 서술하며, 마지막으로 종료단계에서 클라이언트의 상황을 서술하게 되는 이 방법은 초점을 극대화하고 효율성을 향상시킨다(조휘일 외, 2000).

이러한 기록의 방법에는 SOAP 방식이 있다. 일반적으로 SOAP는 POR(문제중심기록)에서 나왔으나 POR체계와는 독립적으로 사용될 수 있다. 서로 다른 전문직 간에 의사소통 역할을 해줌으로써 협조체계를 더 공고하게 한다는 장점이 있다. 그리고 문서화된 문제를 중심으로 계획을 진행하고 추후 점검할 수 있어 책임감을 높여준다. 단점은 문제에 초점을 두기 때문에 클라이언트의 장점이나 자원은 간과할 수 있다는 점이다. 또 개인과 환경의 상호작용을 문제를 중심으로 단순화할 가능성이 있다.

SOAP 기록방식은 다음과 같은 특징이 있다(양정남 외, 2008).

① S(Subject: 주관적): 클라이언트와 가족들이 주관적으로 기술하는 정보

② O(Object: 객관적): 사회복지사가 관찰한 클라이언트에 대한 객관적인 정보

③ A(Assessment: 사정): 견해, 해석, 사정을 포함

④ P(Plan: 계획): 문제해결을 위한 계획

6) 목표중심기록

목표중심기록(Goal-Oriented Record; GOR)의 특징은 목표의 구체화이다. 클라이언트의 목표성취를 돕기 위한 과업이나 활동의 기록도 또한 특징이다. 두 가지 강조점이 있는데, 문제에 대한 구체적 기록과 목적에 관해 구체적으로 기록하는 것이다. 목표를 성취하기 위한 과제가 점검된다(조휘일 외, 2000).

3. 면접기록의 관리

면접기록은 클라이언트 개인에게는 대단히 소중한 내용일 수 있다. 클라이언트 자신만이 간직하고 싶은 이야기를 사회복지사와의 대화 속에 노출하기도 하기 때문에 클라이언트와 면접하는 사회복지사는 기록의 관리를 철저히 해야만 한다. 기록된 파일을 책상 위에 놓고 자리를 비우거나 기록이 컴퓨터 화면에 노출되어 있는 상태에서 자리를 비우는 일 등은 사회복지사로서 자질을 의심케 하는 사례가 될 수 있다. 어떠한 형태의 기록이든 사회복지사는 신중하고 철저하게 관리함으로써 클라이언트의 비밀을 보장해야 할 의무와 책임이 따른다(이준우 외, 2004; 길귀숙 외, 2018).

제 10 장

사회복지현장실습 슈퍼비전

| Ⅰ. 사회복지현장실습 슈퍼비전 |

| Ⅱ. 실습지도자 |

Social Work Practicum and Seminar

I 사회복지현장실습 슈퍼비전

1. 사회복지현장실습 슈퍼비전의 개념

1) 실습 슈퍼비전의 원칙

실습생이 전문 사회복지사로 성장하기 위해 기관의 슈퍼바이저로부터 슈퍼비전을 제공받을 권리가 있다. 숙련되지 않은 사회복지사의 개입이 실천상의 오류를 야기할 수 있기 때문에 지식과 기술을 겸비한 사회복지사로부터 실습업무 전반에 대한 지도감독이 행해져야 한다.

실습에서 제공되는 슈퍼비전의 경우 몇 가지 원칙 하에서 진행될 필요가 있으며, 실습 슈퍼비전의 원칙은 다음과 같다(서울특별시사회복지사협회, 2016).

① **정규화의 원칙**: 슈퍼비전은 정기적으로 제공되어야 한다. 실습생을 위한 슈퍼비전의 정기성은 학기 중은 매주 정해진 시간에, 그리고 방학 중의 경우는 매일 정해진 시간에 슈퍼비전이 제공될 수 있어야 한다.

② **공식화의 원칙**: 슈퍼비전은 업무의 일부로 업무시간 중에 수행되어야 한다. 실습생과 실습지도자의 업무량 관리를 통해 공식업무의 일환으로 수행되어야 한다.

③ **상호교류 중심화의 원칙**: 슈퍼비전은 슈퍼바이저와 슈퍼바이지의 상호계획 하에 수행되어야 한다. 실습은 목적적인 것이므로 실습계약을 통해 설정된 목표에 실습생과 실습지도자가 상호적으로 슈퍼비전의 전 과정에 함께해야 한다.

④ **개별화의 원칙**: 슈퍼비전은 슈퍼바이지의 업무와 관련된 지식, 기술, 능력을 파악하여 이와 관련한 훈련, 개발, 더 나아가서 경력 개발에 초점을 두고 개별화하여 진행되어야 한다.

⑤ **성장 중심화의 원칙**: 슈퍼비전은 슈퍼바이지의 업무 수행상 취약점을 지적하는 것보다는 가능성과 강점의 개발에 초점을 두고 진행되어야 한다.

⑥ **맥락화의 원칙**: 슈퍼비전은 조직의 내적 및 외적 환경, 슈퍼바이지가 속한 업무 환경 등 맥락을 고려하여 진행되어야 한다.

⑦ **욕구 중심화의 원칙**: 실습생의 욕구에 맞춰 실습 슈퍼비전을 계획하고 제공해야 한다. 실습생이 실습지도자로부터 슈퍼비전을 통해 받고 싶은 것, 받을 필요가 있는 것 등을 미리 파악하고 그에 맞춰 제공해야 한다.

2) 실습 슈퍼비전에서의 유형

(1) 참여범위에 따른 유형

① 개별슈퍼비전

개별슈퍼비전은 개인의 전문적 발달을 돕는 핵심적 방법이라 할 수 있다. 따라서 많은 원조전문가 협회에서는 전체 슈퍼비전에서 개별슈퍼비전의 일정 비율을 의무화하고 있다.

개별슈퍼비전은 실습지도자와 실습생의 일대일 만남으로 이루어지며, 집단슈퍼비전에서처럼 동시에 다른 실습생의 요구에 주의가 분산되지 않을 수 있으며, 실습생에게 주의를 좀 더 기울이고 초점화하는 것이 가능하다는 장점이 있다.

② 집단슈퍼비전

집단슈퍼비전은 그 구성 측면으로는 한 명의 실습지도자와 다수의 실습생로 구성되어 진행되는 슈퍼비전 방법이며, 기능적 측면으로는 집단의 역동성을 활용하여 집단 자체의 통일된 목표를 갖고 구성원 간 상호작용을 통해 슈퍼비전을 주는 것이다. 따라서 실습생의 수가 너무 많아 충분한 역동을 활용하기 어렵거나 효과적으로 집단을 통제하지 못할 정도로 많은 수는 바람직하지 않다. 즉, 일반적 소집단 구성기준을 적용하면 2명 이상 8명 이내가 바람직하며, 슈퍼비전 이슈에 따라 좀 더 적은 인원을 대상으로 밀도 있게 이루어질 필요가 있다면 그 수를 더욱 제한할 수도 있다.

집단슈퍼비전에서의 실습생은 준실습지도자가 될 가능성이 있으나, 이렇게 되지 않도록 하는 것이 바람직하다. 왜냐하면 실습생은 피학습자이지 교수자는 아니며, 학습을 촉진하기 위해 교수자의 역할을 수행할 수 있도록 하는 것과 교수자로서의 정체성을 갖는 것의 균형을 적절히 유지하기가 어렵기 때문이다.

(2) 슈퍼비전 제공 시기에 따른 유형

① 사전슈퍼비전

사전슈퍼비전은 실제로 실습생이 수행해야 하는 업무 이전에 사전 교육적 성격을 가지게 된다. 상담이나 사례관리 업무를 수행하기 전에 필요한 교육적 정보를 제공하거나 실습생의 준비 정도를 점검하거나 자기인식을 점검하게 함으로써 실제 개입과정에서의 오류나 실패를 최소화하기 위한 활동으로 구성될 수 있다.

② 현장슈퍼비전

현장슈퍼비전은 클라이언트와 만나는 현장에서, 혹은 특정 업무를 수행하는 현장에서 슈퍼비전을 주는 것을 의미한다. 현장에서 슈퍼비전을 준다는 것은 실습생의 실행에 직접적 영향을 준다는 의미에서 직접적 실천이라 할 수 있다.

③ 즉각슈퍼비전

즉각슈퍼비전은 실습생의 실행이 끝나자마자 이에 대한 슈퍼비전을 제공하는 것이다. 따라서 실습생이 자신의 수행과정에 대해 깊이 고찰할 수 있는 시간을 제공하지 않음으로써 실습생의 자기 학습보다는 실습지도자의 좀 더 강력한 피드백이나 리더십이 요청된다. 또한 즉각슈퍼비전은 관찰이나 기록 등 실습생의 수행 내용에 대한 객관적 정보를 확보하기 어려운 클라이언트를 대상으로 하는 실천 영역에서의 슈퍼비전으로 적절하다. 즉, 실습생의 기억과 자기보고에만 전적으로 의존해야 하는 경우, 좀 더 생생한 기억을 토대로 슈퍼비전을 줄 수 있기 때문이다.

④ 지체슈퍼비전

지체슈퍼비전은 실습생의 업무 수행이 끝난 후 일정 시간이 경과한 후에 제공되는 슈퍼비전이다. 이는 실습생이 자신의 수행과정이나 결과에 대해 스스로 고찰하고 평가할 수 있는 시간을 제공함으로써 실습생의 반성적 실천을 강조할 수 있다. 그러나 보완적 정보나 자료 없이 오로지 실습생이 보고하는 정보에만 의존해야 하는 경우 지체슈퍼비전은 기억의 왜곡 등으로 적절한 슈퍼비전이 이루어지지 않을 가능성도 있다.

실습지도자가 충분하지 않거나 실습지도자와의 정규적이고, 잦은 접촉을 하기 어려운 상황에서 채택할 수 있는 슈퍼비전 방법이라 할 수 있다.

(3) 접촉 방법에 따른 구분

① 대면접촉

대면접촉은 실습지도자와 실습생이 접촉하는 데 활용되는 도구나 매체가 전혀 없는 경우이다. 따라서 직접관찰이나 현장슈퍼비전 방식을 통해서도 대면접촉을 하며, 즉각 혹은 지체슈퍼비전 역시 대면접촉을 통해 슈퍼비전을 제공할 수 있다.

② 서면접촉

서면접촉의 대표적 방법은 사례기록에 대한 서면 피드백을 제공하는 것이다.

즉, 사례에 대한 과정 기록이나 요약기록을 만들고 이에 따른 슈퍼비전 요청 내용을 제시하는 형태로 실습지도자에게 전달되면, 실습지도자는 이 기록물을 읽고 기록물에 직접 피드백을 제공하는 방법이다.

2. 사회복지현장실습 슈퍼비전의 기능 유형

사회복지현장실습 슈퍼비전은 다음과 같은 다양한 기능을 가진다(양옥경 외, 2017; 한국사회복지사협회, 2017).

1) 교육 기능

실습 슈퍼비전의 핵심 기능은 교육 기능이다. 학교에서 배운 지식과 기술철학을 실무현장에 적용시키는 과정을 통해 다시 지식과 기술과 윤리를 배우고 익히고 연습해보는 것이 실습이며, 실습 슈퍼비전은 이 과정에서의 교육과 훈련을 제공하는 것이다.

따라서 지식과 기술을 전달하고 개발하며, 교육을 위한 전략과 전술이 강조된다. 서비스 전달과정과 그 배경이 점점 복잡해질 뿐 아니라 클라이언트의 문제가 다차원적이 됨에 따라 실습생들을 가르치고 훈련시키는 것은 한두 학교나 한두 개 기관의 업무에 그치는 것이 아니라 전문직 쇄신의 기회로 간주되고 있다.

교육 의무를 다하기 위하여 실습지도자는 슈퍼비전의 내용과 형식 및 방법에 대한 선택을 해야 한다. 이때 실습지도자는 공통적인 학습욕구들을 찾아내는 수단으로 모든 실습생들의 능력들을 사정해야 한다.

이때의 학습욕구는 클라이언트 및 지역사회와 일하는 데 관련된 욕구뿐 아니라 업무 수행에 관련되어 있는 상호작용에서 나오는 욕구들도 포함된다.

교육 기능 내에서 실습지도자의 기본 활동들은 다음과 같이 정리될 수 있다.

- 개념이나 이론 또는 자료들을 발표하거나 토론하거나 설명한다. 학교에서 배우고 왔어도 현장에서 현장의 실질적인 자료와 사례를 통해 다시 한 번 설명해줌으로써 이론과 개념 실천에서의 적용을 가능하게 해준다.
- 새로운 활동, 기술, 행동들에 대하여 실습생을 교육한다. 기존의 이론 및 개념의 적용뿐 아니라 새로운 기술과 행동에 대해서도 교육한다. 학교가 주로 이론에 치우친 교육을 담당한다면 실습기관은 클라이언트나 지역사회에서 직접 활용되는 기술과 행동

에 대한 교육을 책임져야 한다. 기술을 습득하고 익힌 후 연습해보는 것이 실습생이 실습기관에서 경험해야 할 의무이자 권리이다.

- 실습생들이 발표하도록 계획한다. 실습생의 학습이 어느 정도 진행이 된 후에는 각 실습생들의 업무 활동 및 사례들을 돌아가면서 발표하여 다른 실습생의 업무와 다른 실습생의 접근 방법 및 기술, 활동 등에 대해 간접적으로 학습할 수 있도록 하는 것이 좋다.
- 논문, 저서, 보고서, 연구물들을 공유하거나 회람하여 나누도록 한다. 실습에 직접 연관되어 있는 논문이나 저서를 회람함으로써 현재 실습생이 배우고 있는 내용에 대한 공신력을 높이며, 보고서를 회람함으로써 모든 것을 실습지도자가 직접 교육해야 하는 부담을 덜 수 있다.
- 정보를 제공하거나 기술을 가르치기 위해 주제 강사를 초청할 수 있다. 필요에 따라 외부 강사를 초청하거나, 실습생들의 소속 대학 교수를 초청하여 강의를 개방함으로써 실습 내용의 질을 향상시킬 수 있다.

2) 전문직의 사회화 기능

전문직 문화는 서비스 전달 행동들을 어떤 방향으로 이끌기 위해 특정 가치와 규범들을 강조한다. 일반적으로 이 가치들은 제공되는 서비스의 중요성에 대한, 그리고 전문직의 지식에 기반을 둔 권한에 대한 신념을 나타낸다. 규범들은 클라이언트, 동료, 상사, 부하, 지역사회와 일할 때의 적절한 행위를 포함하며 서비스 전달의 업무 수행에 대한 기대들을 나타낸다.

따라서 전문직 문화와 동일시하는 사람들은 집단 정체성과 공통적인 일단의 가치들을 공유한다. 전문직 문화와의 동일시는 알맞은 자리를 보유하도록 도우며, 전문직으로 사회화시킴에 의해 규범과 가치들을 영속시키도록 돕는다.

전문직의 사회화 기능 내에서 실습지도자의 기본 활동들은 다음과 같이 정리된다.

- 실습생들이 사회복지 전문직 내부, 그리고 외부에서 동시에 성장할 수 있도록 격려한다.
- 다른 전문직의 오리엔테이션과 차이가 있는 사회복지 신념을 실습생들이 구별해내고 주장할 수 있도록 지원한다.
- 사회적 쟁점, 사회복지 전문직의 이미지, 또는 클라이언트의 관심사에 대한 사회복지 실천 관점을 지역사회의 다른 사람들에게 해석해 줄 수 있도록 실습생들을 격려한다.

- 실습생들에게 일관된 윤리적 태도를 취한다.
- 실습생이 전문적 가치와 규범에서 벗어난 행동을 했을 때 적절한 조치를 취한다.

3) 평가 기능

실습 슈퍼비전에서의 평가는 실습생이 배치된 기관에서 요구되는 역할의 수 정도를 신뢰도와 타당도를 가지고 결정하기 위해 체계적 과정을 적용시키는 일련의 과정이다. 상세하고 현실적이며 달성 가능한 기준에 근거한 판단이어야 하며, 업무 수행의 질과 성취물의 양 모두를 포함해야 한다.

평가는 실천에 대한 실습교육에 있어 학습의 질을 향상시킬 뿐 아니라 전문적 성장에도 공헌하는 교육적 절차이다.

평가 기능 내에서 실습지도자들의 기본 활동들은 다음과 같다.

- 실습생들에게 업무 수행에 대한 서면 피드백을 제공한다.
- 실습생들과 업무 수행에 대한 기대를 검토한다.
- 실습생 자신, 프로그램, 서비스의 영역들에서 업무 수행 목표를 개발하도록 돕는다.
- 작업조건, 프로그램의 효과, 클라이언트의 욕구, 클라이언트의 만족 등과 같은 프로그램 수행에 대한 연구를 실시 및 분석한다.
- 실습지도자 자신의 업무 수행에 대해 피드백을 요청 · 검토 · 반영하려 노력한다.

4) 옹호 기능

실습지도자는 때때로 불공평하거나 부정한 관행, 실제적으로나 잠재적으로 어떤 귀속 특성(성, 연령, 인종 등)을 갖고 있는 실습생에게 해로운 정책과 절차가 기관 내외에 존재한다는 사실을 알게 될 수 있다. 이는 실습생이 배치되기 전에는 미처 인지하지 못하고 있었던 것일 가능성이 매우 큰 상황이다.

이와 같은 정책이나 관행들을 알게 되었을 때 실습지도자는 그것들이 실습생과 실습생의 서비스 전달에 해로운 영향을 주기 전에 고치기 위해 옹호 활동을 하려고 할 것이며 실제로 해야 한다.

이런 종류의 활동들을 추구할 결정을 할 때 서비스 전달 정책과 절차의 변화에서 기인하는 긍정적 영향을 강조하는 논리적 근거를 개발하는 것은 옹호 기능을 효과적으로 수행하는 데 있어 매우 중요한 일이다.

5) 지지 기능

실습 슈퍼비전에서의 지지 기능은 단순히 실습생을 격려하고 지지하는 차원에 머무르는 것이 아니라 효과적인 업무 수행을 위해 필요한 정서적 에너지가 작동하도록 심리적이고 대인관계적인 자원을 제공하는 것을 말한다.

이럴 경우 실습생은 과업 수행을 강화하는 사기를 증진시키고 이를 방해하는 스트레스를 감소시킴으로써 업무 수행에 있어 효과성을 증진시키는 효과를 가져온다. 또한 실습생의 자아가 사회복지사로서의 자신의 상을 만들어가는 것을 지지하는 데에 초점을 둠으로써 열의 있고 이해심 있는 사회복지사의 모델을 추구한다고도 할 수 있다.

6) 행정 기능

슈퍼비전에서의 행정 기능은 전통적으로 실습지도자들을 지휘하고, 조정하고, 향상시키고, 평가하는 것으로 개념화되어 온다. 따라서 실습 슈퍼비전에서 행정 기능은 매우 약하게 관여된다. 그러나 실습생을 지휘 · 조정하고 업무를 계획 · 결정하며, 업무량을 관리하고, 실습생을 향상시키고 발전시키는 것을 행정적 기능이라고 정의할 때 실습 슈퍼비전 또한 행정적 기능의 중요성을 간과할 수 없다.

3. 실습 슈퍼비전 기법

1) 효과적 학습을 위한 6대 지침(Kadushin, 1992; 양옥경 외, 2017 재인용)

① **지침 1. 교육진단과 개별화**: 실습생이 학습자로서 독특함을 갖고 있음을 고려하여 교육한다면 교육의 효과는 높아질 것이다.

- 기법 1. 교육진단: 실습생이 이미 알고 있는 것, 배울 필요가 있는 것, 배우고자 하는 것, 그리고 배우고자 하는 방식 및 속도에 대해 진단할 필요가 있다.
- 기법 2. 교육진단의 활용: 실습지도자는 슈퍼비전 시간 전에 실습생에 대한 교육진단을 검토하고 이를 인식하고 있어야 하며 슈퍼비전 시간에 이를 활용하여야 한다.

② **지침 2. 동기화**: 학습에 대한 동기부여는 모든 행동에는 목적이 있다는 일반적 원칙

과 일치한다. 우리는 배우고자 할 때 그리고 배우는 것이 필요하다고 느낄 때 잘 배운다. 따라서 실습생이 이렇게 느낄 수 있게 하여야 한다.

- 기법 1. 학습 내용의 유용성 인식
- 기법 2. 동기와 욕구의 관점에서 학습의 의미 찾기
- 기법 3. 낮은 동기의 영역을 높은 동기의 영역으로 결합
- 기법 4. 동기부여, 동기의 자극 및 보호
- 기법 5. 다양한 학습 기법 사용

③ **지침 3. 에너지 투자 독려**: 거부, 불안, 죄책감, 수치심, 실패에 대한 두려움, 자율성에 대한 공격, 불확실한 기대라는 장애를 극복하기 위해서는 학습을 향한 에너지가 필요하다.

- 기법 1: 규칙을 명확히 세우기
- 기법 2: 실습생 스스로 해결책을 결정할 권리 존중
- 기법 3: 수용적 분위기, 심리적 안정감, 그리고 안전의 틀 형성
- 기법 4: 알고 있는 것과 할 수 있는 것의 인식과 활용
- 기법 5: 친숙한 내용에서 생소한 내용으로 이동
- 기법 6: 학습능력에 대한 정당한 확신 표현
- 기법 7: 가르칠 내용의 숙지를 통해 철저하게 가르칠 준비하기

④ **지침 4. 만족감 고양**: 사람은 만족스러운 것은 반복하고자 하며 고통스러운 것은 중단하고자 한다.

- 기법 1: 성공 가능성을 높이기 위한 학습여건 제공
- 기법 2: 적당한 칭찬으로 학습의 긍정적 만족감 강화
- 기법 3: 긍정적 피드백을 통한 칭찬하기
- 기법 4: 학습자료를 단계적으로 연관성 있게 제시
- 기법 5: 실패에 대해 실습생 준비시키기

⑤ **지침 5. 학습과정에 적극 참여**: 슈퍼비전은 일방적으로 주거나 받는 과정이 아니며 공유해 가는 과정이다. 따라서 실습생을 학습과정에 참여시켜서 학습에서 주도성을 갖게 한다면 학습효과를 높일 수 있을 것이다.

- 기법 1: 슈퍼비전 일정 계획과정에의 참여 독려
- 기법 2: 질문, 토론, 반박, 의문제기의 기회 제공
- 기법 3: 학습한 지식의 적용과 활용의 기회 제공

⑥ **지침 6. 교육 내용에 의미 제시**: 교육하고자 하는 내용이 의미 있게 다가온다면 열심히 배우게 된다.

- 기법 1: 흥미와 관심을 보이는 내용 제시
- 기법 2: 업무의 즐거움 강조
- 기법 3: 제시된 내용의 일반화
- 기법 4: 선택과 집중
- 기법 5: 창의적 반복
- 기법 6: 지속성, 연결성, 통합성을 고려한 학습 제공
- 기법 7: 이전에 언급된 학습의 원칙 기억하기

2) 주요 슈퍼비전 기법

① **자기사정**: 슈퍼비전은 실습생의 유능성뿐만 아니라 자율적 실천을 목표로 하기 때문에 실습지도자에 의한 평가나 피드백뿐만 아니라 자기사정(self-assessment)의 과정도 효과적인 평가 학습 방법이다.

② **사례 발표**: 정기적으로 진행되는 미팅으로 한 명 혹은 그 이상의 실습생이 자기가 맡은 케이스나 프로젝트에 대해 상세히 발표를 한다.

③ **역할극**

④ **모델링과 시범**

⑤ **과제 주기**

- 슈퍼비전을 위해 필요한 자료를 읽게 하거나, 관련된 주제의 영화나 영상기록물을 보게 하는 것 등은 슈퍼비전 회기와 병행해서 활용할 수 있다.
- 코칭: 코칭 방식은 실습지도자가 실습생이 처해 있는 다양한 문제 상황에 대한 점검을 촉진하고, 이를 구체적으로 해결할 수 있도록 실습생의 학습을 촉진하는 기법이다.

3) 자료 활용

① **관찰자료**: 직접관찰, 간접관찰

② **기록자료**: 서면기록, 음성기록, 영상기록

Ⅱ 실습지도자

1. 실습지도자의 역할

1) 실습지도계획서 작성자

① 어떤 분야에서 어떤 내용을 실습지도에 대한 계획

② 일정과 장소, 실습과제 등에 대한 일련의 교육 프로그램을 구성

③ 실습 공고, 실습생 선발과 배치, 실습 오리엔테이션의 업무도 실습지도자가 담당

2) 사회복지실천지식의 전달자

실습생들에게 실천 현장에서 사용하고 있는 산 경험과 지식을 교육하게 되는데, 실천적 지혜를 전수해 주는 중요한 역할을 맡는다.

3) 인간관계의 연결자

① 실습 슈퍼바이저는 실습생에게 인간관계를 어떻게 맺고 풀어나가는지를 보여주는 모델이 된다.

② 인간관계를 상호존중하는 자세로 화합과 질서를 유지하고 맺어나가는 방법을 배울 수 있다.

③ 실습지도자는 슈퍼비전을 통해 가르치는 기술을 향상시킬 기회를 준다.

④ 지도하는 과정에서 실습생으로부터 창조적이고 진보적인 생각, 최신 이론과 사회복지 실천기술에 관해 많은 도전과 자극을 받게 되고, 기관의 서비스와 프로그램을 향상시키는 데 공헌할 수 있는 기회를 갖게 된다.

표 10-1 실습지도자 업무지도

1. 준비 단계(Preparation)	
파악하기	• 자신의 개인적 가치 • 자신이 선호하는 실천이론 • 사회복지 전문직에 대한 개인적인 태도와 견해 • 슈퍼비전 제공의 가능성(시간적으로 가능한가 등) • 실습생 역할에 대한 이해 • 자신이 속한 기관에 대한 책임 • 자신과 실습생에 대한 기관의 기대 • 실습생을 보낸 학교에 대한 책임 • 자신과 실습생에 대한 학교의 기대 • 기관에서 제공되는 학습기회 • 실습생을 배치하기 위해 필요한 자원 • 실습생과 기관 간의 갈등과 혼란이 발생할 수 있는 영역
준비하기	• 실습오리엔테이션
2. 시작 단계(Beginning)	
협상하기	• 실습생과 함께 교육계획 세우기 - 학습욕구와 일치한 학습목표 세우기 - 실습생이 담당하게 될 업무 명료화하기 - 업무와 학습기회를 매치시키기 - 평가 방법을 구체화하기
조사하기	• 기대했던 것과 차이가 나는 것을 조사하기
승인하기	• 슈퍼비전을 위한 계약
준비하기	• 실습승인과 관련된 학교 실습지도자의 방문 등을 준비 • 학생의 업무목록 작성
3. 중간 단계(Middle)	
조사하기	• 현장실습지도와 관련된 제반 업무 관장
제공하기	• 슈퍼비전 제공 • 실습생에게 과제를 부여 · 감독하며, 지속적인 피드백 주기
준비하기	• 실습생의 중간 평가를 위한 학교 실습지도자의 방문 준비
유지시키기	• 실습생과의 관계 유지
4. 종결 단계(Ending)	
원조하기	• 학생이 실습을 성공적으로 마무리할 수 있도록 원조
평가하기	• 학생의 업무 수행과 학습목표 달성 여부에 대한 평가
준비하기	• 실습평가서 준비
제공하기	• 학생이 현장실습을 완수할 수 있도록 기회를 제공하고 작별인사하기
종결하기	• 실습지도자/실습생 쌍방이 코멘트와 피드백을 주고받는 슈퍼비전 제공

출처: Davys & Beddoe(2000: 441); 이경아 외(2011: 43-44)

2. 실습지도자의 원칙

① 원칙 1. 실습생 개인의 강점과 약점을 고려해야 한다.
② 원칙 2. 실습생의 업무의 형평성을 고려하여 배분해야 한다.
③ 원칙 3. 과업 배분의 기준은 다양해야 한다.
④ 원칙 4. 주어진 업무나 사례가 실습생에게 도전과 자극이 될 수 있는지 고려해야 한다.
⑤ 원칙 5. 클라이언트와 실습생을 조합하는 데 있어 나이, 성별, 그 외 특성 등을 고려하는 것이 좋다.
⑥ 원칙 6. 전체 업무 부담과 업무 수행시간을 평가하여 계획을 세운다.
⑦ 원칙 7. 가능하면 실습생들이 업무분장 과정에서 자신의 관심과 의견을 표현할 수 있도록 참여시키고, 그 업무 수행 방법을 토의할 수 있는 기회를 제공해야 한다.

3. 실습지도자의 기본자세

① 실습생은 이론, 개념, 기법을 적용하는 데 있어 경험이 거의 없다는 것을 염두에 두어야 한다.
② 실습지도자가 원하는 실습생이 할 일들을 확실하게 설명할 수 있도록 준비를 갖춘다.
③ 실습생의 실천을 주기적으로 관찰한다.
④ 실습지도자가 기대하는 자세한 항목들을 분명하게 말해준다.
⑤ 사회복지 전문직을 비판하지 않는다.
⑥ 실습생의 교육배경이나 교육경험을 비판하지 않는다.
⑦ 슈퍼비전을 다른 전문직들이나 다른 기관 직원들을 비판하는 자리로 이용하지 않는다.
⑧ 실습생의 업무 수행을 다른 실습생이나 직원의 업무 수행과 비교하지 않는다.
⑨ 실습생에게 충분한 업무가 있는지 확인한다.
⑩ 실습지도자가 갖고 있는 지식과 기술을 실습생과 기꺼이 나누어 갖는다.

4. 실습지도자의 특성

1) 바람직한 실습지도자의 특성

① 다른 사람들을 가르치는 것을 좋아한다.
② 다른 사람들이 못 알아들을 때 잘 참는다.
③ 다른 사람들이 더 잘 하도록 돕는 데 헌신적이다.
④ 미리 계획하는 것을 좋아한다.
⑤ 내 자신의 실천업무를 기꺼이 줄일 수 있다.
⑥ 질문을 하고 질문에 대답하는 것을 싫어하지 않는다.
⑦ 다른 사람들과 다양한 자원과 정보를 공유할 수 있다.
⑧ 다른 사람들이 실수를 저지르는 것을 참을 수 있다.
⑨ 다른 사람의 비판을 받아들일 수 있다.
⑩ 결정을 내리는 것을 좋아한다.
⑪ 이론에 대해 토의하는 것을 싫어하지 않는다.
⑫ 평가하는 것을 싫어하지 않는다.
⑬ 서류 업무 때문에 좌절되지 않는다.
⑭ 나보다 지위가 낮은 사람이라고 해서 권위적으로 대하지 않는다.
⑮ 다른 사람의 생각을 존중할 줄 안다.
⑯ 다른 사람과 투명하고 열린 대화를 이끌어갈 수 있다.
⑰ 다른 사람이 잘하는 것을 보고 기뻐할 수 있다.
⑱ 하나의 이슈를 놓고 긍정적으로 토론할 수 있다.
⑲ 다른 사람이 쉽게 접근할 수 있게 자신을 개방할 수 있다.
⑳ 다른 사람을 옹호하는 것을 기꺼이 할 수 있다.

2) 효과적인 실습지도자의 특성

① 진정한 감정의 표현을 허용하고 권장하는 분위기에서 실습생과 충분하고 자유로운 상호 의사소통을 한다.
② 실습생과 심리적 안정감(수용, 다정, 공감, 존중, 관심, 지지, 융통성, 진실)이 특징을 이루는 관계를 수립한다.

③ 실습생과 상호 인간관계를 맺는 능력은 물론 그의 업무에 대해 실습생을 돕는 기술적인 전문능력을 보여준다.
④ 실습생의 기관에 대한 관계와 임상실천에 대해 분명하면서도 구조화된 절차와 건설적인 피드백을 제공한다.
⑤ 신체적으로뿐만 아니라 심리적으로도 접근 가능하여야 한다.
⑥ 실습 슈퍼비전을 적극적으로 준비한다.
⑦ 전문적 지식과 기술을 공유하고 학습을 가장 적합하게 촉진하는 방식으로 실천을 효과적으로 가르칠 준비를 갖추고 의지를 가지며 능력을 갖춘다.
⑧ 부정적 피드백과 건설적 비판에 대해 수용적이어야 한다.
⑨ 사회복지 분야의 변화와 함께 배우고 성장하기 위한 지속적인 노력을 경주해야 한다.
⑩ 사회복지실천에 대해 긍정적이고 미래 지향적인 태도를 가지며, 전문직에 대한 결속력과 헌신성을 보여주고, 전문직의 가치를 행동에서 구체화해야 한다.
⑪ 칭찬하고 인정하기 위한 준비가 되어 있어야 함과 동시에 부적절한 업무에 대해 도전하고 직면할 준비가 되어 있어야 한다.
⑫ 상황 속 클라이언트를 돕는 데 문화적으로 민감하여야 하며, 성차별주의자나 인종차별주의자여서는 안 된다.

3) 비효과적인 실습지도자의 특성

① 슈퍼비전이 과도하게 사회복지사에게 초점을 맞추며 클라이언트의 욕구에 초점을 둔 결과를 지향하지 않는다.
② 종종 검열 혹은 통제를 위해 사용되며 전문적 개발을 위해 활용되지 않고 있다.
③ 효과성을 평가하기 위한 인정되고 명료한 기준이 부재하다.
④ 일반적으로 “닫힌 문 뒤에서(behind closed doors)” 행해지므로 슈퍼바이저의 권력 남용에 대한 가능성을 배제할 수 없다(신민선 외, 2020).

5. 실습 슈퍼비전 활동과 관련된 논의점

1) 다양한 실습생의 지도 방법

(1) 젊고 경험이 없는 학생들

젊고 경험이 없는 학생들은 실습지도자의 시간을 많이 요구하나 배움으로써 발전하는 것이 분명하므로 가르치는 것에 대한 보상을 받을 수 있다. 따라서 기초부터 시작해야 하며, 특히 일상생활의 사건들에 대하여 많은 것을 가르쳐야 한다.

(2) 경험이 있는 학생들

경험이 있는 학생들은 과거 일해 왔던 방식과 새로운 방식 사이에 상실감을 경험할뿐더러, 새로운 기술과 개념들을 의식적으로 적용해야 하므로 좌절할 수 있다. 따라서 새로운 방식을 적용하는 어려움을 충분히 공감해주고 격려와 지도로 새로운 방식을 조율하며 습득하도록 이끌어주어야 한다.

(3) 연소의 학생들

연소(年少)의 학생들은 자신들의 제한된 생활범위 밖에 있는 사람들의 생활방식에 대해서는 거의 모르고 관심이 없는 경우도 있다. 따라서 실습지도자는 경험이 없는 학생들을 지도한 것처럼 이들을 도와줌으로써 만족감을 얻을 수 있으며, 점차 성숙하고 유능한 사회복지사로 발전하는 것을 기대할 수 있다.

(4) 연장의 학생들

연장(年長)의 학생들은 이전에 경험했던 방식을 강력히 주장하거나 때로는 실습지도자의 제의에 무조건 순종함으로써 책임을 회피하려는 태도가 나타날 수 있으므로 학생에게 현실을 볼 수 있도록 해주어야 한다.

(5) 사회복지 경험이 없는 연장의 학생

이 학생들은 자신의 관심이나 경험이 예상과 기대에 다르면 흥분한다. 성공하고자 하는 욕구가 강하기 때문에 어떤 어려움도 과도한 불안으로 여겨질 수 있다. 따라서 지속적으로 지지해 주어야 하며, 당면하는 어려움은 자연스러운 것이며 극복할 수 있다는 희망을 주어야 한다.

2) 사회복지현장실습의 일반적 문제

실습지도자는 실습지도 현장에서 일어나는 일반적인 문제들이 암시하는 의미를 인식할 수 있어야 한다.

① 실습지도자는 슈퍼비전 회의에 가져오는 학생의 업무 수행 성취량을 알고 있어야 한다.
② 학생들의 레코딩 능력을 파악해야 한다.
③ 실습지도자의 권위와 관련된 문제는 주로 과도하게 의존적인 학생에 의해서 제기될 수 있다.
④ 실습지도자들이 공통적으로 직면하는 문제는 자신의 감정처리 문제로 인해서 업무상 어려움을 겪는 학생들이다.
⑤ 학생들의 각기 다른 학습속도가 문제가 될 수 있다.
⑥ 실습지도자에게 가장 어려운 과업 중 하나는 낙제하는 학생을 대변하는 것이다.
⑦ 학생을 지도하는 실습지도자는 문제를 가진 학생들을 돕기 위해 노력하면서도 다른 한편으로는 유능한 학생들에 대해서도 관심을 가져야 한다(양옥경 외, 2017; 최세영 외, 2021).

제 11 장

사회복지현장실습 보고서 작성 방법

| Ⅰ. 실습일지 |

| Ⅱ. 실습기관 분석 보고서 |

| Ⅲ. 실습 중간 평가서 및 실습 종결 보고서 |

Social Work Practicum and Seminar

I 실습일지

1. 실습일지의 의의 및 목적

실습일지는 실습생이 매일 매일의 일정에 따른 자신의 활동경험을 기록함으로써 자신의 활동을 점검·보완하고 실습목표 달성을 위해 어떠한 구체적인 노력을 해야 하는지 파악하기 위해 작성하는 것이다(신민선 외, 2020). 실습생은 실습일지를 작성함으로써 실습시간에 어떤 업무를 수행하였는지 혹은 어떤 경험이나 관찰을 하였는지 모니터링할 수 있게 된다.

실습생들의 당일 실습업무를 점검하고, 유능한 사회복지사가 되기 위해 노력해야 하는 것이 무엇인지 성찰하고, 실습생들은 실습일지의 작성을 통해 자신의 업무 이외에도 기관의 사업이나 서비스 등에 관한 발전적인 제언을 함으로써 기관 운영에 직·간접적으로 기여할 수 있다(임상록 외, 2009).

실습지도자와 실습지도교수는 실습생의 실습일지를 근거로 기관에서 이루어지고 있는 실습교육 및 훈련, 실습생들의 책임감, 업무 수행 능력 등을 점검하고 실습생의 개인차를 고려하여 슈퍼비전을 제공할 수 있다(조성숙, 2020; 박희숙 외, 2021).

2. 실습일지의 작성 방법

실습일지를 작성하는 것은 실습생이 수행한 업무 내용뿐만 아니라 자신의 업무 수행에 대한 분석 및 평가를 하여 스스로 자신의 장점과 단점을 인식하여 학습경험 향상에 기여할 수 있다. 실습과정을 주관성과 객관성을 구분하여 매일 기록과정을 기록·평가함으로써 실습이 어떻게 진행되었는지 구체적으로 파악할 수 있는 가장 기초적인 과정이며, 실습지도자가 실습일지를 통하여 실습업무 수행 활동에 대한 실습생의 반응도 알 수 있게 된다. 따라서 실습생은 실습이 진행되는 동안 모든 내용을 실습일지에 기록으로 남겨야 한다.

실습기관마다 실습일지 양식이나 작성 방법이 다르므로 실습기관에서 제시하는 실습일지 양식과 작성법을 따른다. 실습생은 실습일지를 수기 또는 컴퓨터 문서 작성을 통해 작성할 수 있으며, 실습지도자는 자필로 작성하는 것을 원칙으로 한다.

실습일지는 공식 문서이므로 줄임말, 약자, 인터넷 용어 등의 사용은 피하고, 전문적인 용어를 시용하되 맞춤법 등 문서 양식에 신경써서 작성해야 한다. 또한 클라이언트의 개인 정보가 유출되지 않도록 주의해서 기록해야 한다. 실습일과에 대한 실습생 개인의 감정이나 주관적 의견을 지양하고, 실습과정에서 배운 점과 느낀 점을 긍정적이고 성장한 것에 초점을 맞추어 기록한다(이경아 외, 2011; 홍나미 외, 2022).

1) 실습일정

실습일정은 시간에 따라 간단하게 요약하여 기재하되, 실습생 출석부와 일지 회차, 출퇴근 시간이 일치하여야 한다. 실습시간은 실습생의 식사시간 1시간을 제외하고 1일 8시간 이하, 최소 4시간 이상이어야 인정된다. 만약 식사시간에 클라이언트의 식사지도를 한 경우에는 일정에 식사지도로 기재하여야 한다.

2) 실습 내용

실습 내용은 일정에 따라 자신이 수행한 업무를 육하원칙에 따라 구체적으로 명확하게 기록한다. 사실을 중심으로 기록하고, 자신의 느낌이나 추측, 평가 등은 실습생 의견란에 기록한다. 실습을 통해 발전된 점과 추후 학습해야 하는 부분이 잘 드러나도록 기록한다.

실습에서 관찰한 것, 직접 실천한 것, 보조한 것, 직접 수행한 것을 잘 구분해서 작성하되, 클라이언트와의 상호작용, 클라이언트의 반응과 태도 등을 상세하게 기술하는 것이 좋다. 교육을 받은 경우에는 교육 내용을 요약하여 기록한다.

3) 실습생 의견

실습을 수행하면서 배운 점이나 느낀 점, 의문점을 구체적으로 작성한다. 실습 중 직면한 문제점이나 어려운 점, 실습생으로서 겪을 수 있는 윤리적 딜레마에 대해 기록하면 이에 대한 슈퍼비전을 받게 된다. 또한 클라이언트에 대한 의도적 개입에 대한 자신의 평가를 기록하고, 이후의 실천과업에 대한 것을 기록하고 달성에 대한 부분을 작성할 수 있다.

4) 실습지도자 의견

실습지도자가 실습일지를 읽고 작성하는 부분으로 실습생이 작성한 질문에 대해 실습지도자가 슈퍼비전을 남기게 된다. 슈퍼비전이 구두로 이루어진 경우에는 실습생이 실습일지에 기록할 수 있다.

3. 실습일지 작성의 기본 원칙

① 시간대별로 사실을 기반으로 작성한다(최세영 외, 2021).

- 실습 중에는 메모지를 사용하여 시간대별로 기록하고 일과를 마친 후 일지를 작성한다.
- 가급적 쉽고 간결하게, 사실을 기반으로 작성하여야 한다.
- 올바른 의미를 전달하기 위해 필요한 경우 한자 혹은 외국어 표기를 할 수 있다.
- 내용상에 거짓이 없어야 하며 허위 또는 과장된 내용을 기록해서는 안 된다.

② 일지의 내용은 구체적, 객관적, 논리적, 긍정적으로 작성한다.

- 서론, 본론, 결론이 성립되어야 한다.
- 실습생 자신이 주인공이 되어 감상적인 기록을 하지 않도록 주의한다.
- 가치관의 문제(고정관념, 편견 등)로 편협한 판단을 하지 않도록 한다.

③ 일지에 사용하는 용어에서는 정확한 명칭(용어)을 사용한다.

- 전문용어의 사용이나 연령을 표기할 때 정확한 나이를 기록한다.
- 클라이언트 및 기관 종사자 실명을 직접 언급하지 않도록 주의한다.
- 각종 기관의 고유 명칭을 사용하며 약어는 사용하지 않는다.
- 맞춤법에 유의하여 작성하고 검토한다.

4. 실습일지 양식 예시

실 습 일 지

1. 실습생명:

2. 실 습 일:

3. 오늘의 목표:

4. 진행내용(시간, 내용 등을 중심으로 기록)

5. 실습생 의견(배운 점, 의문사항, 건의 등 포함)

6. 실습지도자 의견

Ⅱ 실습기관 분석 보고서

1. 실습기관 분석 보고서의 목적

실습을 진행하는 데 있어서 실습생이 기관의 행정 및 업무 전반에 대해 파악하기 위해 기관에 관한 조사 내용을 가장 먼저 보고서로 작성한다. 실습기관 분석 보고서는 예비 사회복지사로서 실습하는 기관의 설립 취지 및 역사, 조직구조, 클라이언트와 지역사회의 특성, 기관의 사업 내용, 사회복지사의 업무 등을 이해하기 위한 목적으로 실시된다(이경아 외, 2011; 홍나미 외, 2022).

이를 통하여 실습생은 기관의 목적과 가치, 조직구조, 기관 직원과 자원봉사자를 포함한 인적 자원과 재정적 자원, 기관이 선호하는 서비스 전달방식 등 기관의 업무방식 등을 분석할 수 있게 된다(신민선 외, 2020).

2. 실습기관 분석 보고서의 작성 방법

실습생이 기관분석보고서를 통하여 기관의 구조와 기능을 배우고, 지역사회와의 관계를 본질적으로 이해하게 될 때 이러한 지식은 클라이언트의 이익을 위하여 기관을 창의적으로 이용할 수 있는 기반이 된다. 즉, 기관 내 전체적인 프로그램의 운영에 대한 일반적인 이해를 하게 됨으로써 다양한 클라이언트를 위해 가능한 기관체계 내의 실제적·잠재적 자원을 발견하고 연결할 수 있게 되며, 클라이언트에게 기본적인 기관의 정책과 절차를 안내할 수도 있게 되는 것이다.

기관의 특징적 요소를 분석하기 위해서는 가능한 한 여러 출처로부터 객관적이며 구체적인 자료를 수집해야 한다. 근래에는 기관 홈페이지나 홍보 책자가 잘 구성되어 있어서 학생들이 이러한 자료들에만 의존하여 기관분석보고서를 쓰는 경우도 있다. 그러나 실제 기관 운영 현황이 기관 홈페이지나 홍보책자 등과 차이가 있을 수 있다. 따라서 기관에서 실시하는 기관 오리엔테이션 시간에 참여한 뒤 다양한 참고자료를 활용하여 작성하는 것이 바람직하다(이경아 외, 2011; 신민선 외, 2020; 최세영 외, 2021).

실습기관 분석 보고서는 정확하고 객관적인 정보에 근거하여 명료하고 구체적으로 기록해야 하며, 논리적으로 분석하여 기록하는 것이 중요하다(홍나미 외, 2022).

1) 기관의 역사

기관의 역사적인 발전과 변화를 파악하여 작성하고, 이때 기관의 공식문서, 안내 책자, 홈페이지 등에 제시되어 있는 내용을 참고한다. 접근할 수 없는 내용은 실습지도자에게 문의하도록 한다. 서비스 내용, 서비스 대상, 서비스 우선순위 등이 달라질 수 있다. 실제 이루어지고 있는 서비스와 전달과정을 분석하여 기록한다.

2) 기관의 목적

기관의 목적은 기관의 미션과 비전을 기술하고, 사업 수행을 위한 기관의 운영 방향을 조사하여 작성한다. 홈페이지, 실습 오리엔테이션 자료, 기관의 사업계획서 등을 참고한다.

3) 기관의 주요 사업 및 프로그램

기관의 홈페이지, 사업이나 프로그램 계획서 등을 참조하여 클라이언트에게 어떤 프로그램과 서비스가 제공되고 있는가를 확인하여 기록한다. 서비스나 프로그램별 주 클라이언트, 대상지역, 서비스 전달방식, 특성화 프로그램 등을 파악한다.

4) 기관의 행정사항(기관의 조직구조 등)

기관의 예산 등은 기관에서 미공개 시 사실대로 작성한다. 공식적 · 비공식적 조직, 행정방침, 규범, 의사결정과 의사소통 과정, 통제방식 등을 참조하여 분석한다. 기관의 조직구조는 서비스 전달방식에도 영향을 줄 수 있다.

5) 기관이 속한 지역사회, 물리적 환경의 특징

기관의 홈페이지, 안내문, 시 · 군 · 구 자료, 통계청 자료 등을 통해 지역사회의 구조와 집단에 대해 조사하고 기관의 역할을 확인한다.

6) 사회복지기관으로서 지역 내 타 기관들과의 연계

기관의 홈페이지, 기관 소개 자료를 참고하여 기관과 연계되어 있는 기관을 파악하여 기술한다.

7) 기관의 특별한 면이나 전반적인 사항에 대한 인상이나 느낌

실습기관 분석 보고서를 작성하면서 알게 된 점이나 느낀 점을 구체적으로 작성한다.

3. 기관의 주요 사업 및 프로그램을 분석할 때에 고려할 사항

① 주요 클라이언트의 대상이 누구인지 파악한다.
② 서비스 대상지역은 어디까지인지 파악한다.
③ 기관이 선호하는 서비스 전달방식이나 업무방식이 존재하는지 파악한다.
④ 지역적 특성과 여건을 파악한다.
⑤ 주요 클라이언트 대상의 특성과 여건을 파악한다.
⑥ 주요 클라이언트 대상의 특성과 욕구를 반영한 특성화된 프로그램이 존재하는지 파악한다.
⑦ 다른 기관과 차별화된 사업은 무엇인지 파악한다.
⑧ 서비스 전달체계는 어떻게 구성되었는지를 파악한다.

4. 실습기관 분석 보고서 양식 예시

실습기관 분석 보고서

실습생명		기관명	
기관주소	(전화:)		
기관소재지	(부서: 직책:)		

1. 기관의 역사

(1) 기관 설립동기 및 설립목적

(2) 기관 사업의 역사적 변천

(3) 기관 역사에 대한 실습생의 평가

2. 기관의 목적

3. 기관의 주요 사업 및 프로그램

(1) 클라이언트 및 대상지역

(2) 주요 사업

(3) 서비스 전달체계

(4) 기관의 대상층 및 주요 사업에 대한 실습생의 평가

4. 기관의 행정사항

(1) 기관의 조직구조

(2) 예산, 후원 및 지원 사항

(3) 기관의 행정구조와 예산 사용 및 후원에 대한 실습생의 평가

5. 기관이 속한 지역사회, 물리적 환경의 특징

(1) 지역사회

(2) 물리적 환경(시설, 공간 등)

6. 사회복지기관으로서 지역 내 타 기관들과의 연계

(1) 관계유형 및 내용

(2) 기관의 타 기관과의 관계 유지에 대한 실습생의 평가

7. 기관의 특별한 면이나 전반적인 사항에 대한 인상이나 느낌

Ⅲ 실습 중간 평가서 및 실습 종결 보고서

실습에 대한 평가는 실습기간 동안 학습한 실천 기법과 기술을 정교히 하면서 확고히 하는 단계이다. 실습시간 동안 자신에 대한 것을 평가할 수 있도록 중간 평가, 종결 평가로 구분하여 평가를 진행한다(이경아 외, 2011; 정효신 외, 2020; 홍나미 외, 2022).

1. 실습 중간 평가서 작성 방법

실습 중간 평가서는 실습기간의 중간 지점에서 실습생의 초기 설정목표와 비교하여 달성도를 평가하는 것이다. 실습생이 실습 중간 평가서를 작성하면 실습지도자와 기관 사회복지사, 동료 실습생과의 상호 피드백의 형태로 진행된다.

실습 중간 평가에서 이미 달성된 목표가 있을 경우에는 새로운 목표를 설정하고 보완이 필요한 영역에서는 실습지도자와 상의해서 남은 실습기간 동안 실천하고 학습할 것을 조율한다.

1) 실습목표와 관련된 실습 내용 및 역할에 대한 평가

① **수행한 실습 내용 및 역할의 요약**: 실습생은 실습 시작일부터 평가서 작성일까지 수행한 실습 내용과 역할에 대해 간략히 기술한다. 특히 업무를 수행할 때 자신의 역할을 구체적으로 적는다.

② **평가**: 실습 내용과 자신의 역할에 대해 스스로 평가한 내용을 기술한다.

③ **앞으로의 계획**: 자신이 평가한 내용을 바탕으로 남은 실습기간 동안 자신이 보완하고 경험하고 싶은 내용에 대한 간략한 계획을 기술한다.

2) 실습에 임하는 자세 및 노력

실습생 자신이 실습에 임하는 자세와 실습을 위해 노력했던 모든 점을 기록한다. 과장하거나 하지 않은 내용을 작성하지 않는다.

3) 실습을 통해 배운 점

실습을 통해 배운 점을 솔직하고 구체적으로 작성한다. 직접 경험한 것뿐만 아니라 슈퍼비전, 기관교육, 사회복지사의 실천을 관찰하면서 직·간접적으로 배운 내용을 기술한다.

4) 앞으로 더 필요한 지식과 기술

학교에서 배운 이론을 실천하면서 더 필요하다고 생각되는 지식이나 기술을 기록한다. 더 전문적으로 알고 싶은 내용이나 본인에게 부족하다고 생각되는 내용을 기술하면 된다.

5) 실습에서 어려웠던 점

클라이언트와의 상담이나 프로그램, 행정업무 등 실습을 경험하면서 어려웠던 점을 구체적으로 기술한다.

6) 기관 및 실습지도자에게 건의할 점

실습 일정, 실습 내용 및 실습지도에 관한 건의사항을 기술하되, 남은 실습시간 동안에 기관 또는 실습지도자가 반영할 수 있는 내용을 기술한다.

2. 실습 중간 평가서 작성 시 주의사항

다음은 실습 중간 평가서 작성 시 주의해야 할 사항이다(이경아 외, 2011).

① 평가 시에는 실습 초기에 계획했던 목표 및 계획에 기초하여 객관적으로 평가해야 하며, 실습생 자신의 느낌에 따라 주관적으로 장황하게 기술하지 않도록 주의한다.

② 실습생은 중간평가서의 세부 항목에 따라 자신이 수행한 역할과 과업을 제시한 뒤 이를 평가하고 종결 시점까지 자신이 노력해야 하는 부분을 구체적으로 제시한다.

③ 실습 내용 및 역할을 요약할 때에는 실습과정에 따라 자신이 수행한 실습 내용과 그에 따른 자신의 역할을 명료하고 구체적으로 기록한다.

④ 기관 및 실습지도자에게 건의할 사항을 제시한 때에는 논리적으로 타당한 점에 대해 최대한 공손한 표현으로 기록한다.

3. 실습 중간 평가서 양식 예시

실습 중간 평가서

* 본 평가서는 사회복지현장실습 지침서를 참고하여 실습생 본인이 작성하며, 서술양식으로 작성한 뒤 실습지도자와 평가회를 갖는 것을 추천함.

실습생명		기관명	
실습기간		실습지도자	
실습 평가일		실습지도교수	

1. 실습목표와 관련된 실습 내용 및 역할에 대한 평가

1.1. 수행한 실습 내용 및 역할의 요약

1.2. 평가

1.3. 앞으로의 계획

2. 실습에 임한 자세 및 노력

3. 실습을 통해 배운 점

4. 앞으로 더 필요한 지식과 기술

5. 실습에서 어려웠던 점

6. 기관 및 실습지도자에게 건의할 점

4. 실습 종결 보고서 및 실습평가서 작성 방법

실습 종결 보고서는 실습을 마무리하는 종결 단계에서 실습생이 직접 작성하는 보고서이다. 실습기간 동안 실습계획서에 맞추어 실습을 잘 수행했는가를 스스로 평가하는 것이다(박희숙 외, 2021; 홍나미 외, 2022).

실습계획서에서 세운 계획에 준하여 작성한다. 지금까지 진행과정을 사실대로 정리하면서 기술하되, 그 과정을 객관적으로 분석하고 느낀 점을 솔직하게 기록한다. 긍정적인 부분과 미흡한 부분을 분리하여 정확하게 쓰고 미흡한 부분을 작성할 경우에는 차후 보완할 부분에 대한 것도 작성하는 것이 좋다.

실습평가서 작성 요령은 다음과 같다(윤철수 외, 2010).

① 실습 초기에 계획했던 목표 및 계획에 기초하여 객관적으로 평가해야 하며, 실습생 자신의 느낌에 따라 주관적으로 장황하게 기술하지 않도록 한다.

② 평가서의 세부 항목에 따라 자신이 수행한 역할과 과업을 제시한 뒤, 이를 평가하고 종결 시까지 노력해야 하는 부분을 구체적으로 제시한다.

③ 실습 내용 및 역할의 요약에는 자신이 수행한 실습 내용과 역할을 명료하고 구체적으로 기록하며, 일정한 틀(행정업무, 집단 프로그램, 사례관리 등)을 사용하면 도움이 된다.

④ 기관 및 슈퍼바이저에 건의할 사항은 논리적으로 타당한 점에 대해 최대한 공손하게 표현하도록 한다.

5. 실습 종결 보고서 및 실습평가서 양식 예시

실습 종결 보고서

* 다음은 실습을 종결하면서 한 학기 동안 실습한 내용을 요약정리하고 목표 달성 정도와 소감을 간략히 정리하는 보고서입니다. 이 종결 보고서는 파일에 정리되어 사무실에 비치되며 다음 실습을 준비하는 학생에게 실습지 선정의 지침이 되는 자료로 활용될 것입니다.

실습기관		실습지도자	
실습부서		실습지도교수	
실습기간			
실습생		종결 일시	

1. 실습기관 소개

2. 실습기간 및 시간

3. 실습목표

1) 실습생의 목표

2) 실습기관의 목표

4. 실습 내용 소개

1) 실습일정

2) 교육 참관 사항

3) 담당업무

5. 실습목표와 달성 정도

6. 실습지도자와 실습지도 내용 소개

7. 실습소감

1) 힘들었던 것

2) 제기되었던 질문들

3) 배운 것

8. 향후 실습을 위한 제언

9. 기타 꼭 하고 싶은 이야기

10. 실습지도자와 기관에 대한 감사의 내용

실습평가서

* 본 평가서는 사회복지현장실습 지침서를 참고하여 종결 평가 내용을 실습생 본인이 작성하며, 서술양식으로 작성한 뒤 실습지도자와 평가회를 갖는 것을 추천함.

실습생명		기관명	
실습기간		실습지도자	
실습 평가일		실습지도교수	

1. 실습일정에 대한 평가

2. 실습 내용 및 역할에 대한 평가

3. 실습목표에 대한 평가

1) 구체적이고 적절한 목표 설정 여부
2) 목표의 달성 여부

4. 서비스 실천과정에 대한 평가 / 정책 및 행정 실습에 대한 평가

1) 문제 파악 및 자료수집 능력 / 문제 인식 능력
2) 문제 사정 능력 / 문제 분석 능력
3) 개입기술 / 문제해결을 위한 대안 제시 능력
4) 면접기술 / 기존 지식과 정보의 사용 능력
5) 기록기술
6) 클라이언트와의 전문적인 관계형성 / 유관 기관 및 관련된 사람들과 전문적인 관계형성

5. 실습생의 자원 활용에 대한 평가(인적 · 물적 자원)

1) 기관 외의 자원 활용
2) 실습과 관련된 참고서적의 활용

6. 실습에 임하는 자세에 대한 평가

1) 업무관리
  (1) 시간 준수, 과제 제출
  (2) 주어진 일에 대한 업무조절 능력
2) 직원과의 관계(실습지도자, 타 직원, 타 전문직 직원)
3) 다른 실습생과의 관계
4) 실습에 있어서의 적극성 및 자발성

7. 전문적 태도에 대한 평가

1) 사회복지사로서 실습생 자신의 장 · 단점에 대한 인식

2) 전문가로서 윤리 및 가치관의 이행

8. 실습지도 활용 정도에 대한 평가

1) 실습생 자신의 실습지도 활용 정도에 대한 평가

(1) 기관 실습지도

(2) 대학 실습지도

2) 실습지도 자체에 대한 평가

(1) 기관 실습지도

(2) 대학 실습지도

9. 기관 이해도에 대한 평가

1) 실습생의 과업과 관련된 기관의 목적, 정책, 행정 절차에 대한 이해

2) 실습생으로서의 기관 내의 권한과 한계에 대한 인식

10. 실습기간 중 가장 유익했던 내용

11. 실습기간 중 가장 안 좋았던 내용

12. 실습기관, 실습지도자, 대학에 대한 건의사항

13. 기타 하고 싶은 말

제 12 장

사회복지 프로그램 프로포절 작성 방법

| Ⅰ. 사회복지 프로그램 개발과 평가 |

| Ⅱ. 사회복지 프로그램 프로포절 |

Social Work Practicum and Seminar

I 사회복지 프로그램 개발과 평가

1. 사회복지 프로그램 개발과 평가의 중요성

1) 사회복지 프로그램 개발의 중요성

사회복지 현장실습기관에서 지도를 가장 많이 받는 것 중 한 가지는 프로그램 개발과 평가다. 대부분은 실습 전 프로그램 개발과 평가라는 과목을 수강한 후 현장실습을 하는 경우가 많으나 각 학교의 사정상 실습 후에 과목을 수강하는 경우도 있다. 현장실습을 준비하는 학생들이 사회복지 프로그램 개발과 평가에 대한 간단한 이론과 프로그램 연구계획서를 분석할 수 있다면 어느 정도 준비는 되었다고 볼 수 있다(윤철수 외, 2010).

우수한 사회복지 프로그램이 개발되기 위해서는 모든 전공 사회복지학 과목들에서 배운 지식과 기술이 적극 활용되어야 한다. 프로그램 개발과 평가 교과목만 이수해서 되는 것이 아니라 사회복지학을 공부하는 학생들은 먼저 인간행동과 사회환경을 배운다. 직접 실천과 관련된 과목으로 사회복지실천론, 사회복지실천기술론, 지역사회복지론을 공부한다. 간접 실천과 관련된 과목으로는 사회복지정책론, 사회복지행정론, 사회복지법제와 실천 등을 공부한다. 그리고 아동복지론, 가족복지론, 노인복지론, 장애인복지론 등 전문적인 분야의 이론을 공부한다.

학생들은 인간행동과 사회환경 교과목을 통해 인간의 심리사회적 발달특성을 이해하고, 생태체계적 관점 안에서 사회체계가 어떻게 인간과 영향을 주고받는지를 이해하게 된다. 이러한 이해를 바탕으로 클라이언트를 사정하고 클라이언트에게 개입하는 방법을 사회복지실천론과 사회복지실천기술론에서 공부한다. 그리고 생태체계적 관점에서 클라이언트 체계를 변화시키기 위해서는 지역사회체계 전체를 변화시켜야 하기 때문에 지역사회복지론을 공부한다. 이와 더불어 실제로 사회복지기관이 어떻게 운영되는가를 사회복지행정론 교과목을 통해 이해한다. 끝으로 클라이언트 특성에 따라 세부적으로 다양한 사회복지실천 영역(아동복지론, 노인복지론, 장애인복지론, 가족복지론, 학교사회복지론, 정신건강사회복지론 등)을 공부한다. 졸업 후에는 사회복지사가 되어 모든 전공지식과 기술을 총동원해서 실천 현장에서 클라이언트를 원조하는 업무를 수행하게 된다(정효신 외, 2020).

그렇다면 사회복지사는 어떤 실천에서 클라이언트를 만나게 되는가 하면 바로 프로그램이 실시되는 때이다. 삶의 어려움과 위기 속에 있는 클라이언트는 사회복지기관을 방문하고 사회복지 프로그램과 서비스를 이용하면서 비로소 사회복지사를 만나게 된다. 사회복지사는 프로그램을 통해 기반을 마련해야 한다. 그리고 각 분야별로 전문 지식과 기술을 축적해야 한다. 이 외에도 외부에서 중요한 자원을 공급받아야 하는데, 우선 각 분야마다 양질의 사회복지정책과 법 · 제도로 지원받아야 한다. 그리고 프로그램을 운영하고 난 뒤 결과를 조사하고 분석해야 하므로 사회복지조사론에 대한 기술도 반드시 필요하다. 이렇듯 하나의 사회복지 프로그램이 좋은 열매로서 기능하기 위해서는 그동안 공부한 모든 교과목이 종합적으로 활용되어야 하는 것이다.

2) 사회복지 프로그램과 사회복지실천 목적의 관계

사회복지 프로그램과 사회복지실천 목적의 관계에는 두 가지 내용이 포함되어 있다.

첫째, 프로그램은 어떤 분명한 지향점을 가지고 있다는 것으로, 보통 이것을 목적 혹은 목표라 한다. 사회복지 프로그램의 목적과 목표는 반드시 클라이언트 혹은 지역사회를 변화시키겠다는 사회복지실천의 고유한 목적을 따라야 한다.

둘째, 하나의 프로그램은 다양한 서비스의 집합으로 구성되어 있다. 이러한 서비스 요소들은 목적과 목표를 이루기 위한 내용으로 서로 유기적으로 연결되어 클라이언트에게 제공된다.

한편, 프로그램 용어를 다양한 관점에서 이해하기 위해 여러 문헌에서 프로그램에 대해 어떻게 정의하는가를 한 번쯤 눈여겨보는 것도 도움이 된다. 사회복지사전에서는 프로그램을 "해야 할 일에 관한 계획과 지침"이라고 정의하고 있다. 또한 포퍼(Popper, 1959)는 사회복지 프로그램을 "희망하는 성과를 생산해 내는 일련의 활동"으로 설명했다. 유사한 의미로 "진술된 목적과 목표를 성취하기 위해 설계된 사전에 조정된 일련의 활동"으로 정의된 적도 있다(Netting et al., 2008; 정효신 외, 2020 재인용).

이러한 정의들은 사회복지실천 현장에서 나타나는 사회문제와 욕구를 확인하고 그것을 해결하기 위한 조직적인 활동으로 프로그램을 규정하고 있다. 그에 비해 페트(Pette, 1983)는 프로그램을 "조직의 설립이념 또는 사명을 충족시키기 위해 서비스기술이 클라이언트집단에게 적용되는 활동이 이루어지는 체계"라고 정의하고 있다. 이는 기관 중심적인 정의로서 프로그램을 조직의 설립이념 또는 사명을 성취하는 수단으로 보고 있는 것이다(정효신 외, 2020).

사회복지 프로그램은 사회복지 분야에서 특정한 목적 달성을 위하여 자원과 기술이 투입되어 절차에 따라 이루어지는 조직의 계획적 활동체계이다. 사회복지 프로그램은 다양한 문제를 가진 대상자들에게 효과적이고 효율적인 방법으로 복지서비스를 제공하기 위한 것이다(홍나미 외, 2022). 사회복지 프로그램의 기본적 구성요소는 목적과 서비스 제공을 위한 계획된 활동, 자원과 기술을 들 수 있다(김종명 외, 2017).

3) 프로그램 개발 역량

프로그램을 개발하는 단계별로 필요한 25가지 역량은 다음과 같다(정무성 역, 2001).

(1) 프로그램 개발 준비 단계

① 프로그램 기획의 의미와 필요성을 이해하는 능력
② 프로그램 기획의 전반적인 단계를 이해하는 능력
③ 프로그램의 근거가 되는 이론과 전략을 명확히 제시하는 능력
④ 질 높은 프로그램 개발과 평가를 위해 프로그램 관련 이론을 적용하는 능력
⑤ 프로그램 기획에 필요한 선행연구를 탐색하는 능력
⑥ 선행연구 결과를 읽고 정리하는 능력
⑦ 논리모델(logic model)을 이해하고 적용하는 능력

(2) 프로그램 계획서 작성 단계

⑧ 문제와 상황을 분석하는 능력
⑨ 욕구를 파악하고 조사하는 능력
⑩ 프로그램 목표를 수립(작성)하는 능력
⑪ 목표에 대한 평가 방법을 제시하는 능력
⑫ 프로그램 논리와 전략 등을 간략한 도식화(표와 그림 등)를 통해 표현하는 능력
⑬ 프로그램 목표를 성취하는 전략적 활동을 구성하는 능력
⑭ 프로그램 홍보 방법을 제시하는 능력
⑮ 프로그램 수행에 적합한 예산안을 작성하는 능력
⑯ 제안서를 타인이 잘 이해할 수 있게 작성하는 능력
⑰ 제안서를 효과적으로 발표하는 능력

(3) 프로그램 평가 단계

⑱ 각 프로그램 실행과 결과를 구체적으로 기록하는 능력
⑲ 프로그램 만족도를 평가하는 능력
⑳ 개별 클라이언트(변화)를 평가하는 능력
㉑ 집단 프로그램 효과성 평가를 위한 실험 설계 능력
㉒ 질적 방법을 활용한 프로그램 평가 능력
㉓ 프로그램 과정평가 능력
㉔ 평가척도 선정 및 활용 능력
㉕ 프로그램 평가지표, 목표값, 평가도구, 평가 방법을 선정·제시하는 능력

현재 이러한 역량을 얼마나 갖추고 있는지 자기진단을 해 볼 필요가 있다.

2. 프로그램 개발

사회복지사는 클라이언트의 자발성과 비밀보장, 편견의 배제 등 윤리적 고려사항들을 숙지하고 프로그램을 실행할 수 있어야 한다. 이러한 실행 단계의 주요 과업들에 대해서 살펴보고자 한다(정효신 외, 2020).

1) 프로그램 실행과 관련한 윤리적 이슈를 검토하기

루빈과 배비(Rubin & Babbie, 1977)는 사회복지조사뿐 아니라 연관된 분야의 조사에서 널리 활용되고 있는 윤리적 고려사항들을 제시하였는데, 그 내용은 다음의 다섯 가지이다.

① 자발적 참여와 정보 제공에 근거한 동의
② 참여자들에게 피해 주지 않기
③ 익명성과 비밀보장
④ 연구 대상자들에게 솔직하기
⑤ 객관적이며 솔직한 분석과 보고

이를 프로그램 개발에 적용하여 볼 때, 클라이언트들은 참여를 강요받아서는 안 되고 자발적으로 동의하고 참여하며 사회복지사는 클라이언트들에게 피해를 줘서는 안 되고 클

라이언트의 정보에 대해 비밀을 보장해야 한다. 또한 프로그램 담당자인 사회복지사는 자신에 대해서나 프로그램의 목적 등에 대해서 솔직한 정보를 줘야 하고, 전문직 동료들에 대해서는 윤리적 의무를 가지고 프로그램의 효과적인 성과뿐만 아니라 실패에 대해서도 보고할 책임이 있다.

사회복지사는 프로그램을 실행하면서 스스로 가지고 있는 편견을 최대한 배제하면서 프로그램을 실행해야 할 윤리적 의무를 가지고 있다. 프로그램 실행은 생활 상황 속에서 개입을 전달하는 실천가들에 의해 진정한 어려움을 가지고 있는 대상자들에 대해 이루어지기 때문에 편견이 작용하는 등 결과가 왜곡될 수 있다. 또한 프로그램 실행에 있어서 왜곡될 수 있는 요소들이 존재하고 있는데 사회복지사 스스로 그리고 기관 차원에서 이러한 왜곡요소들을 최대한 통제할 수 있는 체계를 갖추는 것이 필요하다.

토마스와 로스먼(Thomas & Rothman, 1994)의 프로그램 실행에 있어서 결과를 왜곡할 수 있는 잠재적인 요소들을 살펴보면 다음과 같다.

① 사회복지사의 전문성과 숙련성에서의 차이
② 평가 절차와 평가도구, 평가자에서의 차이
③ 실험적인 조건의 구축과 비교 불가능
④ 프로그램 세부 활동과 서비스의 양에서의 차이
⑤ 정해진 절차와 지침으로부터의 이탈, 활동 내용의 중도 수정
⑥ 세부 절차와 지침의 통합성 부족

사회복지사는 전문성의 부족, 평가계획의 미비, 지침 개발의 부족 및 기존 지침의 미준수 등으로 프로그램의 결과가 왜곡되지 않도록 철저한 사전 기획 및 기획가로서의 책무성을 이행하여야 한다(정효신 외, 2020).

2) 사회복지 프로그램 계획서 작성법

이 시대의 유능한 전문 사회복지사는 프로그램을 잘 만들고, 잘 만들어진 프로그램을 외부기관에 프로포절하여 많은 자원을 확보할 수 있는 사람이다. 그러므로 실습기간 동안 프로그램 개발과 평가에 대한 실습을 경험하고 충분히 익혀야 한다. 프로그램은 프로그램 명칭, 목표, 프로그램 내용, 평가, 예산 항목으로 구성되어 있다.

(1) 프로그램 명칭 만들기

프로그램명에는 대상, 목적, 방법이 모두 포함되어야 한다. 프로그램명만 보더라도 이 프로그램이 추구하려는 내용을 알 수 있어야 한다. 공식적인 명칭이 긴 경우에는 부제로 애칭을 사용하는 것이 좋다.

(2) 목표 만들기

프로그램 목표는 구체화되고 계량화해야 한다. 계량화가 되었을 때 정확한 평가를 수행할 수 있다. 목표와 평가는 한 짝을 이루어 작성되어야 한다. 목표가 설정되었으면 평가 영역에서 반드시 평가가 진행되어야 한다.

(3) 프로그램 내용

프로그램은 상세한 계획 및 활동 내용들을 포함한다. 프로그램을 효과적으로 실시하기 위해서는 제공되는 내용의 질과 양에 대한 적절성, 지도자 및 참가자의 경험 및 능력에 대한 적합성이 고려되어야 한다. 특히 프로그램의 활동 내용은 사전에 철저히 준비되고 계획되어야 하지만 운용하는 방법과 절차도 사전에 다각적으로 검토되고 준비되어야 한다. 프로그램 참여의 효과를 높이기 위해서는 둘 이상의 관리 기법의 혼용 가능성, 개인 지도 방법과 집단 지도 방법의 상호보완적 사용 여부를 고려하여야 한다. 또한 기관의 목표 및 시행방침, 활동의 연속성 및 발전성, 양과 질 등을 고려하여 내용의 우선순위를 결정하고 상세하고 체계적인 활동 내용에 기초한 장소 및 장비, 도구의 편성이 이루어져야만 한다.

(4) 예산

개별 프로그램은 운영에 필요한 예산을 갖추고 있어야 한다. 사회복지기관에서는 자원봉사자를 적절히 활용함으로써 예산 지출을 줄일 수 있으나 프로그램 실행에 이용되는 장소나 장비 · 도구에 지출되는 대여비나 물품에 관련된 감가상각비는 고정적으로 지출되는 비용으로, 안정적인 기금 확보는 프로그램 운영에 필수적이다.

3. 프로그램 평가서의 구성 내용

평가는 어떤 대상이 가치가 있는지 판단하는 일이다. 그러므로 프로그램을 평가하는 것은 프로그램이 가치가 있는지를 판단하는 것을 의미한다. 프로그램을 평가하고 보고서를 작성하는 업무는 오늘날 사회복지사에게 일상적인 일이 되었다. 그러나 평가 업무를 자신감 있게 수행하고 좋아하는 사람은 별로 없다.

① **정책적인 계획 수립**: 평가를 통해 프로그램에 대한 정책적인 계획을 만들어야 한다. 이것은 향후 이 프로그램을 지속적으로 운영할 것인지, 내용을 보완하거나 수정해서 운영할 것인지, 아니면 중단할 것인지 등에 대해 기관 차원에서 계획을 수립하는 것을 의미한다.

② **조사방법론을 활용한 자료수집**: 프로그램을 평가할 때는 조사방법 기술을 활용한다. 설문조사, 통계분석, 심층면접, 관찰 등의 다양한 기법을 활용해서 프로그램을 어떻게 운영했는가와 클라이언트가 어떻게 변화했는가에 대한 자료를 수집하고 분석한다.

③ **성과 판단**: 좋은 평가를 하기 위해서는 평가를 수행한 이후에 성과가 있는지 여부를 판단할 수 있어야 한다. 성과가 있다면 프로그램의 존재가치를 인정할 수 있고, 성과가 부족하다면 프로그램을 지속할 근거를 찾기 어렵게 된다.

1) 평가의 목적

최근 사회복지 현장에서 프로그램 평가의 중요성이 점차 강조되고 있다. 사회복지사를 대상으로 하는 직무교육과 워크숍에서 평가를 주제로 선정하는 경우가 증가하고, 많은 기관에서 프로그램 평가 회의를 갖고 있으며, 평가와 관련된 슈퍼비전과 전문가 자문회의도 점차 증가하고 있다.

(1) 프로그램의 정당성 승인

사회복지기관은 공공 재원을 이용해서 프로그램을 운영하므로 프로그램의 효과성, 효율성, 투명성 등을 언제나 확보해야 한다. 프로그램 평가를 통해 클라이언트에게 최선의 서비스가 제공되고 있고 그 서비스를 통해 클라이언트와 지역사회가 변화하고 있는지를 입증할 수 있어 다양한 이해관계자로부터 서비스 정당성을 승인받을 수 있다.

(2) 프로그램에 대한 정책적 의사결정

평가 결과를 근거로 향후 어떻게 프로그램을 운영할 것인지에 대한 기관의 정책적인 의사결정을 수행할 수 있다. 객관적인 평가 결과를 가지고 기관의 관리자와 실무자는 프로그램의 지속 여부, 투입할 예산과 인력, 참여자 가격기준, 이용기간, 서비스 내용, 운영시기 등에 대한 개선책을 찾게 된다.

(3) 사회복지 전문성 강화

사회복지기관과 직원은 프로그램 평가 결과를 통해 자신의 실천지식과 기술이 클라이언트의 삶을 변화시키는 데 얼마나 효과가 있는지 확인할 수 있다. 평가를 통해 사회복지 전문성에 대한 지속적인 피드백을 받는 것이다. 예를 들어, 아동학대 피해자를 위한 새로운 프로그램을 실행한 후 성공적이라는 평가 결과가 도출되면 그 분야에 대한 자신감과 전문성을 강화할 수 있게 되고, 성공하지 못했다는 평가 결과를 얻게 되면 자신의 서비스에서 부족한 부분을 찾아 개선할 수 있어 전문성을 더욱 보완할 수 있게 된다.

2) 프로그램 평가의 절차

평가의 전반적인 절차는 다음과 같다(정효신 외, 2020).

1단계는 이번 평가를 왜 하는지 평가목적을 결정해야 한다. 평가를 하는 이유는 다음 두 가지 중에서 하나이다. 첫째, 프로그램의 품질을 개선하기 위해서이다. 이 경우라면 과정평가를 해야 한다. 둘째, 프로그램을 통해 클라이언트 혹은 지역사회가 변화했는지를 평가하기 위해서이다. 이 경우라면 성과평가를 해야 한다.

2단계는 평가목적에 적합한 평가지표를 선정하는 것이다. 평가를 통해 성과가 우수한지 혹은 미흡한지 판단을 해야 하는데, 판단을 하기 위해서는 어떤 기준이 필요하다. 그 기준이 바로 평가지표이다.

3단계는 평가설계를 하는 것이다. 평가설계에서는 누구를 대상으로 조사를 할 것인지, 실험설계, 서베이, 질적 연구 중 어떤 방법을 사용할 것인지, 어떤 평가도구를 활용할 것인지 등을 정한다.

4단계는 자료분석을 하는 것이다. 만약 양적 자료를 수집했다면 양적 평가를 적용하면 되고 질적 자료를 수집했다면 질적 평가를 적용한다.

5단계는 평가보고서를 작성하는 것이다. 보고서에서 가장 중요한 내용은 성과가 얼마나 있는지를 명확하게 제시하는 것이다.

1단계. 평가목적 결정

↓

2단계. 평가지표 선정

↓

3단계. 평가설계

↓

4단계. 자료분석

↓

5단계. 보고서 작성

그림 12-1 평가의 절차

Ⅱ 사회복지 프로그램 프로포절

1. 프로포절 작성

1) 프로포절의 개념과 특성

프로포절(Proposal: 제안, 제의)이란 Propose(제안하다)라는 단어에서 파생되었다. 기관에서 수행하고자 하는 사업이나 프로그램의 내용을 설명하는 사업제안서로서 경쟁력을 높여 서비스의 질을 개선하고, 기금 및 배분의 투명성을 확보하기 위해 대부분의 기금주들이 기본적으로 요구하는 서류를 말한다.

외부 제출용으로 작성되는 프로포절은 심사기관이나 검토하는 사람으로 하여금 사업의 내용을 쉽게 이해할 수 있도록 핵심적인 사항을 중심으로 명료하게 작성되어야 하며, 사업계획서의 검토 및 심사기준을 사전에 파악하여 이에 준할 수 있도록 합리적이며 설득력 있게 작성하는 것이 중요하다.

프로포절은 기금 제공자 및 후원자에게 혹은 학계에 상정된 프로젝트가 주목할 만한 것임을, 또한 관련 지원을 해주기에 타당한 것임을 설득하기 위해 작성된 서류를 말한다. 프로포절은 기획안의 성격을 지닌 문서로 곧 프로젝트 실행과 관련된 활동과 노력에 토대가 되는 기획안으로 진행된다. 진행되는 과정들이 연속적인 단계들로 구성되어 상세하게 담겨야 할 뿐 아니라, 실행에 필요한 시간과 자원들이 구체적으로 담겨, 프로젝트 실행에의 지침과 규정이 되도록 작성되어야 하는 전체적인 계획서를 말한다. 이와 같은 측면에 비추어 본다면, 프로포절에서 주요하게 고려되어야 하는 특성은 창의성, 수행 가능성(feasibility)과 명료한 논리성(direction of thought)이라 할 수 있다. 창의성은 기존에 실행되고 있는 사업 아이템들보다는 새로운 발상과 아이디어에 의거한 사업아이템의 개발이 요청된다. 수행 가능성은 프로젝트 계획이 현실적으로 수행하기 어렵거나 곤란하다면 타당성 있는 사업계획안으로 인정받기 어렵다. 명료한 논리성은 인과관계가 명료하지 못한 실행 방법들로 구성된 사업계획안 역시 타당한 계획으로 인정되기 어렵다는 것이다. 또한 원인 진단에 맞게 해법 모색이 이루어져야 하나, 원인 진단과 관련 해법들이 연결되지 않고 별개로 취급된 경우에는 타당한 사업계획안으로 인정받기 어려울 것이다.

프로포절 심사 시 고려할 사항을 살펴보면 기관 측면에서 가치가 반영되어 있어야 하며, 실현 가능성, 기관의 준비성, 기록의 신뢰성 등을 제시할 수 있어야 한다. 사업적 측면에서 문제가 얼마나 심각한지 확인하며, 프로그램의 참신성과 효과성, 프로그램 운영의 비용이 효율적인지, 기관의 능력과 직원들의 전문성을 보며, 기타 측면에서 홍보 노력 및 지원자원의 활용, 향후 계획을 본다. 이 세 기준으로 사업의 특성에 따라 일부 항목이 가감될 수 있다(우수명, 2004).

2) 프로포절 작성법

사회복지기관이나 시설들에 대한 사회복지공동모금회, 기업복지재단, 민간기금, 지자체, 정부 등에서 프로그램 공모를 통해 기금을 지원하는 사례가 늘어나면서 프로포절 작성에 대한 관심이 높아지고 있다.

프로포절은 사회복지사가 프로그램을 개발하고 기획한 실체로서 실제 사업을 실행하는데 운영 지침으로서 활용될 뿐만 아니라 대내·외적으로 인정받고 기관의 당위성을 위한 근거자료가 된다. 여기서 내부적인 인증이란 기관장 또는 이사회나 사회복지공동모금회나 자원조달기관인 여러 기업재단들과 같은 후원자들로부터 사업에 대한 승인과 예산, 인력 등의 자원을 제공받는 것을 결정하고 확정짓는 것이다. 대외적인 인증은 정부로부터 사업비를 교부받을 때 근거로 활용되거나, 사회복지공동모금회나 정부 각 부처에서 수행하는 각종 공모사업의 신청서로도 활용될 수 있다(우수명, 2004).

프로포절의 작성 원칙은 아웃라인과 프로포절 가이드라인을 활용하여 작성하는 것이 가장 바람직하며, 기존 프로포절들을 참조하는 것이 도움된다. 프로포절 작성 시 프로포절안은 프로젝트가 수행할 만한 가치가 있음을 전달하기 위한 장치라는 점은 매우 중요하다. 따라서 프로포절 작성자는 여기에서 무엇을 의도하는지 분명하게 전달될 수 있도록 해야 할 것이다. 즉, 사업의 목적(why), 사업의 내용(what), 사업수행 방법과 절차(how) 등이 명료하고 정확하게 나타나도록 하여야 한다. 프로젝트를 수행할 수 있는 실행 능력은 기존 연구, 사업동향에 대한 충분한 이해와 문화가 함께 이루어졌음에 대한 전달을 통해 보일 수 있다. 그리고 관련 영역에서 작은 사업 아이템들로부터 시작하는 것이 필요하며 능력 이상의 부분들을 계획하는 것은 금물이다.

프로포절은 정확하고 확실한 용어들을 활용하여, 프로포절 작성자의 창의적인 아이디어들이 분명하게 그려질 수 있도록 작성되어야 하며, 통상적인 실무 용어들은 피하는 것이 바람직하다. 그리고 프로포절은 전문가뿐 아니라 일반 사람들에게도 명료하게 이해될 수 있도록 작성해야 한다.

프로포절 작성과 관련하여 정확한 개요들을 마련하고, 관련 영역 전문가들, 특히 보조금을 성공적으로 받아본 경험이 있는 전문가를 활용하여, 계획을 심화시키는 것이 필요하다.

프로포절은 어떻게 작성하는가에 따라서 프로그램의 예산 확보에 크게 영향을 미치며, 추후 프로그램의 평가에도 근거자료로서 활용된다. 사회복지기관의 입장에서 프로포절 제출의 일차적인 목적은 사업수행에 필요한 재원을 확보하는 것이다. 따라서 호소력 있게 작성된 프로포절은 기관의 프로그램 활성화를 위한 재원 마련에 커다란 도움을 준다.

기금주가 프로포절을 심사할 때 고려하는 사항으로는 문제의 심각성, 프로그램의 참신성과 효과성, 프로그램 운영의 비용효율성, 기관의 능력과 직원들의 전문성 등이 있다. 또한 프로포절에는 기본적으로 사회복지의 가치가 반영되어 있어야 하며, 실현 가능성, 기관의 준비성, 기록의 신뢰성 등을 제시할 수 있어야 한다. 일반적으로 프로포절은 표지, 문제 분석, 대상자 선정, 목표 설정, 활동 내용, 예산, 평가계획 등으로 구성된다. 이러한 내용들을 어떻게 제시하는가에 따라 프로포절 심사에 상당한 영향을 미치기 때문에 대부분의 시설에서는 직원들에게 프로포절 작성요령에 대한 지식과 기술을 갖출 것을 요구한다(정무성, 2005).

3) 프로포절 표지

프로포절의 표지는 대개 정해진 양식이 제공되는데, 대부분 사업개요로서 전형적인 한 장의 기획서이다. 사업결정자들은 표지 한 장에 함축된 사업개요를 보고 프로그램의 중요성과 지원 여부를 결정하게 되며, 이는 프로그램의 확정과 결정에 매우 중요한 역할을 한다.

프로포절 표지는 크게 기관에 관한 부분과 프로그램에 관한 부분으로 구성되어 있다. 기관에 관한 부분은 법인의 특성, 연혁, 조직표 등으로 구성된다. 이는 이미 정해져 있는 내용이기 때문에 프로포절 작성자들이 소홀히 하기 쉬운 부분인데, 경쟁력 있는 프로포절은 남들이 소홀히 하는 부분에서도 차별화된 무엇인가를 제시할 수 있어야 한다. 여기서는 특히 연혁에 주목해야 한다. 연혁을 작성할 때 신청하는 프로그램과 관련된 실적을 강조해서 제시할 필요가 있다.

프로포절 표지에서 프로그램에 관한 사항은 프로포절 전체의 내용을 담고 있는 매우 중요한 부분이다. 이 부분을 통해 프로포절의 핵심적인 메시지를 전달할 수 있어야 한다. 특히 사업명의 중요성은 아무리 강조해도 지나치지 않다. 사업명에는 프로그램의 대상, 목적, 방법이 제시되어야 한다. 대상에는 그동안 사회복지서비스의 사각지대에 있었던 사람들이 포함될 필요가 있고, 목적을 통해서는 서비스의 필요성이 강조되어야 하며, 방법에는 프로그램의 적절성과 전문성이 제시되어야 한다. 실제로 많은 심사·평가위원들이 사업명을 통해 전체 프로포절에 대한 전체적 이해감을 갖게 함으로써 작성자들은 사업명을 어떻게 제시할 것인가를 심사숙고해야 한다. 따라서 사업명은 사업의 정당성과 의미 그리고 그 효과성이나 의도가 충분하게 반영돼 한두 줄로 집약하고, 이와 동시에 설득할 수 있는 쉬우면서도 의미 있는 형태로 구성해야 한다. 제목은 희망적이며, 시대적 이슈를 반영하는 톡톡 튀는 아이디어들로부터 나올 때 심사·평가위원들이 관심을 더 갖게 된다. 또한 표지에는 대개 프로포절에 대한 전체 요약 부분이 들어가 있다. 여기서는 문제의 심각성, 프로그램의 필요성 및 기대효과에 대한 내용을 함축적으로 제시하여야 한다.

4) 문제분석

사회복지 프로그램은 사회문제로부터 출발한다. 문제가 심각할수록 프로그램 지원에 대한 당위성이 높아지는 것이다. 따라서 프로포절 작성자들은 사회현상을 사회문제로 파악할 수 있는 통찰력을 지녀야 한다. 현상을 문제로 제시하기 위해서는 기준이 있어야 하며, 이를 위해서는 기존에 검증된 이론을 활용하여 사회문제의 심각성을 이해하고, 평가하고, 보다 체계적인 요구조사와 사회적으로 인정된 통계치, 경험적 연구를 통한 객관화된 자료들을 활용해야 한다. 즉, 문제 분석에서는 인간의 이상적인 삶의 질에 기준하여 대상자들의 문제가 얼마나 심각한지를 객관적인 자료와 함께 제시하여야 하며, 이는 논리적으로 전개되어야 한다. 또한 대상자들이 다른 지역 혹은 다른 집단에 비해 상대적으로 얼마나 박탈되어 있는지를 제시할 수 있어야만, 제출하는 프로포절의 지원 필요성은 더욱 높아지게 될 것이다.

문제의 원인과 실태는 제대로 파악되어야만 다음 단계인 프로그램의 목표와 대상이 구체화될 수 있다. 문제분석과 함께 제시할 수 있는 것은 프로그램의 효과성과 관련된 내용이다. 이 프로포절이 지원되었을 때 대상자와 지역사회에 어떠한 변화가 일어날 것이고 프로그램이 클라이언트와 지역사회에 미치는 기대효과 또는 프로그램의 사회적 비용효과는 얼마나 될 것인지를 제시해야 한다.

5) 대상자 선정

대상자 선정은 프로그램 실시의 근거가 될 수 있는 문제가 규명되면, 문제의 규모를 정확하게 보여주기 위한 것이다. 프로그램의 대상은 일반대상으로부터 위기대상, 표적대상, 클라이언트의 순으로 좁혀가는 위계적인 특성을 가진다. 이러한 대상을 좁혀가는 방법은 대상을 구체화하는 데 있어 이론적 기반을 단단히 하는 것이 대외적 명분을 강력하게 세우는 데 매우 효과적인데, 이는 사회복지사가 프로그램에 필요한 대상의 범위를 정확하게 알고 있음을 확인시켜 준다.

일반적으로 대상 집단이 속한 모집단은 시설이 서비스를 제공하는 행정 관할구역 내의 모든 사람을 포함한다. 이는 모집단과 유사한 개념으로 인구주택센서스나 각 관할지역의 사이트에 들어가 통계연보를 통하여 해당 집단의 규모를 제시해 줄 수 있다. 반면에 위기대상은 일반집단 중에서 문제에 노출되었거나 문제를 겪은 경험이 있는 사람들 혹은 어떤 욕구를 가지고 있거나 이러한 욕구가 잠재된 사람들로 구성되어야 한다.

위기집단은 대부분 국민기초생활보장 수급권자나 장애인 수, 혹은 노인 수처럼 보건복지 통계연보 등 각종 자료에 정확하게 포함된 경우가 있지만 노숙인, 결식아동, 가출청소년 등과 같이 비공식 자료 혹은 불분명한 자료로 인하여 인원을 추정해야 하는 경우도 있다. 추정을 통하여 위기집단을 선정하는 경우에는 인원추정방식을 구체적으로 제시해 주어야 한다.

표적대상은 프로그램 제공을 통해 문제해결의 대상으로 삼는 인구집단을 의미한다. 즉, 시설에서 반드시 서비스를 제공해 주어야 하는 대상이거나, 프로그램을 실시할 경우 직접적으로 프로그램에 참여할 자격을 가진 대상이다. 위기집단으로부터 표적집단을 추출할 때는 기준을 정하여 문제의 심각성이 높은 집단을 먼저 선정하되, 기관이 접근할 수 있는 지리적 경계 내에 있는 사람들로 한정하여야 한다.

6) 사업의 목적 및 목표 설정

프로포절 프로그램의 대상이 명료화된 후 다음 단계는 목표를 설정하는 것이다. 여기에서는 주로 목적, 목표, 세부목표로 구성된다. 목적이란 프로그램을 통해 궁극적으로 달성하고자 하는 포괄적이고 추상적인 지향점이다.

사업의 목적은 무엇을 위해 이 사업을 수행해야 하는가를 3~4줄 정도로 제시한다. 목표(goal)는 목적을 보다 구체화하여 방향성을 제시하는 것이지만 여전히 추상적인 용어로 표현된다.

프로포절에서 가장 중요한 것은 세부목표(objectives)인데, 세부목표는 프로그램을 통해 달성하고자 하는 구체적인 목표로 효과성 평가의 기준이 되며, 실현되어야 할 내용과 구체적인 방법, 달성될 계량화된 목표수치 등을 포함해야 한다. 프로그램의 성공 여부는 결국 세부목표의 달성 여부와 관련이 있으며 세부목표는 실현 가능하도록 구체적이고 정확하고 현실적인 언어로 표현되어야 한다. 또한 프로그램 시행 후 목표 달성 여부를 평가할 수 있도록 측정 가능한 언어로 표현되어야 한다.

7) 활동 내용

프로그램의 활동 내용은 프로그램의 구조, 담당인력, 일정표 등으로 구성되며 프로그램의 구조는 설정된 목표를 달성하기 위한 프로그램의 수행 방법을 설명한 것이다. 따라서 세부목표를 중심으로 프로그램의 내용과 수행을 위한 방법 및 매개물, 스태프와 클라이언트의 역할을 구체적으로 명시하면 되며 프로그램의 담당인력은 슈퍼바이저, 스태프, 자원봉사자 등을 모두 포함시키고 실명으로 기재하는 것이 원칙이다. 특히 담당인력의 경력이나 학력은 프로그램의 수행능력을 평가하는 매우 중요한 기준이기 때문에 구체적으로 명시할 필요가 있다. 일정표는 프로그램의 내용과 수행 방법을 진행일정에 따라 재구성한 것으로, 프로그램의 기간, 간격, 소요시간 등을 포함한다.

8) 예산 수립

프로그램을 운영하는 데 드는 비용은 예산으로 표현된다. 프로젝트 실행은 시간과 비용의 투여를 통해 이루어지게 된다. 따라서 프로포절 안에는 반드시 항목 예상 비용이 체계적으로 구조화된 예산안이 포함되어야 한다. 예산계획은 신청 프로그램의 총예산을 인건비, 관리비, 기자재 및 집기 구입비, 수용비, 사업비 등의 항목으로 나누어 각 항목의 산출근거를 구체적으로 제시한 것이다. 원칙적으로 프로그램 예산은 직접 경비와 간접 경비를 구분해서 제시해야 한다.

직접 경비는 신청 프로그램을 위해서만 직접 현금으로 새롭게 지출되는 경비를 의미하며, 간접 경비는 기관의 기존 시설이나 인원 중 신청 프로그램에 활용될 부분의 비용을 의미한다. 기존 인력 및 시설을 활용하는 경우는 이들이 신청 프로그램에 할당되는 비율을 근거로 간접 경비를 계산한다. 대부분의 기금들은 직접 경비만을 지원하는 것을 원칙으로 하고 있으나 공동모금회의 경우는 신청금액의 20%까지 인건비를 신청할 수 있도록 하고 있다. 간접경비 중 인건비의 일부를 지원받는 것도 가능하며 나머지 간접경비는 자부담으로 처리하면 된다. 자부담비는 전체 사업의 20% 정도로 책정한다. 자부담을 높이 책정할 경우 프로그램의 총경비가 늘어나 효율성 평가에서 불이익을 받을 수 있음을 유의해야 한다.

9) 평가계획

프로포절의 마지막 부분은 평가계획이다. 과정평가계획은 프로그램 일정표에 설정된 진행과업의 시기별 공정표를 작성하는 것으로 대신할 수 있고, 성과평가계획에는 평가지표, 측정도구, 평가 방법 등이 구체적으로 제시되어야 한다. 전문적인 프로그램에 대한 지원을 하는 기금일수록 보다 구체적인 평가계획안을 요구한다. 결론적으로 프로포절은 경쟁이다. 따라서 프로포절을 통해 기관에서 제안하는 프로그램이 문제해결을 위한 최선의 대안임을 증명할 수 있어야 한다. 이를 위해 프로그램 참여예정자 혹은 지역사회 주민들의 추천서를 첨부하는 것도 도움이 될 수 있다.

2. 한쪽의 프로포절(The One Page Proposal) 작성법

사회복지기관이 재단이나 개인에게 재정적인 지원을 받기 위해서는 한쪽의 프로포절

(The One Page Proposal)을 통해 참신하고 창의적인 결정적인 자료를 포함할 수 있어야 한다. 기획서는 사회복지사가 지원을 받고자 하는 대상자로부터 특정한 프로그램에 대한 과정을 수행하도록 인적·물적 자원을 제공받기 위해 작성하는 것이다.

한쪽의 기획서는 단지 사업표지를 통한 요약이 아니라 그것을 읽는 심사·평가위원들이 결정을 내리는 데 필요한 모든 정보를 전달하고 강력한 설득력을 가질 수 있다. 사회복지조직은 제공하는 프로그램의 기획서를 통해 프로그램에 대한 정보 제공뿐만 아니라 사회복지조직이 가진 비전, 미션, 지식, 열정을 제시해 줌으로써 꼭 사업지원을 받아야 한다. 다음은 이러한 한 장의 기획서를 쓰는 절차가 실명되어 있다. 철저한 정보수집부터, 제안서의 작성 및 절차를 간단하게 제시하였다(정무성 역, 2001).

1) 자료수집(research)

자료수집은 침착하게 자료를 수집하여 지식을 확립해야 한다. 이를 위해서는 충분한 정보 및 지식의 확보와 제안서의 목표와 주제에 대해 완벽하게 이해하고 있어야 한다. 따라서 다음을 염두에 두어야 한다.

① 자료수집 시에는 제안서와 관련한 원자료(raw-data) 확보 후 목록으로 작성해야 한다. 여기서 추측이나 가설은 배제해야 한다.

② 자료수집 시에는 알지 못하는 사항에 관한 리스트(list) 작성이 필요하다.

③ 자료수집 시에는 예상 질문에 대한 목록도 작성해야 한다.

④ 자료수집 시에는 제안서 제출 대상을 확립한 후에 상대에 따른 목표 수립이 필요하다.

⑤ 자료수집 시에는 다른 기관의 경쟁자, 이해관계자들 그리고 상반된 계획 등에 대한 대처방안을 마련해야 한다.

2) 한쪽의 기획서로 변환하기

한쪽의 기획서로 변환하기는 수집한 정보를 바탕으로 로드맵에 적용하여 제안서로 변환하는 것이다. 수집한 정보와 생각을 정리하여 분류하는데 이는 로드맵에 의거하여 항목별로 분류하고 각 부분의 정의와 목표에 대한 새로운 지식을 항상 의식하여야 한다. 이는 축소, 우선순위 정하기, 종이에 쓰기 시작으로 정리된다.

① 축소는 한 번에 한 항목에 집중하여 중요 사항이 아닌 자료는 제거하고 이를 반복한다.

② 우선순위 정하기는 중요도 및 논리적 근거에 따라 파일로 분류한다.
③ 제목 및 부제는 특별한 경우이므로 생략한다. 목표파일을 만든다. 목표파일은 중요 정보를 종이에 한 문장씩 목록화하고 목록의 검토(중요 정보 내포, 논리적 사고 과정, 결론과 이해의 정확한 반영), 문장을 연결하여 명확한 문단화를 한다.

3) 한쪽의 프로포절(The One Page Proposal) 작성단계

① 변환한 정보를 바탕으로 제안서를 작성한다.
② 제목: 한 줄 작성 및 구별되는 글자를 사용한다.
③ 부제: 단어의 선택과 표현력이 중요하다.
④ 목표: "~하기 위한 것"으로 끝맺음을 한다.
⑤ 2차 목표: 부가적 5~6개 목표를 상세히 설명, 튀는 문장 및 정확한 내용으로 표현한다.
⑥ 논리적 근거: 육하원칙에 의거한 설득적인 2~3개 문단으로 한다.
⑦ 재정: 사실에 입각하여 정확히 작성한다.
⑧ 현재 상태: 사업의 전반적 그림 및 열정을 내포한 현상을 명시한다.
⑨ 실행: 실행 가능한 요구사항의 정확한 표현을 한다.
⑩ 날짜와 서명: 공식문서일 경우, 반드시 날짜와 서명을 포함하여야 한다.

4) 마무리 단계

마무리 단계는 초고의 교정, 축소 및 압축, 작성된 초고를 깔끔하게 다듬어 마무리하는 과정으로 문장의 길이에 대해서는 흥미롭지만 불필요한 사실들은 삭제하고, 과다한 정보도 삭제해야 한다. 또한 일상적인 사항은 삭제하고 독특하고 특별한 사항들을 포함한다. 문체는 동일한 단어 및 동의어의 반복을 회피하고, 형용사, 부사 및 수식어를 삭제하며. 지나치게 세부적인 사항들은 회피함과 동시에, 동의어의 반복을 회피해야 한다.

3. 프로포절 양식 예시

사회복지공동모금회 2022년 배분신청서 표준양식은 다음과 같다.

〈성과중심형〉 사업계획서

1. 사업명:　　　　대상　　　　목적　　　　방법

• 대상, 목적, 방법과 관련된 정보를 담은 사업명을 적어주십시오.(슬로건은 부제(副題)로 병기해 주세요.)

2. 사업 내용 및 추진 전략

1) 사업 참여자 모집 전략

(1) 참여 대상 및 인원

핵심 참여자	
주변 참여자	

• 누가 이 사업에 참여합니까?
- (핵심 참여자) 성과를 측정하게 되는 대상은 누구이며, 인원은 몇 명입니까?
(이 사업에 참여하게 함으로써 누구의 변화를 이끌어내려고 하는 것입니까?)
- (주변 참여자) 성과측정 대상은 아니지만 핵심 참여자의 변화를 이끌어내는 데 중요한 역할을 하는 사람은 누구이며, 인원은 몇 명입니까?

(2) 참여자 선정 기준

• 어떤 기준을 세워서 참여자를 모집하게 됩니까?

(3) 참여자 모집 방안

• 기준에 적합한 참여자를 어떻게 모집할 예정입니까?

2) 사업 내용 및 사업 집행 전략

• 아래 내용을 모두 포괄하되, 자유롭게 (질문순서에 상관없이) 표현해 주시기 바랍니다.
- 전체 사업을 몇 개의 세부 사업으로 분류한다면 어떻게 구성될 수 있습니까?
- 사업을 어떻게 추진할 것인지에 대하여 세부 사업별 시행 방법, 시행 시기 및 횟수, 사업 진행 일정 등 구체적인 정보를 담아서 기술해 주시기 바랍니다.

3) 기관 연계협력 전략

• 위의 사업 집행 전략과 관련하여, 지역사회 내(또는 그 범위를 넘어서) 어떤 기관들과 유기적인 협조관계를 가질 것인지에 대하여 아래 내용을 포함하여 기술해 주시기 바랍니다.
- 협력 기관이 세부 사업에서 어떤 역할을 담당하게 되는지, 그때 신청기관의 역할은 무엇인지, 이러한 협력체계는 어떤 절차를 통해 진행되는지 등

3. 예산 편성

(단위: 원)

목	세목	세세목	계	산출근거	예산조달 계획				
					신청금액	비율 (%)	자부담	비율 (%)	자부담 재원
총 계									
인건비									
	소 계								
사업비									
	소 계								
관리운영비									
	소 계								

- 사업에 직접 투입되는 비용을 인건비, 사업비, 관리운영비로 구분하여 작성해 주시기 바랍니다.
  - (인건비) 해당 사업을 직접적으로 수행하는 인력에게 투입되는 비용
  - (사업비) 프로그램 수행에 필요한 직접비용
  - (관리운영비) 프로그램의 수행에 필요한 간접비용(사업관리에 필요한 비용)
  - 예산 수립 시 "예산편성기준표"를 참고하여 주시기 바랍니다.
- 세목은 세부 사업별로 구분하고 단위가 큰 경우 세세목으로 구분하여 작성하시기 바랍니다.
- 산출근거는 실제 단가, 수량, 인원수, 건수, 횟수 등을 구체적으로 기록해 주시기 바랍니다.

4. 문제 의식(사업 필요성)

1) 사업 계획 배경

- 왜 이 사업을 기획하게 되었습니까?
  - 귀 기관이 관심을 가지기 전에는 어떤 상태에 있었는지, 인근 다른 지역에도 유사한 상황이 있다면 어떻게 대응하고 있는지에 대해서도 서술해 주시기 바랍니다.

2) 기존 유사사업과의 차별성

- 기존의 시각이나 접근방식과 다른 점은 무엇입니까?

3) 신청기관의 강점

- 이 사업을 신청기관에서 수행해야 하는 이유에 대해 사전조사 내용, 관련 분야 수행 경험 등을 포함하여 기재해주시기 바랍니다.

5. 목표 및 평가

1) 산출목표

세부 사업명	산출목표	모니터링 방법

- 성과목표를 달성하기 위해 이끌어내야 하고 모니터링해야 하는 산출목표는 무엇입니까?

2) 성과목표 및 평가 방법

성과목표	평가 도구 및 방법	측정 시기

- (성과목표) 성과목표와 관련하여 아래 내용들에 대해 작성해 주시기 바랍니다.
  - 핵심 참여자의 어떤 부분을 어느 수준까지 변화시키는 것입니까?
  - 작성하고자 하는 성과목표가 이후에 기술되는 평가 방법을 통해 달성 여부를 알 수 있게 됩니까?
  - (성과라고 강조하고 싶은데) 양적으로 드러내기(수치화하기) 어려운 성과목표가 있다면 무엇입니까?
  - 앞서 기술하신 사업 내용과 성과목표를 논리적으로 연결하여 작성해 주십시오.
- (평가 도구 및 방법 / 측정 시기) 성과목표 달성 여부와 정도를 어떻게 평가하실 건가요?
  - 성과목표 달성 여부와 정도를 판단하기 위해 어떤 성과지표를 설정하실 건가요?
  - 제시된 성과목표에 대한 평가계획(자료수집 방법, 측정시기 등)은 어떠한가요?
  - 수치화하기 어려운 성과목표가 있다면 어떤 평가 방법을 통해 변화의 수준과 의미를 드러내실 건가요?

6. 사업 종료 후 지향점

1) 사업 수행으로 인한 기대 효과

- 이 사업이 성공적으로 수행된다면 기대되는 효과는 무엇입니까?

2) 사업 결과의 활용 계획

- 사업의 효과로 나타난 결과를 어떻게 활용할 계획입니까?
- 사업 결과를 통해 유사기관이나 지역사회에 꼭 알리고 싶은 이야기가 있다면 무엇입니까?

제 13 장

사례관리 과정 기록

| Ⅰ. 사례관리 |

| Ⅱ. 사례관리 과정 및 기록 |

| Ⅲ. 사례관리 과정 사정도구 및 활용 양식 |

Social Work Practicum and Seminar

I 사례관리

1. 사례관리의 개념 및 특징

사례관리란 개개인의 욕구에 대응해 여러 가지 서비스를 짝 맞추어 주는 과정이다. 사례관리서비스를 필요로 하는 사람들의 욕구도 각 사람에 따라 다르기 때문에 서비스를 개별적으로 맞추어 내는 것을 의미한다(Moxley, 1989; Baker & Intagliata, 1992; 김상곤, 2008; 권진숙 외, 2009).

사례관리는 만성적이고 복합적인 문제를 가지고 있는 클라이언트를 대상으로 사회적 기능과 복지증진을 도모하기 위하여 공식 · 비공식적인 자원을 조직 · 조정 · 유지함으로써 클라이언트의 문제와 욕구에 부합하는 맞춤형 포괄적 서비스를 제공하는 통합적 접근 방법이다.

사례관리의 정의 속에 담겨져 있는 특징을 살펴보면 다음과 같다.

첫째, 통합적 접근 방법이며, 체계적이고 전문적인 과정이다.

둘째, 적극적인 방법으로서 사회복지서비스 전달의 책임성을 강조한다.

셋째, 클라이언트의 욕구와 선호에 대응하는 맞춤형 포괄적 서비스를 제공한다.

넷째, 서비스 연결과 조정 등의 간접적 서비스와 직접적 서비스를 포함한다.

다섯째, 클라이언트의 관여와 자기결정 그리고 임파워먼트를 강조한다.

여섯째, 창조적이고 협력적인 과정이다.

일곱째, 자원연계를 통한 서비스의 효율성과 효과성을 강조한다.

2. 사례관리의 목적과 원칙

1) 사례관리의 목적

인타그리아타(Intagliata, 1992)는 보호의 연속성 제공, 서비스 제공의 보장, 서비스에 대한 접근성 강화, 서비스의 중복 방지 등을 목적으로 제시하고 있다. 전미사회복지사협회(NASW, 1992)에 의하면, 사례관리의 주요한 목적은 다양하고 복합적인 욕구를 가진 클라이언트에게 가장 효과적이고 효율적인 양질의 서비스를 제공함으로써 클라이언트의 기능을 최적화하는 것이다. 그리고 사례관리의 목적에 클라이언트의 발달적 능력, 문제해결능력 그리고 대처능력을 강화하는 것을 포함하고 있다.

목슬레이(Moxley, 1989), 커스트-애쉬맨과 훌(Kirst-Ashman & Hull, 2002)은 사례관리의 목적을 다음과 같이 제시하고 있다.

① 사회적 서비스와 사회적 지원을 활용하는 데 있어서 클라이언트의 기술과 능력을 증진

② 클라이언트의 기능을 강화하기 위해 사회적 지지망과 관련된 서비스의 능력 개발

③ 효과적이고 효율적인 서비스 전달을 증진

2) 사례관리의 원칙

사례관리는 사회복지실천의 일반적인 원칙을 따르면서도 차별적인 원칙을 강조하고 있다. 사례관리의 원칙을 제시하면 다음과 같다(Kirst-Ashman & Hull, 2002).

① **서비스의 개별화**(individualization of services): 클라이언트에게 제공될 서비스는 클라이언트의 확인된 욕구를 충족시키기 위해 특별하게 개발·설계된다.

② **서비스의 포괄성**(comprehensiveness of services): 클라이언트에게 제공되는 서비스의 범주는 주택, 레크리에이션, 고용, 사회적, 재정적, 의료적 보호, 정신건강서비스 등 클라이언트의 삶의 모든 영역을 포함한다.

③ **서비스 중복 방지와 비용의 효율성**(parsimonious services): 클라이언트에게 제공되는 서비스의 중복을 방지하고 서비스 제공에 드는 비용을 통제해야 한다. 서비스 제공기관 간에 조정이 이루어지지 않을 경우, 어떤 욕구의 경우에는 서비스가 중복적으로 제공될 수 있으며, 다른 욕구는 충족되지 못하는 결과를 가져올 수 있다.

④ **클라이언트의 자율성 육성**(fostering autonomy): 사례관리의 주요 초점은 가능하면 자급자족할 수 있도록 클라이언트를 돕는 것이다. 뿐만 아니라 클라이언트의 자기결정권을 최대한 보장함으로써 클라이언트가 자기 자신을 보호하는데 내려지는 결정에 최대한 많이 관여하도록 하는 것이다.

⑤ **보호의 연속성**(continuity of care): 클라이언트가 경험하는 문제와 욕구는 복합적이므로 클라이언트의 삶의 전반에 도움을 필요로 한다. 또한 그들이 경험하는 문제는 만성적이어서 순식간에 회복되기 쉽지 않다. 따라서 사례관리서비스는 클라이언트의 욕구에 대한 지속적인 점검을 통해서 보호의 연속성이 보장될 수 있어야 한다.

한편 우드사이드와 맥클램(Woodside & McClam, 2006)은 커스트-애쉬맨과 훌(Kirst-Ashman & Hull, 2002)이 제시한 원칙 이외에 다음과 같은 원칙을 제시하였다.

① **서비스에 접근할 수 있는 공평성**(equal assess to services): 도움이 필요한 모든 사람은 민족, 인종, 종교, 성적인 지향, 사회·경제적인 지위 또는 장애와 상관없이 사례관리 서비스에 접근하고, 요청하고 활용할 수 있는 동일한 기회를 가져야 한다.

② **양질의 보호서비스**(quality care): 사례관리 실천에서 모든 클라이언트에게 양질의 서비스를 제공해야 한다. 품질보장은 사례관리의 중요한 구성요소이다.

③ **클라이언트의 임파워먼트**(client empowerment): 사례관리 실천에 있어서 임파워먼트는 클라이언트를 개인으로서 존중하고, 그들이 가지고 있는 강점과 관심을 구축하며, 그들을 동반자 역할을 부여하고, 그들이 자급자족할 수 있는 방향으로 움직여나갈 수 있도록 하는 것을 의미한다.

④ **평가**(evaluation): 사례관리 실천에서 평가는 과정에 대한 사정, 성과평가, 과정의 질 평가 등 사례관리의 전 과정을 통해서 이루어진다. 클라이언트 관련한 평가의 초점은 클라이언트의 변화 만족, 서비스의 통합, 서비스의 질, 성과 등이다. 평가의 전 과정에 전문가와 클라이언트가 함께 한다.

3. 사례관리의 구성요소

사례관리는 클라이언트에게 필요한 통합적 서비스를 전달하는 작동체계이며, 포괄적 프로그램이 확실히 이루어지게 하는 하나의 메커니즘이므로 사례관리의 구성요소로서 사례관리 운영체계를 포함해야 한다는 입장이 있다. 권진숙 외(2009)가 제시한 사례관리 구성요소를 설명하면 다음과 같다.

1) 클라이언트

클라이언트는 대부분 복합적인 욕구를 가지고 있어 하나 이상의 사회자원을 필요로 하지만 자원의 소재와 이용 방법에 대해 잘 모르는 사람을 말한다. 현재 사회복지기관을 중심으로 지역의 저소득층 가족, 아동, 청소년, 노인 등 신체적·정신적·경제적·사회적 문제 등 복합적 문제를 가진 다양한 클라이언트가 대상이 된다. 중요한 것은 클라이언트의 범주에 대한 행정적인 기준을 정해 놓는 것이다. 다시 말하면, 사례관리 대상자의 자격조건과 선정기준, 사례관리 대상자의 규모, 사례관리 대상자의 유형 등과 같은 사항을 규정하는 것이 필요하다. 이러한 사항에 대한 행정적인 기준을 마련함으로써 클라이언트의 상황과 특성에 맞는 관리가 가능해질 수 있을 것이다.

2) 사회적 자원

사회자원은 인적·물적 서비스를 제공하고 지원하는 다양한 차원의 공급주체를 말한다. 가족, 친척, 동료, 이웃, 자원봉사자 등의 비공식적인 자원과 행정가, 행정기관, 공공복지시설, 법인 등의 공식적 자원이 클라이언트의 문제를 해결하기 위해 조정·통합되어 필요한 서비스로 제공된다. 사례관리자는 자원 활용의 효율성을 높이기 위하여 자원을 조직화하고 자원목록을 작성하도록 한다.

3) 사례관리자

사례관리자는 앞에서 언급한 두 가지의 구성요소를 효과적이고 체계적인 방법으로 연계하는 역할을 수행한다. 여러 가지 서비스 공급주체에 의한 사회자원을 클라이언트가 활용하여 욕구를 충족해 갈 수 있도록 촉진하고, 조정하고, 연결시켜 나감으로써 클라이언트 자신의 능력을 향상시키고 서비스 공급주체들의 능력 또한 발전시키는 것이 사례관리자의 역할이다.

4) 사례관리 과정

사례관리를 시간적으로 전개해 가는 요소로 사례관리 과정을 들 수 있다. 이 과정은 보통 접수, 사정, 개입계획, 서비스 조정, 점검과 재사정, 평가와 종결, 사후관리 등으로 진행된다.

5) 사례관리 운영체계

사례관리는 클라이언트에게 필요한 통합적 서비스를 전달하는 작동체계이기 때문에 효율적인 운영체계의 구축이 필요하다. 사례관리 운영체계는 기관 내부운영체계와 외부운영체계로 구분할 수 있다. 기관 내부운영체계는 사례관리 전담팀을 구성하고 프로그램과 서비스 제공팀, 자원개발 및 주민조직화팀을 구축하고 팀 또는 기관 사례회의를 통해서 상호 협력해 나간다. 기관 외부운영체계는 지역사회 내에서 클라이언트의 삶과 밀접한 관련이 있는 공공과 민간의 서비스 제공기관들로 구성된 통합사례관리팀을 구축하고, 클라이언트를 돕는 데 협력할 수 있는 다양한 기관들이 함께 하는 통합사례회의를 통해 협력을 강화하도록 해야 한다. 이러한 운영체계 이외에도 슈퍼비전 체계, 솔루션 위원회 등과 같은 지원체계가 필요하며, 공공부문과 민간부문이 함께 하는 사례관리 전달체계의 구축이 필요하다.

4. 사례관리자의 역할

1) 자원조정자(resource coordinator)

자원조정자는 클라이언트에게 필요한 도움과 서비스를 연결하고 결합시킴으로써 중요하고 필요한 지원을 제공한다. 일차적으로 강점을 실행할 수 있는 기획과 자원이 활용 가능성을 확인함으로써 결핍된 모든 욕구를 서비스의 중복이나 반복 없이 충족할 수 있도록 한다(Maguire, 2002; 배태순 외 역, 2007).

2) 직접적인 서비스 제공자(direct service provider)

사례관리자는 치료자, 상담자, 원조자 또는 클라이언트에게 필요한 서비스를 제공하는 일차적인 기관으로서 클라이언트에게 개입한다. 사례관리자가 치료, 현금, 또는 정보를 제공한다고 하더라도 서비스는 사례관리자에 의해 직접적으로 제공된다(김만두 편역, 1992; 권진숙 외, 2009).

3) 계획자(planner)

사례관리자는 클라이언트와 함께 일하면서 클라이언트가 자신들의 강점과 표현된 문제를 사정하도록 돕는다. 그리고 관련된 목적을 충족시킬 수 있는 전략을 개발하고, 이러한 목적을 성취하기 위해 클라이언트가 수행해야 할 과업을 설계한다.

4) 점검자(monitor)

사례관리자는 목적달성에서의 진전 사항 또는 부족, 욕구충족, 관련된 과업의 완수, 자원 제공 그리고 성과의 달성 여부를 사정한다.

5) 지지자(supporter)

사례관리자는 욕구를 충족하고 자원을 개발하기 위해 설계된 행동과 과업 성취를 이룰 수 있도록 클라이언트를 격려하고 강화한다. 새로운 행동이 시도되는 초기 단계에 클라이언트에게 지지와 격려를 제공해야 한다.

6) 평가자(evaluator)

사례관리자는 목적 성취와 관련해서 클라이언트에게 피드백을 제공하고, 필요할지도 모르는 추가적이거나 다른 자원 또는 서비스를 확인한다. 평가의 과업은 효과적으로 수행된 것과 그렇지 않은 것을 객관적으로 사정하는 것과 클라이언트의 행동과 변화에 대한 통찰이 클라이언트 내부적으로 유용한지를 확인하는 것을 포함한다.

7) 옹호자(advocator)

클라이언트 옹호는 사례관리의 가장 중요한 역할 중의 한 가지다. 옹호란 클라이언트가 스스로 할 수 없거나 거리는 일을 사례관리자가 대신하는 것을 의미한다(권진숙 역, 2004). 사례관리자는 클라이언트를 대변하여 클라이언트의 요구사항을 구체화시키고, 가능한 한 자원이 클라이언트에게 적절히 공급될 수 있도록 노력하며, 클라이언트의 옹호자로 활동한다(엄명용 외, 2014).

Ⅱ 사례관리 과정 및 기록

사례관리실천 과정에서 기록은 매우 중요하다, 기록은 사회복지사의 중요한 책무이기도 하다. 사례관리실천 과정에서 면담을 통해 사례관리 대상자가 겪는 어려움, 결핍된 욕구와 필요한 자원 등을 확인하며, 기록된 내용을 중심으로 사례관리 대상자를 이해하고 사례관리 개입을 위한 방향을 설정하고, 개입계획을 수립할 수 있다(홍나미 외, 2022).

사례관리 과정 중에서 사례 발견과 인테이크하는 초기 단계와 사정 단계 중심으로 사회복지현장실습 실습생이 참관하거나 참여할 수 있을 것이다. 인테이크 단계의 초기면접지 및 사정 단계의 사정기록지 양식 예시(길귀숙 외, 2021; 표 13-2, 표 13-3)를 참조하여 사례관리실천 과정 기록에 활용할 수 있을 것이다.

사례관리의 과정은 클라이언트의 특성이나 실천 현장 그리고 적용하는 사례관리 모형에 따라서 다르게 적용될 수 있다. 사례관리의 과정이 몇 개의 단계로 통합되는 것이 간략해 보이기는 하지만 지나치게 통합될 경우, 사례관리 실천에서 소홀히 다루어지거나 생략되는 경향을 발견할 수 있다. 따라서 사례관리 실천에서 나타나는 전 과정을 세분화해서 재구성하면 다음과 같이 8단계로 구분하여 볼 수 있다(길귀숙 외, 2021).

관여	사정	기획	실행	점검 및 재사정	평가	종결	사후관리
• 사례 발견 • 인테이크	• 욕구사정 • 자원사정	• 목표 수립 • 계획 수립 • 서비스 동의	• 직접실천 • 간접실천	• 모니터링 • 재사정	• 중간 평가 • 결과 평가	• 종결 • 종결 보고	• 사후관리

그림 13-1 사례관리실천 과정

표 13-1 사례관리의 주요 단계별 과정

단계		주요내용
1. 관여 engagement	1) 사례 발견 case finding	1) 자발적 방문 2) 의뢰 3) 현장 접근
	2) 접수 intake	1) 접수 내용: 인구사회학적 특징, 문제와 욕구의 내용과 수준 2) 자격 심사 3) 인테이크 양식 활용

단계		주요 내용
2. 사정 assessment		1) 사정 내용: 다면적 문제와 욕구, 강점과 자원, 자원 활용, 변화의 의지 등 2) 사정도구: 욕구, 강점 사정표, PIE 체계, KOMI 이론, 가계도(genogram), 생태도(eco-map), 사회망 그리드(social grid), 사정척도 등 3) 사정의 수준에 따라 클라이언트 구분: 고위험, 중위험, 저위험 4) 사정도구 양식 활용
3. 기획 planning	1) 목표 수립 building objectives	1) 사정을 근거로 장기목표 · 단기목표 설정 2) SMART한 목표
	2) 계획 plan	1) 사정-목표와 연관된 계획 수립 2) 생태학적 관점에 근거하여 다면적입 개입계획 수립 3) 클라이언트와 가족의 강점 및 지역사회 자원의 활용 극대화 4) 클라이언트의 참여와 자기결정 강조 5) 계획서 양식 활용
	3) 계약 contract	1) 서비스 제공 목표, 내용에 대한 설명, 선택 가능성 제공 2) 서비스 제공자의 역할 클라이언트의 역할 공유 3) 종결 조건 제시 4) 서면 동의서 양식 활용
4. 실행 implementation		1) 수립된 계획에 따라 서비스를 제공하거나 자원 연결 및 조정 2) 직접 제공, 자원 연계 및 서비스 구매, 클라이언트 의뢰
5. 점검 및 재사정 monitoring & reassessment		1) 모니터링 ① 제공자 측면: 서비스 제공 여부, 서비스의 질 점검 ② 클라이언트 측면: 클라이언트의 변화, 상황 및 환경의 변화 2) 재사정: 정기적 또는 필요한 경우 재사정 3) 점검 및 재사정 양식 활용
6. 평가 evaluation		1) 중간 평가 ① 목표달성 정도 ② 개입전략의 효과성 및 효율성 검토 2) 종결 평가 ① 목표달성 여부 ② 클라이언트의 만족도 ③ 사회적 자원 활용 수준 등 3) 평가양식 활용
7. 종결 termination		1) 종결은 최종의 목표가 달성했는가를 의미하는 것이 아님 2) 종결의 조건 ① 목표의 달성 ② 목표를 향해 스스로 움직일 수 있는 만족스러운 모습을 보여줄 때 ③ 지역사회 지원체계 혹은 의뢰된 자원제공자와 성공적으로 일하고 있을 때 3) 종결보고 양식 활용

단계	주요내용
8. 사후관리 follow up	1) 종결 이후 클라이언트나 기관의 전문가들이 어떻게 지내고 있는지 확인 2) 전화나 편지로 실시 3) 클라이언트가 지원이 더 필요한지, 지역사회 자원을 잘 활용하고 있는지, 의뢰가 적절하였는지 등 결정 4) 사후관리 계획 양식 활용

출처: 길귀숙 외(2010: 341-342)

1. 관여: 사례 발견 및 인테이크

1) 사례 발견

사례 발견이란 사례관리가 필요한 대상자를 발견하고, 접촉하는 것을 의미한다. 사례 발견에 있어서 중요한 것은 사례관리 대상자의 범주를 규정하는 것이다.

사례를 발견하는 방법은 크게 자진 방문과 기관 내부 의뢰, 외부 의뢰 그리고 현장주의 접근에 의해서 이루어진다. 사례관리자들은 클라이언트의 접근성을 강화하기 위해 다양한 노력을 기울여야 한다(권진숙 외, 2009). 사례관리자는 클라이언트들이 자진해서 방문할 수 있도록 리플렛, 홈페이지, 게시판, 현수막, 전단지 등과 같은 다양한 매체를 활용하여 사례관리서비스에 대해 적극적으로 홍보하는 것이 필요하며, 개방적이고 친절한 분위기를 유지하는 것이 필요하다.

2) 인테이크

인테이크(intake) 단계에서 가장 중요한 것은 다양한 정보원을 통해서 정확하고 풍부한 정보를 수집하는 것이다. 이를 위해서 클라이언트와 협력적인 관계 수립은 물론 클라이언트의 가족이나 주요 정보 제공자와 협력적인 관계를 수립하는 것이 필요하다.

인테이크를 수행하는 방법은 기존 정보 활용, 면담, 가정방문, 주요 정보제공자 면담 등이 있다. 가능하다면 사례관리가 필요한 클라이언트의 문제와 욕구와 관련된 모든 가족구성원을 대상으로 면담을 실시하는 것이 바람직하다.

인테이크 내용에는 클라이언트 관련 정보와 가족 그리고 그들의 환경 관련 정보가 필요하다. 클라이언트 관련 정보에는 인구학적 특성, 출생상태, 건강 및 발달, 가정생활, 사회적 관계, 클라이언트가 인식하고 표출하는 욕구 등에 관한 정보를 수집한다.

2. 사정

사정이란 사례관리자와 클라이언트가 클라이언트의 명백한 욕구에 관한 정보를 수집하고 분석하며, 우선 순위화하고, 종합화하는 가운데 서로가 협동함으로써 이루어지는 과정이다(Hepworth & Larsen, 1982; 김만두 편역, 1992). 사정은 관여하고 있는 클라이언트와 클라이언트가 처한 상황, 두 가지 측면을 감정하고 평가하는 것을 의미한다(Woodside & McClam, 2006). 지속적인 과정으로서의 사정은 협력적이고, 클라이언트의 적극적인 관여를 기반으로 강점에 기반을 두어야 한다(Miley et al., 1998).

사정의 첫 번째 영역은 클라이언트의 욕구(needs)와 선호(wants)를 명확하게 하는 것이다. 사례관리자가 사정해야 할 욕구의 주요 영역에는 소득, 주택·보호처, 고용·직업, 건강보호, 정신건강, 사회적·인간 상호적 관계, 여가선용과 오락, 일상생활의 활동, 이동수단, 법적 욕구, 교육 등이 포함된다. 욕구와 선호 사정에 있어서 또 한 가지 중요한 것은 욕구와 선호의 우선순위를 정하는 것이다. 욕구의 우선순위는 긴급성과 중요성을 근거로 결정하되 클라이언트의 의견을 반영하는 것이 바람직하다.

사정의 두 번째 영역은 환경적인 도전을 충족시킬 수 있는 클라이언트의 능력을 사정하는 것이다. 여기서 말하는 능력이란 위생, 의상, 금전 관리 능력 등을 포함한다(Kirst-Ashman & Hull, 2002). 사례관리자는 클라이언트의 단점이나 결함에 초점을 두는 것이 아니라 클라이언트의 강점과 능력에 초점을 두어야 한다(Saleebey, 2002).

사정의 세 번째 영역은 클라이언트의 비공식적 집단의 보호능력을 사정하는 것이다(Kirst-Ashman & Hull, 2002). 비공식적인 집단에는 가족, 친구, 이웃, 준사회복지사, 점원, 종교단체나 모임의 멤버, 급우 등을 포함한다. 비공식적인 보호에는 음식이나 주거와 같은 물질적인 지원과 심리·정서·사회적 지지를 포함한다(Moxley, 1989).

사정의 네 번째 영역은 공식적인 지원체계의 자원을 사정하는 것이다(Kirst-Ashman & Hull, 2002). 클라이언트의 욕구를 충족시키기 위한 공식적인 지원체계의 능력 사정에서는 자원에 대한 이용 가능성, 적절성, 적합성, 수용 가능성, 접근 가능성 등에 초점을 둔다(Moxley, 1989). 사례관리자는 과거에 이용했거나 현재 이용하고 있는 자원, 그리고 미래에 활용 가능한 자원을 사정해야 한다.

사정에 있어서 또 다른 목적은 클라이언트의 욕구충족을 방해하는 장애물을 사정하는 것이다. 장애물은 크게 내부 장애물과 외부 장애물의 두 가지로 분류된다. 먼저 내부 장애물이란 자원발견 혹은 네트워킹을 방해하고 있는 사람이나 내용을 의미하는데, 무관심, 무기력, 무동기, 비관주의, 비판주의, 운명주의, 냉소주의 등이 이에 속한다. 사례관리자는 클라이언트와 가족과의 강점 관점에 기반을 둔 임상적 개입을 통해 그들이 스스로 문제해결을 위한 노력을 할 수 있도록 원조해야 한다. 외부 장애물이란 클라이언트가 필요한 자원을 얻는 데 있어서의 어려움 또는 클라이언트의 욕구충족을 어렵게 하는 사람, 다시 말하면 표적체계를 의미하기도 한다. 외부적인 장애물을 제거하고 자원을 획득할 책임은 기본적으로 클라이언트에게 있으나 사례관리자는 자원 사정, 개발, 연결, 유지 등에 대한 전문성을 가지고 클라이언트와 가족이 외부 장애물을 극복할 수 있도록 도와야 한다(권진숙 외, 2009).

3. 기획

사례관리의 맥락에서 기획은 의미 있는 중요한 목적을 정하고, 이렇게 정해진 목적에 수반되는 활동들과 서비스들을 발전시키는 체계적인 과정이다(김만두 편역, 1993). 사례관리에서 기획은 크게 두 가지 요소로 구성되는데, 목표 수립과 계획 수립이다. 두 가지 요소에 대해 자세하게 설명하면 다음과 같다.

1) 목표 수립

목표 수립은 기획과정에서 이루어지는 중요한 요소이다. 목표란 사례관리서비스를 통해서 클라이언트의 삶에 어떤 변화를 만들어 낼 것인지를 의미한다. 사례관리의 목표는 클라이언트의 욕구와 연결되어 있으며, 욕구가 충족된 상태를 의미한다.

목표는 크게 영향 목적과 서비스 목표로 구성되는데, 영향 목적이란 개입을 통해서 기대되는 결과로서 클라이언트 삶의 중요한 측면(aspects)들의 변화를 의미한다. 서비스 목표는 영향 목적으로부터 분화되어 나오는데, 서비스 목표는 영향 목표를 달성하기 위한 단계적인 목표이다. 사례관리 목표 수립에서 일반적으로 영향 목표는 장기 목표가 되고 서비스 목표는 단기 목표로 표현된다. 사례관리자는 클라이언트의 욕구의 우선순위에 따라서 목표의 순선 순위를 정하고 단계적으로 목표를 성취하기 위해 노력해야 한다.

2) 계획 수립

계획 수립은 클라이언트의 욕구충족을 위해 수립된 영향 목적과 서비스 목적을 성취하기 위해 구체적인 활동과 서비스 내용을 설계하는 과정이다(Kirst-Ashman & Hull, 2002; Woodside & McClam, 2006). 이러한 과정은 사정 단계에서 이루어진 클라이언트의 욕구와 선호 사정, 클라이언트의 자기보호 능력 사정, 비공식적인 지원망의 사정, 공식적 자원망에 대한 사정과 밀접하게 연결되는 과정이다. 사례관리자는 클라이언트의 욕구와 선호, 강점과 자원 그리고 지원계획을 논리적으로 연결시키면서 전환적으로 사고하는 것이 필요하다. 서비스 계획은 클라이언트와 사례관리자 모두에게 방향성과 초점을 제시하게 되는데, 상호협력적인 노력을 통해서 이루어지게 된다(Gursansky et al., 2003). 사례관리 계획은 활동 내용, 서비스 개시 및 종료 기간, 서비스 제공자, 제공주기와 방법 등 구체적인 내용이 포함되어야 한다.

3) 서비스 동의

서비스 동의는 수립된 계획에 의거하여 제공 가능한 서비스에 대해 클라이언트에게 설명하고, 서비스 이용 및 사례관리 과정에 참여할 것에 대해 클라이언트 또는 대리인과 사례관리자 및 사례관리기관 간에 계약을 수립하는 것을 의미한다. 서비스 동의 내용에는 사례관리의 목적과 목표, 서비스 내용, 클라이언트와 사례관리자의 역할, 종결조건 등이 포함된다. 서비스 동의 과정을 통해 서비스의 내용과 상호 간의 역할을 명확하게 할 수 있으며, 사례관리 실천에 클라이언트의 참여를 촉진할 수 있게 된다.

4. 실행

실행과정은 사례관리자에 의해 제공되는 직접적인 서비스와 자원체계에 의해 제공되는 간접적인 서비스로 구성된다(Kirst-Ashman & Hull, 2002).

1) 직접적 서비스

직접적인 서비스에는 위기개입, 의사결정이 어려운 클라이언트를 지지하는 것, 클라이언트의 환경을 수정하도록 돕는 것, 위기 상황에서 정서적인 반응을 극복하도록 돕는 것 등이 포함된다. 또한 사례관리자는 클라이언트가 동기를 부여하는 것, 클라이언트를 지지하는 것, 클라이언트가 공식적인 자원체계와 협상하도록 돕는 것과 같은 직접적인 서비스를 제공한다. 사례관리자는 직접적인 서비스를 제공하기 위하여 상담자, 교사, 지지자, 중재자 등과 같은 역할을 수행한다. 사례관리자는 직접적 서비스를 통해서 클라이언트의 문제해결력뿐만 아니라 자기지향성(self-direction)을 강화할 수 있도록 해야 한다.

2) 간접적 서비스

사례관리자가 제공하는 간접적 서비스에는 중개서비스, 자원연결서비스, 서비스 조정, 클라이언트 옹호, 사회적 지지망 구성, 서비스 제공 조직에 대한 지지와 협상 등의 서비스가 포함된다(장인협 편역, 1993).

5. 점검 및 재사정

1) 점검

사례관리 실천에서 점검은 클라이언트에게 제공되는 완성된 계획에서 정해진 서비스와 자원의 전달과정을 추적하는 방법으로서 사례관리자에 의해 행해지는 활동적이고 유동적인 과정이다. 사례관리자는 점검 활동을 통해서 서비스 계획이 적절하게 이행되고 있는지, 설정된 목적과 목표가 성취되고 있는지, 서비스 계획의 변화를 요구하는 새로운 욕구가 있는지를 점검한다. 아무리 완벽한 계획이라도 변화, 수정, 개선을 필요로 하게 되는데(Gursanskyet al., 2003), 사례관리자는 점검과정 동안 서비스 계획을 재기술할 필요가 있으며, 기록을 유지하고 문서화해야 한다. 점검은 공식적인 의사소통, 공식적 · 비공식적인 회의, 전화접촉, 사례기록, 공식적 평가 장치 등을 통해서 이루어진다. 점검 주기는 프로그램의 목적, 사례량, 이용 가능한 자원, 클라이언트의 특징이나 기관에서 정한 원칙에 따라 달라지는데, 하루에도 몇 회씩 이루어지기도 하고, 일주일에 몇 회, 한 달에 한 번, 일 년에 한 번 이루어질 수도 있다(Woodside & McClam, 2006).

2) 재사정

재사정이란 사례점검 결과 클라이언트의 변화 내지는 클라이언트가 처한 상황이나 환경의 변화로 인해 새롭게 나타나는 문제와 욕구가 분석하는 것을 말한다(김상곤, 2008). 재사정은 공식적일 수도 혹은 비공식적일 수도 있으며, 주기적으로 이루어질 수도 혹은 필요한 경우에만 이루어질 수도 있다(엄명용 외, 2014). 재사정이 필요한 경우, 초기의 사정양식을 활용하거나 수정하여 재사정을 실시하도록 한다.

6. 평가와 종결

1) 평가

사례관리에서 평가는 중요한 부분이다. 평가는 사례관리 과정, 성과, 과정의 질에 대해 사정하는 것이다. 평가는 사례관리의 전 과정을 통해서 이루어진다. 평가의 초점은 클라이언트의 관련성, 클라이언트의 변화와 만족도, 서비스의 통합 정도, 서비스의 질 그리고 클라이언트의 성과이다. 평가과정에서 사례관리자와 클라이언트의 협력이 필요하다(Woodside & McClam, 2006). 평가의 차원은 클라이언트와 가족, 사례관리기관, 지역사회 수준에서 이루어질 수 있다. 사례관리를 평가하는 방법은 일반적인 사회복지실천의 평가 방법을 준용하게 되는데, 크게는 질적인 평가와 양적인 평가로 구분될 수 있으며, 만족도 조사, 목표 달성 척도, 표준화된 척도에 의한 집단조사설계, 단일사례설계 등 다양한 평가 방법이 활용될 수 있다.

2) 종결

종결이란 사례관리자가 클라이언트에 대한 서비스를 중단하는 단계를 말한다. 일반적으로 사례관리에서 종결은 초기에 설정된 모든 목표가 성취되어 클라이언트의 욕구가 충족되었거나 클라이언트 스스로가 자신의 삶을 유지해 나갈 수 있는 능력이 개발되었을 때 실시한다. 종결의 요건이 충족되면, 사례관리자는 클라이언트와 협의하여 종결 시기를 결정하도록 한다. 종결에 있어서 다른 이슈는 종결 시 나타날 수 있는 불안이나 부정적인 정서를 다루는 것이다. 사례관리자는 이러한 감정을 다루기 위해 클라이언트를 지지하고 격려하도록 한다. 또한 사례관리자는 클라이언트가 학습한 특정한 변화를 강화하고, 클라이언트의 성장과 변화에 대해 칭찬함으로써 클라이언트를 임파워먼트할 수 있다. 사례관리자는 사례관리를 종결할 때, 클라이언트가 최초로 제시된 문제를 다룰 수 있는 능력이 있다는 확신을 갖게 한다. 그리고 사례관리자는 필요하다면 되돌아올 수 있다고 말함으로써 '문을 열어 놓는다'. 종결보고서에는 종결하게 된 사유, 서비스 제공 요약, 대상자의 변화, 사후관리 계획이 포함된다.

7. 사후관리

사례관리서비스를 받은 클라이언트에 대한 사후관리는 중요한 요소이다. 왜냐하면 클라이언트들이 직면하고 있는 문제들의 극단적인 특성, 예를 들면, 발달장애, 만성적인 정신장애, 심각한 신체적인 장애 등으로 인해 클라이언트들은 그들의 삶 속에 여전히 고위험 상황에 머물러 있을 수 있다. 사후관리는 클라이언트가 이전에 경험한 문제로 돌아가거나 다른 잠재적인 파국을 예방할 수 있는 방법이다(Kirst-Ashman & Hull, 2002). 사례관리자는 일정한 기간 동안 전화나 편지, 가정방문을 실시하는데, 사후관리 기간은 기관마다 다르게 적용하고 있는데, 3개월, 6개월, 1년 등 다양하게 이루어지고 있다.

Ⅲ 사례관리 과정 사정도구 및 활용 양식

1. 사례관리 과정 사정도구

1) 가계도

가계도(genogram)는 2~3대에 걸친 가족관계를 도표로 제시함으로써 현재 제시된 문제의 근원을 찾는 것으로 항상 사회복지사와 클라이언트가 함께 작성해야 하는 것이다(Zastrow, 1995). 가계도를 통해 클라이언트 가족의 구조를 한눈에 알아볼 수 있는 장점이 있다. 가계도는 가족 간의 갈등과 가족의 정서적 관계를 비롯하여 가족의 변화된 상태를 살펴볼 수 있어 가족의 구조를 분석할 수 있는 효과적인 도구라고 할 수 있다. 가계도를 작성할 때는 클라이언트가 혼자 작성하는 것이 아니라 클라이언트의 가족과 함께 그려야 하고, 가계도를 그릴 때에는 약속된 기호를 사용하여 정확히 그리는 것이 중요하다. 가계도(genogram)를 작성하는 방법은 다음과 같다(한국사례관리학회, 2012).

① 초기면접에서 작성되는 것으로 클라이언트 체계가 편안한 분위기에서 시작하며 사회

복지사와 클라이언트 체계가 공동으로 작업한다.

② 가족 구조를 우선 구성한다.

③ 가족구성원에 대한 정보(출생, 사망, 직업, 결혼 등)를 표기한다.

④ 가족관계를 표현한다(길귀숙 외, 2018).

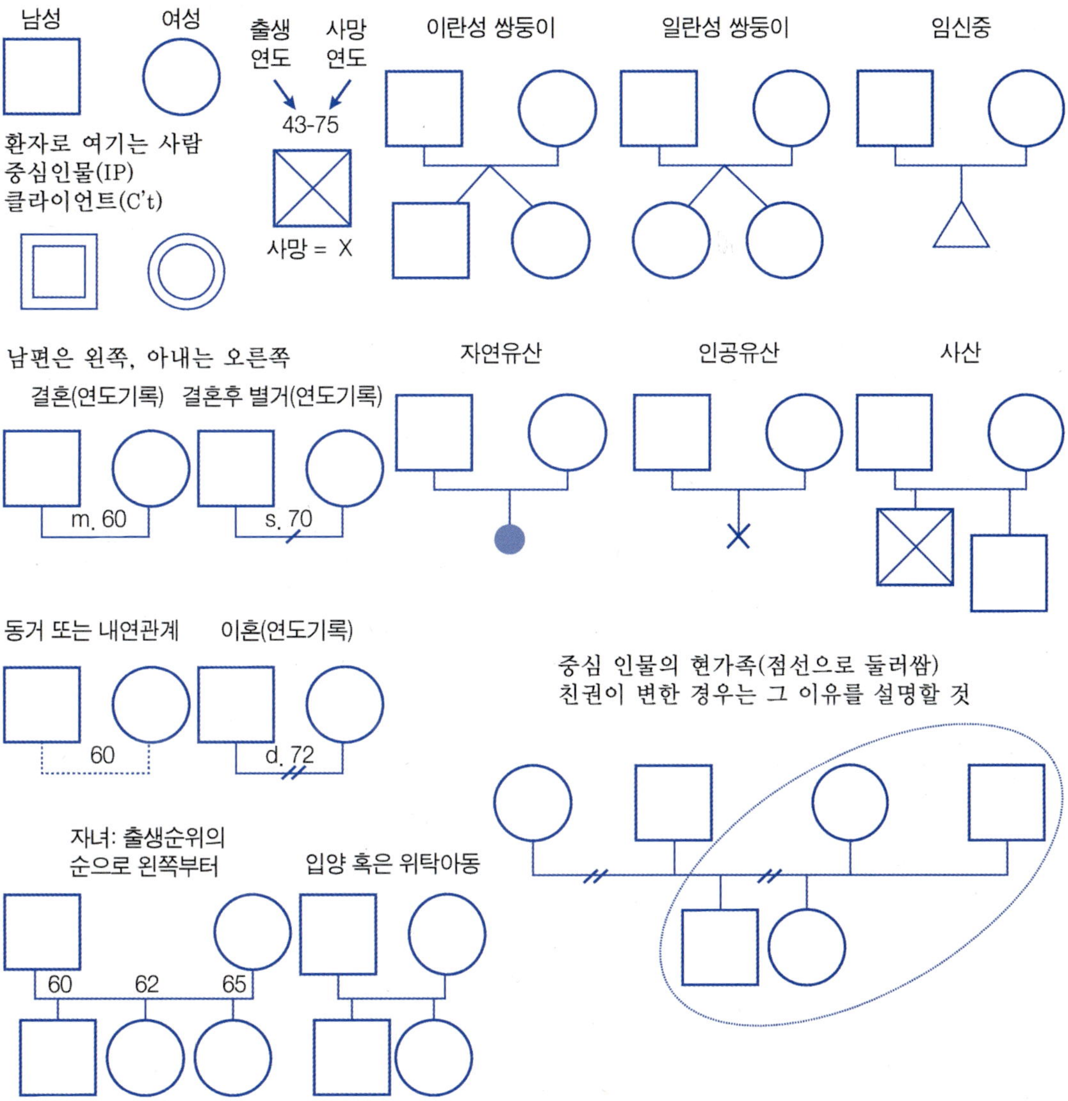

출처: 길귀숙 외(2021: 259)

그림 13-2 가계도 작성 시 사용되는 기호

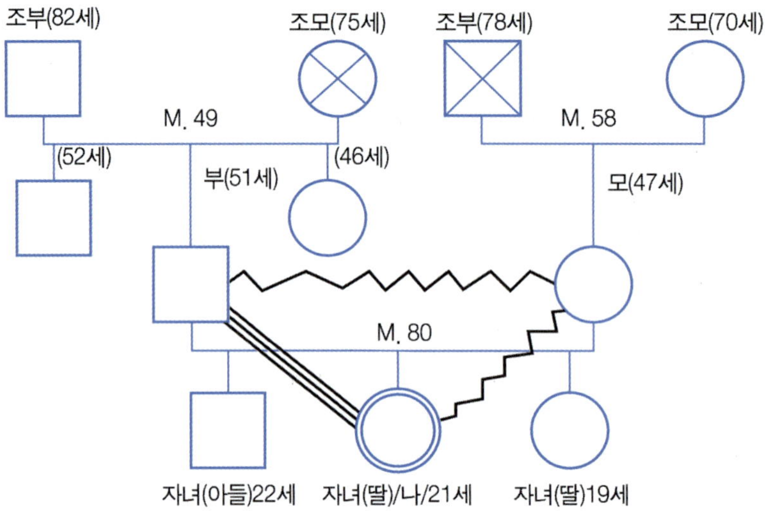

출처: 한국산업인력공단 국가직무능력표준(2015: 33)

그림 13-3 가계도 작성의 예

2) 생태도

생태도(eco-map)는 클라이언트의 상황에서 의미 있는 체계들과의 관계를 그림으로 표현함으로써 특정 문제와 그에 대한 개입계획을 세우는 데 매우 유용한 도구이다. 이는 가계도와 마찬가지로 클라이언트와 사회복지사가 함께 그리는 것이다(Zastrow, 1995). 사례관리 실천과정에서 클라이언트에 대한 정보를 수집하는 방법에는 클라이언트 개인과 그의 가족들에 대한 정보를 수집하는 데 활용하는 가계도와 함께, 클라이언트 그리고 그 외 가족들이 다양한 외부 환경들과 어떤 관계를 형성하고 영향을 주고받는지에 대해 알 수 있는 것이 생태도이다. 생태도(eco-map)를 작성하는 방법은 다음과 같다(한국사례관리학회, 2012).

① 중앙에 있는 원을 중심으로 클라이언트 환경 속의 사람을 원으로 그린다. 이때 클라이언트 원을 중심으로 한 크기 및 거리를 조절한다.

② 그 환경 속에 있는 인물 혹은 체계 등에 대해 전반적으로 대화한다.

③ 각 체계에 대한 클라이언트의 경험에 대해 대화한다. 이때 관계의 종류를 부호화한다.

④ 완성된 그림을 확인한다.

⑤ 클라이언트로 하여금 전체적인 인상에 대해 평가하고 차후 노력할 부분을 논의한다.

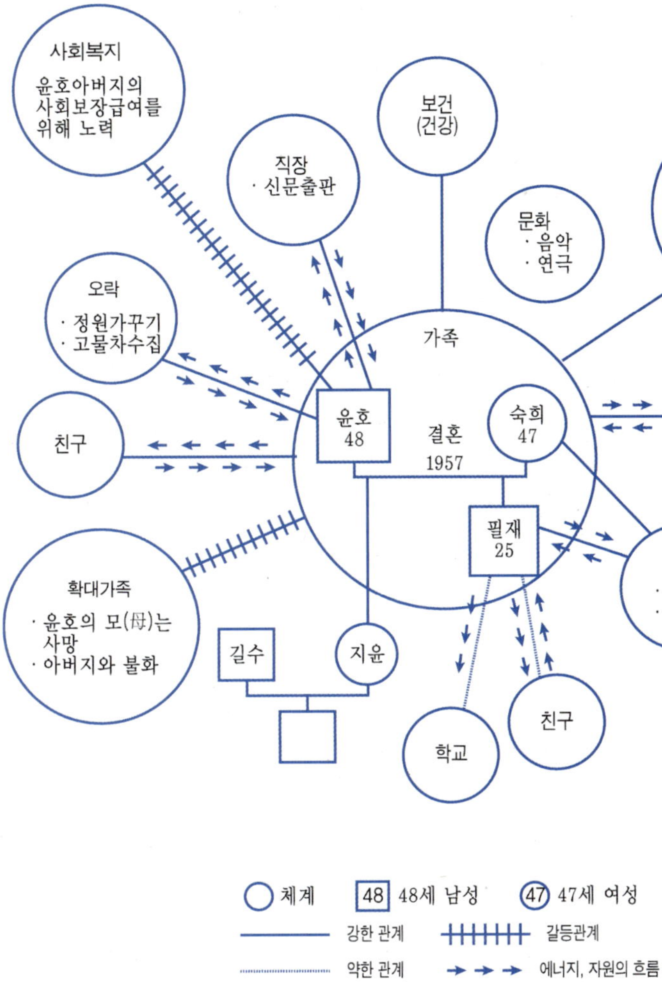

출처: 길귀숙 외(2021: 261)

그림 13-4 생태도의 상징들과 예시

2. 사례관리 과정 활용 양식

한국사회복지사협회에서 제시한 사례분석보고서 양식 외에도 다음의 초기면접지와 사정기록지는 사례관리의 실천과정에서 활용할 수 있는 양식들이다.

표 13-2 **초기면접지 양식 예시**

상 담 신 청 서

접수일:　　　　　　년　　　월　　　일　　　　　　　　　　　　접수번호:

<table>
<tr><td colspan="2">성명</td><td colspan="2"></td><td>남/여</td><td colspan="4">년　　　월　　　일생(만　　세)</td></tr>
<tr><td colspan="2">현주소</td><td colspan="4"></td><td>전화번호
H.P</td><td colspan="2"></td></tr>
<tr><td colspan="2">직업</td><td colspan="2"></td><td>병역</td><td>필 · 미필 · 의병제대</td><td>직장번호</td><td colspan="2"></td></tr>
<tr><td colspan="2">결혼상태</td><td colspan="4">기혼 · 미혼 · 이혼 · 사별 · 별거</td><td>최종학력</td><td colspan="2"></td></tr>
<tr><td colspan="2">성장지역</td><td colspan="4"></td><td>종교</td><td colspan="2"></td></tr>
<tr><td colspan="2">의뢰경로</td><td colspan="7">신문광고 · 방송광고 · 친구친척소개 · 간판광고 · 기타(　　　　　)</td></tr>
<tr><td colspan="2">상담경험</td><td colspan="7">무 · 유 - 언제 (　　　　) 어디서 (　　　　)</td></tr>
<tr><td rowspan="6">가족
관계</td><td></td><td>성명</td><td>관계</td><td>연령</td><td>직업</td><td>학력</td><td>종교</td><td>동거여부</td></tr>
<tr><td>1</td><td></td><td></td><td></td><td></td><td></td><td></td><td></td></tr>
<tr><td>2</td><td></td><td></td><td></td><td></td><td></td><td></td><td></td></tr>
<tr><td>3</td><td></td><td></td><td></td><td></td><td></td><td></td><td></td></tr>
<tr><td>4</td><td></td><td></td><td></td><td></td><td></td><td></td><td></td></tr>
<tr><td>5</td><td></td><td></td><td></td><td></td><td></td><td></td><td></td></tr>
<tr><td colspan="2">주거 상황</td><td colspan="7">자택 · 전세 · 월세 · 친척집 · 하숙 · 자취 · 기숙사 · 기타(　　　　　)</td></tr>
<tr><td colspan="2">생활정도</td><td colspan="7">월수입: 50만원 이하(　) 51~100만원(　) 101~150만원(　)
151~200만원(　) 201~250만원(　) 251~300만원(　)
301~350만원(　) 351~400만원(　) 401~450만원(　)
451~500만원(　) 501만원 이상(　)</td></tr>
<tr><td colspan="2">상담</td><td colspan="7">가족문제 · 부부 갈등 · 부모자녀문제 · 자녀양육문제 · 성격문제 · 대인관계 · 종교문제 · 이성교제 · 진로문제 · 가족문제 · 학업문제 · 경제문제 · 기타(　　　　　)</td></tr>
<tr><td colspan="2">현재 본인이
느끼는 어려움</td><td colspan="7"></td></tr>
<tr><td colspan="2">상담비</td><td colspan="7"></td></tr>
<tr><td colspan="2">비고</td><td colspan="7"></td></tr>
</table>

사회복지사: ______________________

표 13-3 **사정기록지 양식 예시**

사 정 기 록

접수일: 년 월 일 접수번호:

성명		성별	남/여	생년월일	음/양 만( )세		
주소				전화번호			
최종학력		직업		직책		종교	
결혼여부		가족 내 위치		주거상태			

의뢰인		의뢰인소속	
의뢰이유			

정보 제공자		관계	
상담을 요청하게 된 주된 문제(기관에 오게 된 동기)			
이전에 사회복지서비스를 받은 경험			
성장과정: 생애주기별 특이사항 기록			
유아기			
유년기			
청소년기			
장년기			
노년기			
가계도			
생태도			
사회복지사 견해			

사회복지사: ____________________

부 록

사회복지현장실습 서식

Social Work Practicum and Seminar

사 회 복 지 현 장 실 습 서 식

<table>
<tr><td rowspan="2">실습기관</td><td>기관명</td><td></td></tr>
<tr><td>실습지도자</td><td></td></tr>
<tr><td>실습기간</td><td colspan="2">20 년 월 일 ~ 20 년 월 일 (주간)</td></tr>
<tr><td rowspan="4">실습생</td><td>학교</td><td></td></tr>
<tr><td>학과</td><td></td></tr>
<tr><td>학번 / 반</td><td></td></tr>
<tr><td>이름</td><td></td></tr>
<tr><td>실습지도교수</td><td colspan="2"></td></tr>
</table>

사회복지현장실습 관련 서식(제본 시 참고)

[밑줄친 것은 필수로 작성 및 제출]

◎ <u>학생 1. 사회복지현장실습 공문 발송 요청서</u> ★ 실습 전 제출: 학생 1번 ~ 학생 3번 서류

◎ <u>학생 2. 실습신청서</u> ★★ 실습 후 제출: 학생 4번 ~ 학생 33번 서류 (해당 사항만, 밑줄은 필수)

◎ <u>학생 3. 실습생 프로파일</u> ★★★ 기관 작성용은 학생이 작성하지 않음. 따로 기관에서 받아서 제출

◎ <u>학생 4. 실습생 출근부</u> [실습 후 제출 서류는 기관마다 상이하므로 기관 양식을 따라도 됨]

◎ <u>학생 5. 실습평가서(기관 작성용)</u>

◎ 학생 6. 사회복지현장실습 교육 수료증

◎ 학생 7. 실습생 서약서

◎ 학생 8. 실습 계약서

◎ <u>학생 9. 사회복지현장실습 일지</u>

◎ <u>학생 10. 실습기관 분석 보고서</u>

◎ 학생 11. 사례관리 계획서

◎ 학생 12. 사례관리 진행일지

◎ 학생 13. 사례관리 종결 기록서

◎ 학생 14. 집단지도 계획서(소집단)

◎ 학생 15. 집단과정 일지(소집단)

◎ 학생 16. 집단의 개별회원 분석표(소집단)

◎ 학생 17. 집단 종결 기록서(소집단)

◎ 학생 18. 프로그램 계획서(대집단 및 지역사회복지)

◎ 학생 19. 프로그램 평가서(대집단 및 지역사회복지)

◎ 학생 20. 사회복지정책 분석보고서(정책 개발 및 평가)

◎ 학생 21. 사회행동, 옹호활동 보고서(사회행동)

◎ 학생 22. 사회복지기관(사업) 홍보 기획서

◎ **<u>학생 23. 개별면접 일지 → 프로그램 계획서로 대체 가능</u>**

◎ 학생 24. 가족상담 기록서

◎ 학생 25. 사회조사 계획서

◎ 학생 26. 사회조사 진행일지

◎ 학생 27. 사회조사 분석평가서

◎ 학생 28. 기관방문 분석보고서

◎ 학생 29. 지역탐방 보고서

◎ **<u>학생 30. 실습 중간 평가서</u>**

◎ **<u>학생 31. 실습 최종 평가서</u>**

◎ **<u>학생 32. 사회복지현장실습 확인서(기관 작성용)</u>**

◎ **<u>학생 33. 최종 보고서</u>**

◎ 기타. 기관 과제물, 교육 자료 있을 시 포함

* 사회복지현장실습 서식 출처: 한국사회복지사협회 홈페이지 2022년 「사회복지현장실습안내서」 내용 중 발췌, 재구성함.

[학생 1] 사회복지현장실습 공문 발송 요청서

사회복지현장실습 공문 발송 요청서

1. 실습생에 관한 사항

성명		반	
생년월일		학번	
해당학기	20 학년도 학기 방학 중 / 학기 중 실습	연락처	휴대폰: 집: 직장:

2. 실습지에 관한 사항

기관명		기관 대표자	
연락처	전화: 팩스:	기관주소 (우편번호)	
담당자 이메일			

3. 실습기간 및 총 시간

실습기간 및 총 시간	년 월 일 ~ 년 월 일 총 주, 총 일, 총 시간

4. 실습지도자에 관한 사항

성명		직위/담당분야	
자격종류/경력기간		휴대전화번호	

상기와 같이 본인은 20 학년도 학기 사회복지현장실습을 수행하고자 하오니
상기 사회복지현장실습기관에 실습의뢰서를 발송해 줄 것을 요청합니다.

년 월 일

신청인 (인)

[학생 2] 실습신청서

실 습 신 청 서

○ 실습기관:

1. 실습생 인적사항

이 름		생년월일			
소 속	대학교	학 과	학과	학 년	학년 학기
현주소					
휴대폰번호					
E-Mail					

2. 실습 의뢰 내용

실습 부서	
실습 분야	
실습 내용	
실습기간	

* 상기 내용으로 귀 기관에 실습신청을 의뢰하며 실습생 프로파일을 동봉합니다.

신청인(학생명): (인)
실습지도교수: (인)
학 과 장: (인)

[학생 3] 실습생 프로파일

실습생 프로파일

1. 인적사항

(사진)	실습생명		성 별		생년월일	
	소속	대학교 학과				
	주소					
	전화번호	집: 핸드폰:				
	E-mail					

2. 이수 전공과목

교과목명	이수 완료	현재 이수	교과목명	이수 완료	현재 이수	교과목명	이수 완료	현재 이수
사회복지학개론			인간행동과 사회환경			사회복지실천론		
사회복지실천기술론			지역사회복지론			사회복지정책론		
사회복지행정론			사회복지법제와 실천			사회복지조사론		
사회복지자료분석론			프로그램개발과 평가			가족복지론		
아동복지론			청소년복지론			노인복지론		
여성복지론			장애인복지론			정신건강론		
정신건강사회복지론			의료사회복지론			학교사회복지론		
산업복지론			자원봉사론			사회문제론		
사회복지발달사			사회보장론			교정복지론		
사회복지윤리와철학			사회복지지도감독론			사회복지현장실습		

3. 경력

구분 (취업, 실습, 봉사)	기관	기간	내용
ex) 실습	○○어린이집	2022. 7. 1~2022. 7. 31	보육실습
봉사	○○노인종합복지관	2022. 3. 1 ~ 현재	치매노인프로그램 진행

4. 사회복지를 전공하게 된 동기

5. 실습기관 선택 이유

6. 실습을 통해서 성취하고자 하는 목표

7. 실습을 마친 후 목표달성 정도를 파악할 수 있는 기준

8. 사회복지를 실천하는 데 있어 자신의 강점과 약점

1) 사회복지 지식 및 기술의 측면	2) 개인적인 특성 측면

9. 취미 및 특기

10. 실습기관, 실습지도자 및 실습지도교수에게 바라는 점

[학생 4] 실습생 출근부

실습생 출근부

□ 성명: 긴급연락처: 전자우편:

월 일	출근시간	퇴근시간	실습생 확인	실습지도자 확인	지각, 조퇴, 결근 여부	사유

* 기입요령: 출근시간, 퇴근시간 표시, 퇴근 시 실습생 및 실습지도자가 확인하며, 지각, 조퇴, 결근 시 그 사유를 함께 기록함

[학생 5] 실습평가서(기관 작성용)

실습평가서

기관명		실습지도자	
실습부서		실습지도교수	
실습기간			
실습생		평가일시	

*** 출석 상황**

☐ 무단결석 없음 ☐ 무단결석 1회 ☐ 무단결석 2회 ☐ 무단결석 3회 이상

* 다음은 실습생에 관한 평가입니다. 실습생이 실습지도 기간 동안 보여주었던 태도와 행동을 기준으로 아래 항목에 솔직하게 평가해주기 바랍니다.

실습 내용에 포함되어 있는 사항에 관해서만 평가하여 주시고, 평균에는 평가항목 총점을 평가항목 개수로 나눈 점수를 기입하면 됩니다.

(1점: 매우 그렇지 못하다 ~ 5점: 매우 그렇다)

항목	내용	1	2	3	4	5
실습 지도에 대한 태도	1. 실습지도 시간을 엄수한다.					
	2. 적극적이고 긍정적인 자세로 실습지도에 참여한다.					
	3. 실습지도에서 지적된 내용을 수용한다.					
	4. 배우는 입장에서 진지하게 노력하고 발전하려는 태도를 갖는다.					
	5. 실습지도자와 실습생으로서 공식적 관계를 형성한다.					
기관 이해 및 관계 유지	6. 동료실습생과 긍정적이고 원만한 협력 관계를 유지한다.					
	7. 기관의 목적, 정책, 규칙, 사업 내용을 이해한다.					
	8. 기관 내에서 실습생으로서의 권한과 한계를 알고 일한다.					
	9. 기관 내 타 직원과 협조적인 대인관계를 형성·유지하여 업무를 처리한다.					
기본적 태도와 자질	10. 일의 우선순위를 결정하는 능력이 있다.					
	11. 할당된 시간 안에 일을 계획하고 수행한다.					
	12. 자신의 장점과 단점을 잘 인식하고 대응한다.					

	13. 사회복지실천 지식을 실습 내용에 적용한다.					
	14. 사회복지실천의 가치와 윤리를 갖고 임한다.					
	15. 전문가로서의 편견, 선입견, 고정관념을 인식하고 객관성을 유지한다.					
	16. 실습지도 내용을 실행에 옮긴다.					
	17. 실습과정을 책임감 있게 수행한다.					
기 록	18. 기록, 보고서 등을 정해진 일시에 제출한다.					
	19. 실습 내용을 사실에 근거하여 정확하게 기록한다.					
	20. 실습 내용을 체계적이고 구체적으로 기록한다.					
	21. 클라이언트와의 상호작용 및 실습생의 사고와 감정을 기록한다.					
	22. 실습지도를 통해 지적된 사항 및 배운 것을 정확히 기록한다.					
전문적 태도와 관계 형성	23. 클라이언트와 전문적 관계를 형성하고 활용한다.					
	24. 전문적 관계형성에서 동정과 감정이입을 구별하여 적용한다.					
	25. 주변의 자원을 파악하고 그것을 활용하려고 노력한다.					
	26. 비심판적이며 경청과 수용의 태도를 갖는다.					
	27. 클라이언트의 능력과 동기의 한계를 수용한다.					
	28. 실습지도자가 지시한 것을 잘 파악하여 실행에 옮긴다.					
개인에 대한 개입	29. 클라이언트가 표현한 의사소통과 암시적인 의사소통을 이해한다.					
	30. 실습생이 의도한 바를 클라이언트에게 명확하게 전달한다.					
	31. 클라이언트의 문제와 상황에 관련된 정확한 자료를 수집한다.					
	32. 수집된 자료를 체계적으로 종합하고 이론에 기초하여 사정한다.					
	33. 클라이언트 가족 등 주변의 지지자원을 활용한다.					
	34. 클라이언트와 환경의 상호역동성의 이해 아래 개입목표와 전략을 수립한다.					
	35. 개입목표에 따라 클라이언트의 긍정적인 변화를 유도한다.					
가족에 대한 개입	36. 가족의 역동성을 파악하고 가족 상황에 관련된 정확한 자료를 수집한다.					
	37. 가족의 구조를 명확히 이해하여 필요한 가족개입의 기술을 활용한다.					

	38. 가족의 상호역동성의 이해 아래 개입목표와 전략을 수립한다.					
	39. 가족구성원을 개별화하고 성원들이 긍정적으로 변화하도록 유도한다.					
집단에 대한 개입	40. 집단역동을 파악하여 의미 있는 개입으로 집단을 지도한다.					
	41. 집단에서 주 진행자와 보조 진행자의 의미와 역할을 알고 실천한다.					
	42. 집단의 구조를 명확히 하고 필요한 집단지도의 기술을 활용한다.					
	43. 집단성원을 개별화하고 성원 간 의미 있는 관계를 형성하도록 한다.					
	44. 집단의 목적에 대해 정확히 사정한다.					
	45. 정확한 사정에 입각하여 적절한 프로그램을 계획하고 실행한다.					
	46. 집단의 상호작용이 목적 지향적이고 성원들이 긍정적으로 변화하도록 한다.					
지역사회에 대한 개입	47. 지역주민들이 지역사회의 요구와 문제를 파악하도록 돕는다.					
	48. 파악된 지역사회 요구를 사회행동으로 계획하고 실행한다.					
	49. 지역사회 구조와 권력에 대해 이해하고 그 지역사회 상황을 정확히 파악한다.					
	50. 지역사회 자원을 정확히 파악하고 접근한다.					
정책 및 행정 분야	51. 정책 형성 및 개선과 관련된 이해집단들의 문제 상황 및 요구와 정책발의자들 및 집행자들의 이해관계를 정확하고 객관적으로 이해한다.					
	52. 정책 형성 및 개선과 관련된 이해집단과 건설적이고 전문적인 관계를 맺는다.					
	53. 문제 상황에 적합한 정책대안을 개발하는 데 적극적으로 참여한다.					
	54. 기본정보를 정확히 사용하며 실증적인 자료 분석의 지식을 갖고 문제를 분석한다.					
	55. 사회복지행정체계 및 전달체계에 대해 정확하게 이해한다.					
기관 고유 항목*	56.					
	57.					
	58.					

	59.					
	60.					

* 기관 고유 항목에는 기관의 특성과 실습 상황에 맞는 평가항목을 실습지도자가 추가적으로 직접 기입하고 평가할 수 있습니다.

<table>
<tr><td>총 평</td><td colspan="5">(※ 실습생의 실천가로서의 장단점 및 대학에 대한 건의)</td></tr>
<tr><td>평가문항 개수</td><td colspan="2"></td><td colspan="2">총점</td><td></td></tr>
<tr><td>평균
(총점÷평가문항 개수)</td><td colspan="5">(※ 기록 후 테이프 부착 후 실습지도자 서명 요망)</td></tr>
<tr><td rowspan="4">평점 부여</td><td colspan="5">※ 여기에 부여하는 평점은 실습생이 받게 되는 성적표상의 최종 평점은 아닙니다. 교육기관 실습지도 점수와 함께 사회복지현장실습 평점 부여 시 주요 고려사항이 됩니다.</td></tr>
<tr><td>☐ A+</td><td>☐ B+</td><td>☐ C+</td><td>☐ D+</td><td rowspan="3">☐ F</td></tr>
<tr><td>☐ A0</td><td>☐ B0</td><td>☐ C0</td><td>☐ D0</td></tr>
<tr><td>☐ A-</td><td>☐ B-</td><td>☐ C-</td><td>☐ D-</td></tr>
</table>

실습지도자: ____________________ (인)

기 관 장: ____________________ (인)

☞ Tip – 점수 기준: 평가항목 중 해당되는 항목을 평가하여 평가한 문항으로 나누면 5점 만점 중 학생의 점수 평점이 됨. 5~4.5점 사이는 A대의 점수 부여, 4.4~4.0점 사이는 B점수대, 3.9~3.5점 사이는 C점수대, 3.4~3점 사이는 D점수대, 2.9점 이하는 F.
각 점수대의 +, 0, −는 점수범위의 분포에 따라 적절히 부여할 수 있음.

[학생 6] 사회복지현장실습 교육 수료증

사회복지현장실습 교육 수료증

수료번호: ○○○○(연도)-○○(번호)

○○대학(원) 성명: ○○○ (학번)

상기 학생은 아래의 과정을 수료하였으므로

사회복지현장실습 교육 수료증을 발급합니다.

- 아 래 -

1. 실 습 지 도 자:
2. 실습교육기관:
3. 실 습 기 간:
4. 실 습 분 야:

년 월 일

○○기관장 (직인)

[학생 7] 실습생 서약서

실 습 생 서 약 서

본인은 ○○ 기관의 실습생으로서 다음의 사항을 준수할 것을 서약합니다.

1. 사회복지사 윤리강령
2. 클라이언트와 기관에 대한 비밀 유지
3. 실습교육기관 및 실습지도자의 요구사항

년 월 일

실습생: (인)

○○ 기관 귀중

[학생 8] 실습계약서

실 습 계 약 서

실습생명		소속 대학	
기관명		주소/전화번호	
실습지도자		실습지도교수	

1. 일반적 사항

(1) 실습기간: ________년 _____월 _____일부터

________년 _____월 _____일 까지 총 일

(2) 업무시간: 주 _____일 근무, ________시 부터 ________시 까지

(3) 대학 실습세미나 시간: _____요일, _____시 부터 ______시 까지

(4) 결석에 대한 조치

2. 실습의 목적과 목표

(1) 목적

(2) 목표

3. 실습생의 의무와 책임

4. 실습지도자의 의무와 책임

5. 실습지도교수의 의무와 책임

상기 사항을 성실하게 이행하여 실습을 진행하도록 하겠습니다.

년 월 일

실 습 생 (인)

실습지도자 (인)

실습지도교수 (인)

[학생 9] 사회복지현장실습 일지

사회복지현장실습 일지

<table>
<tr><td rowspan="2">2022년 월 일(요일). 날씨:

이름:</td><td>담당선생님</td><td>부 장</td><td>관 장</td><td rowspan="2">결
재</td></tr>
<tr><td></td><td></td><td></td></tr>
</table>

<table>
<tr><td>◉ 출근시간 :</td><td>◉ 퇴근시간 :</td></tr>
<tr><th>시간</th><th>실습 내용</th></tr>
<tr><td></td><td></td></tr>
<tr><th colspan="2">실 습 내 용</th></tr>
<tr><td colspan="2">* 시간의 흐름에 따라 구체적인 실습 내용을 기록합니다.</td></tr>
</table>

실습소감
* 학교에서 배운 내용을 토대로 실습 내용을 평가해 봅니다. * 실습 내용에 대한 개인적인 소감을 좋았던 점, 제언이 필요한 사항, 실습생이 반성할 점 등을 자세히 기록합니다.
과 제 물
* 기관에서 과제물이 있을 시 기록합니다.
슈퍼바이저 평가

[학생 10] 실습기관 분석 보고서

실습기관 분석 보고서

실습생명		기관명	
기관주소	(전화:)		
기관소재지	(부서: 직책:)		

1. 기관의 역사

(1) 기관 설립동기 및 설립목적

(2) 기관 사업의 역사적 변천

(3) 기관 역사에 대한 실습생의 평가

2. 기관의 목적

3. 기관의 주요 사업 및 프로그램

(1) 클라이언트 및 대상지역

(2) 주요 사업

(3) 서비스 전달체계

(4) 기관의 대상층 및 주요 사업에 대한 실습생의 평가

4. 기관의 행정사항

(1) 기관의 조직구조

(2) 예산, 후원 및 지원 사항

(3) 기관의 행정구조와 예산 사용 및 후원에 대한 실습생의 평가

5. 기관이 속한 지역사회, 물리적 환경의 특징

(1) 지역사회

(2) 물리적 환경(시설, 공간 등)

6. 사회복지기관으로서 지역 내 타 기관들과의 연계

(1) 관계유형 및 내용

(2) 기관의 타 기관과의 관계 유지에 대한 실습생의 평가

7. 기관의 특별한 면이나 전반적인 사항에 대한 인상이나 느낌

[학생 11] 사례관리 계획서

사례관리 계획서

실습생명:

클라이언트명		성 별		조사일	
주 소		전화번호		작성일	
직 업		학력		연령	
의뢰경위		경제상태	□ 일반 □ 저소득 □ 수급자		

1. 일반적인 사항

- 가족 상황, 경제 상황, 건강 상황, 일상생활 및 주거 상황, 사회심리적 상황, 자원 활용 상황

2. 클라이언트에 관한 사항

- 신체, 인지, 정서, 행동기능면 / 클라이언트의 강 · 약점

3. 욕구진술

4. 개입계획

욕구	결과목표	세부목표	표적체계	개입 전략 및 수행 방법	비고 (역할분담 등)

5. 서비스 일정표

날짜	담당	서비스 목표	서비스 내용	준비물	비고

[학생 12] 사례관리 진행일지

사례관리 진행일지(　　　회)

클라이언트명		실습생명	
일　　시		장　　소	

1. 목표 및 내용

결과 목표	하위 목표	서비스 목표	서비스 내용

2. 과정 기록

3. 평가

1) 목표달성 및 서비스 평가

2) 클라이언트에 대한 평가

3) 사례개입에 대한 자신의 역할 평가

4. 계획

[학생 13] 사례관리 종결 기록서

사례관리 종결 기록서

클라이언트명	
실습생명	
서비스 제공기간	

1. 제공된 서비스

2. 사례관리 목표달성 정도

3. 사후지도 계획

[학생 14] 집단지도 계획서(소집단용)

집단지도 계획서(소집단용)

집 단 명		집단지도자(실습생)명	
대　　상		성원 수	
기　　간		장　소	

1. 실시 배경

2. 목적

3. 목표

결과목표 1		결과목표 2	
하위목표 1-1		하위목표 2-1	
하위목표 1-2		하위목표 2-2	

4. 목표 관련 지도 내용 및 구체적 수행 방법

결과목표	하위목표	지도 내용	수행 방법	비　고

5. 평가계획

평가지표	
평가도구	
평가 방법	

6. 회기별 일정표

횟수	일시	목표	내용	준비물

7. 예산

[학생 15] 집단과정 일지(소집단용)

집단과정 일지(소집단용)

집단지도자(실습생)명		집단명	
집단 진행 날짜		집단 활동 장소	
참석자(명) 명단			
결석자(명) 명단			

1. 목표 및 세부목표

1. 목표:

2. 세부목표:
   2-1.
   2-2.

2. 집단 진행 요약

시간	프로그램 내용	사회복지사의 역할

3. 과정 기록

1) 모임 전 단계(자리 위치 표시)
2) 모임 단계
3) 모임 후 단계

4. 평가

1) 목표달성 및 프로그램 평가
2) 집단의 역동성(성원-성원, 성원-지도자)
3) 성원의 개별 평가(개인의 변화, 참여도, 지도자 · 타 회원과의 관계)
4) 지도자 자신에 대한 평가(역할 및 의도적 개입)

5. 다음 집단모임 계획

[학생 16] 집단의 개별회원 분석표(소집단용)

집단의 개별회원 분석표[1](소집단용)

회원명		집단명	
회원 수		집단지도자(실습생)	

집단의 목표	
개인의 목표	

회기	날짜	참석여부/참석인원	개인의 변화정도 및 내용	참여도	지도자와의 관계	타 회원과의 관계
1		/				
2		/				
3		/				
4		/				
5		/				
6		/				
7		/				

〈 종합평가 〉

1) 모든 집단지도 상황에서 활용되어야 하는 것은 아니며, 집단과정에서 개인의 변화를 민감하게 기록할 필요가 있을 경우에 활용할 수 있음

[학생 17] 집단 종결 기록서(소집단용)

집단 종결 기록서(소집단용)

집단명		집단지도자(실습생)명	
집단진행 날짜		집단 활동 장소	
전체진행 회기 수		출석률	
주요 진행사항			

1. 회원의 평가

1) 운영면

(1) 프로그램 진행 평가

(2) 집단 참여 태도

2) 프로그램 내용

3) 목표달성

4) 다음 프로그램에 대한 의견

5) 지도자에 대한 평가

2. 지도자(실습생)의 평가

1) 집단의 특징

2) 회원의 참여도

3) 집단성원에 대한 개별화의 정도

4) 집단역동의 활용 정도

5) 집단에 대한 발달단계 분석

구분	초기	중기	말기
참여도			
개인의 변화			
지도자와의 관계			
타 회원과의 관계			
기타( )			
기타( )			

[학생 18] 프로그램 계획서(대집단 및 지역사회복지)

프로그램 계획서(대집단 및 지역사회복지)

프로그램명		지도자(실습생)명	
대 상		참여자 수	
기 간		장 소	

1. **프로그램 실시 배경**

2. **프로그램 목적**

3. **프로그램 목표**

결과목표 1		결과목표 2	
하위목표 1-1		하위목표 2-1	
하위목표 1-2		하위목표 2-2	

4. **목표 관련 지도 내용 및 구체적 수행 방법**

결과목표	하위목표	지도 내용	수행방법	비 고

5. **평가계획**

평가지표	
평가도구	
평가 방법	

6. **회기별 일정표**

횟수	일시	목표	내용	준비물

7. **예산**

[학생 19] 프로그램 평가서(대집단 및 지역사회복지)

프로그램 평가서

프로그램명		지도자(실습생)명	
대 상		참여자 수	
기 간		장 소	

1. 프로그램 목적 및 목표달성 평가

결과목표	하위목표	달성 정도	평가 근거	의의

2. 프로그램 과정 평가

1) 준비과정

2) 진행과정

3) 종결 및 정리과정

3. 프로그램 만족도 평가

4. 예산평가

5. 추후 프로그램을 위한 제언

[학생 20] 사회복지정책 분석보고서(정책 개발 및 평가)

사회복지정책 분석보고서

○ 분석자(실습생)명:

정 책 명	
관련법규/지침	
주무부서	

1. 문제제기 및 분석 목적

2. 분석한 정책의 주요 내용

3. 자료수집 및 분석 방법

4. 분석결과 논의

4.1 정책목표 분석

4.2 정책이 추구하는 가치 분석

4.3 급여대상 분석

4.4 급여의 적절성 분석

4.5 급여의 전달체계 분석

4.6 재정 분석

5. 관련 정책과 관련한 주요 이해당사자의 입장 분석

6. 분석한 정책의 개선 방향 및 전망

7. 총평

[학생 21] 사회행동, 옹호활동 보고서(사회행동)

사회행동, 옹호활동 보고서

○ **분석자(실습생)명:**

구분	요약 제시
사회행동명	
활동목적	
참여자	
대상집단	
옹호대상	

1. 문제제기 및 활동목적

2. 참여자의 특성

3. 대상집단의 특성

4. 옹호집단의 특성

5. 주요 활동 경과

6. 활동 전략 분석

6.1 대상집단을 이기기 위한 힘을 얻기 위한 전략

6.2 합법성을 확보하기 위한 전략(법적 행동 포함)

6.3 타 조직과 협력하는 전략

6.4 전술을 연결시키는 전략

6.5 협상을 전개하는 전략

6.6 홍보 및 언론 활용 전략

7. 향후 행동 전략 제안

[학생 22] 사회복지기관(사업) 홍보 기획서

사회복지기관(사업) 홍보 기획서

○ 기획자(실습생)명:

1. 상품(홍보하려는 기관이나 사업)의 특성 분석
(상품의 내용, 경쟁기관이나 사업의 존재 여부 등)

2. 유치하려는 소비자 집단의 특성별 구분

3. 대상별 소비자에게 호소하기 위한 전략
(담당, 장소, 방법 등을 일목요연하고 자세히 제시)

4. 홍보일정

5. 홍보예산

6. 첨부(보도자료, 광고전단, 안내지 자료, 홈페이지 자료 등)

[학생 23] 개별면접 일지

개별면접 일지

실습생명		면접 날짜와 시간	
클라이언트		면접 장소	

1. 면접 준비과정

2. 면접목표

1)
2)

3. 과정 기록 및 분석

면접 내용	실습생 분석	실습지도 내용

* 주요한 면접장면에 대해서는 대화체의 기록을 직접 인용하는 것이 권장됨
* 면접자의 의도적인 개입, 언어적 · 비언어적 의사소통 모두에 주의하여 기록할 것
* 상기 내용이 포함된다면, 기관 상황과 면접 상황에 맞추어 별도 양식 활용 가능

4. 면접목표 달성에 대한 평가

5. 실습생 의견

6. 다음 면접 계획

[학생 24] 가족상담 기록서

가족상담 기록서

클라이언트(IP)		성별		연령	
날짜		장소		총 횟수/시간	
실습생명				실습지도자	

1. 의뢰과정

2. 문제 상황에 대한 가족의 정의

3. 가계도

4. 가족생태도: 가족의 하위체계 간 관계 등 기록

5. 가족의 사회자원망

6. 가족생활주기

7. 가족사정 및 이론적 근거

8. 개입목표와 개입 전략

9. 개입 내용 정리

회기	내용	주요 질문과 내담자의 반응

10. 평가 및 사후관리계획

[학생 25] 사회조사 계획서

사회조사 계획서

조 사 주 제	
조사/분석일	
조사자(실습생)명	

1. 문제제기 및 조사문제의 제시

1.1. 문제의 기술

2.2. 검토될 조사문제에 대한 진술

2.3. 문제의 중요성과 조사 필요성 제시

2. 조사와 관련한 문헌자료 검토

2.1. 이론적 역사적 관점

2.2. 문헌에서 파악된 차이점들 검토

3. 조사 방법 제시

3.1. 조사설계와 자료수집 절차

3.2. 표집설계

3.3. 대상에 대한 기술

3.4. 측정 방법 기술

3.5. 자료 분석 절차

4. 예산

5. 기타 필요한 사항

6. 부록(관련 참고문헌, 설문지 등 필요한 자료를 첨부할 수 있음)

[학생 26] 사회조사 진행일지

사회조사 진행일지

조 사 주 제	
진 행 일	
조사자(실습생)명	

1. 조사 진행 단계 기록

2. 조사과정에서 보완되어야 할 사항 기록

3. 추후 조사 진행 계획

[학생 27] 사회조사 분석평가서

사회조사 분석평가서

조 사 주 제	
진 행 일	
조사자(실습생)명	

1. 문제제기 및 조사 문제의 제시

1.1. 문제의 기술

2.2. 검토될 조사 문제에 대한 진술

2.3. 문제의 중요성과 조사 필요성 제시

2. 조사와 관련한 문헌자료 검토

2.1. 이론적 역사적 관점

2.2. 문헌에서 파악된 차이점들 검토

3. 조사 방법 제시

3.1. 조사설계와 자료수집 절차

3.2. 표집설계

3.3. 대상에 대한 기술

3.4. 측정 방법 기술

3.5. 자료 분석 절차

4. 조사결과 제시

4.1. 기술적 분석

4.2. 인과적 분석

5. 논의점

5.1. 밝혀진 사항에 대한 설명

5.2. 실천에의 함의

5.3. 평가의 한계와 약점

6. 참고문헌

7. 부록(설문지 외 조사와 관련된 주요 자료 첨부)

[학생 28] 기관방문 분석보고서

기관방문 분석보고서

* 특정 분야나 내용에 관심을 가지고 방문을 추진한 경우에는 별도의 양식을 활용하거나, 특정 내용만 선택하여 기록할 수 있습니다.

실습생명		방문기관명	
기관소재지	(전화:)		
기관 소개자	(부서: 직책:)		

1. 기관방문 목적

2. 기관방문을 위한 질의사항 및 응답 정리

3. 기관방문을 통해 알게 된 지식

〈검토할 사항 예시〉
1. 기관의 역사 (1) 기관 설립동기 및 설립목적 (2) 기관 사업의 역사적 변천 (3) 기관 역사에 대한 실습생의 평가 2. 기관의 목적 3. 기관의 주요 사업 및 프로그램 (1) 클라이언트 및 대상지역 (2) 주요 사업 (3) 서비스 전달체계 (4) 기관의 대상층 및 주요 사업에 대한 실습생의 평가 4. 기관의 행정사항 (1) 기관의 조직구조 (2) 예산, 후원 및 지원 사항 (3) 기관의 행정구조와 예산 사용 및 후원에 대한 실습생의 평가 5. 기관이 속한 지역사회, 물리적 환경의 특징 (1) 지역사회 (2) 물리적 환경(시설, 공간 등) 6. 사회복지기관으로서 지역 내 타 기관들과의 연계 (1) 관계유형 및 내용 (2) 기관의 타 기관과의 관계 유지에 대한 실습생의 평가 7. 기관의 특별한 면이나 전반적인 사항에 대한 인상이나 느낌

[학생 29] 지역탐방 보고서

지역탐방 보고서

○ **조사자(실습생)명:**

○ **지역소개자:**

1. 탐방지역

2. 지역의 주요 사회지표 제시

3. 지역의 인구사회학적 특성

4. 지역의 사회 · 경제학적 특성

5. 지역의 사회복지기관 및 자원 탐색

6. 필요하거나 보완되어야 할 사회복지서비스 제안

7. 결론

8. 첨부(관련 지도를 비롯한 탐방보고서 작성에 참조한 자료를 첨부할 수 있음)

[학생 30] 실습 중간 평가서

실습 중간 평가서

* 본 평가서는 사회복지현장실습 지침서를 참고하여 실습생 본인이 작성하며, 서술양식으로 작성한 뒤 실습 실습지도자와 평가회를 갖는 것을 추천함.

실습생명		기관명	
실습기간		실습지도자	
실습 평가일		실습지도교수	

1. 실습목표와 관련된 실습 내용 및 역할에 대한 평가

1.1. 수행한 실습 내용 및 역할의 요약

1.2. 평가

1.3. 앞으로의 계획

2. 실습에 임한 자세 및 노력

3. 실습을 통해 배운 점

4. 앞으로 더 필요한 지식과 기술

5. 실습에서 어려웠던 점

6. 기관 및 실습지도자에게 건의할 점

[학생 31] 실습 최종 평가서

실습 최종 평가서

* 본 평가서는 사회복지현장실습 지침서를 참고하여 종결 평가 내용을 실습생 본인이 작성하며, 서술양식으로 작성한 뒤 실습지도자와 평가회를 갖는 것을 추천함.

실습생명		기관명	
실습기간		실습지도자	
실습 평가일		실습지도교수	

1. 실습일정에 대한 평가

2. 실습 내용 및 역할에 대한 평가

3. 실습목표에 대한 평가

1) 구체적이고 적절한 목표 설정 여부

2) 목표의 달성 여부

4. 서비스 실천과정에 대한 평가 / 정책 및 행정 실습에 대한 평가

1) 문제 파악 및 자료수집 능력 / 문제 인식 능력

2) 문제 사정 능력 / 문제 분석 능력

3) 개입기술 / 문제해결을 위한 대안 제시 능력

4) 면접기술 / 기존 지식과 정보의 사용 능력

5) 기록기술 / 기록기술

6) 클라이언트와의 전문적인 관계형성 / 유관 기관 및 관련된 사람들과 전문적인 관계형성

5. 실습생의 자원 활용에 대한 평가(인적 · 물적 자원)

1) 기관 외의 자원 활용

2) 실습과 관련된 참고서적의 활용

6. 실습에 임하는 자세에 대한 평가

1) 업무관리

(1) 시간 준수, 과제 제출

(2) 주어진 일에 대한 업무조절 능력

2) 직원과의 관계(실습지도자, 타 직원, 타 전문직 직원)

3) 다른 실습생과의 관계

4) 실습에 있어서의 적극성 및 자발성

7. 전문적 태도에 대한 평가

1) 사회복지사로서 실습생 자신의 장 · 단점에 대한 인식

2) 전문가로서 윤리 및 가치관의 이행

8. 실습지도 활용 정도에 대한 평가

1) 실습생 자신의 실습지도 활용 정도에 대한 평가

(1) 기관 실습지도

(2) 대학 실습지도

2) 실습지도 자체에 대한 평가

(1) 기관 실습지도

(2) 대학 실습지도

9. 기관 이해도에 대한 평가

1) 실습생의 과업과 관련된 기관의 목적, 정책, 행정 절차에 대한 이해

2) 실습생으로서의 기관 내의 권한과 한계에 대한 인식

10. 실습기간 중 가장 유익했던 내용

11. 실습기간 중 가장 안 좋았던 내용

12. 실습기관, 실습지도자, 대학에 대한 건의사항

13. 기타 하고 싶은 말

[학생 32] 사회복지현장실습 확인서(기관 작성용)

<2021.04.15. 개정>

사회복지현장실습 확인서

[ ]신규발급, [ ]재발급 (앞쪽)

구분	항목	내용	항목	내용
실습생 인적사항	성 명		생년월일	※「주민등록번호」 앞자리 6자리를 기재 바랍니다.
	휴대전화번호		학교명	※ 현재 소속 중인 학교명을 기재 바랍니다.

구분	항목	내용	항목	내용
실습기관 및 실습지도자	실습기관명		실습기관 관리번호	※ 실습기관 선정 시 부여된 등록번호
	기관 주소	※「도로명 주소」로 기입해 주세요	전화번호	
	실습지도자명	※ 실습생의 실습을 지도한 지도자명 기재	사회복지사자격번호 (취득일자)	제 - 호 (. . .)

구분	항목	내용
실습기간	실습기간	20 년 월 일 ~ 20 년 월 일
	실습시간	총 시간 (총 회, 1일 평균 시간)

실습기관은 「사회복지사업법 시행규칙」 제3조 [별표 1]의 규정에 따라 자격요건을 갖춘 실습기관과 실습지도자에 의해 기관 실습을 진행하였으며, 상기 실습생이 위와 같이 기관실습을 하였음을 확인합니다.

20 년 월 일

기관실습 지도자: (서명 또는 인) 기관실습 실시기관: (직인)

구분	항목	내용	항목	내용
교육기관 및 세미나 교수	교육기관 유형	[ ]오프라인 / [ ]온라인	교육기관명	※ 실습세미나 교육기관명을 기재 바랍니다.
	실습세미나 교수명		학과명	
	실습세미나 교수 취득학위(사회복지학 또는 사회사업학)	[ ]학사, [ ]석사, [ ]박사	교육기관 전화번호	

구분	항목	내용	항목	내용
실습 세미나	실습세미나 기간	20 년 월 일 ~ 20 년 월 일		
	실습세미나 횟수(시간)	총 회 (시간)	대면방식 세미나 횟수(시간)	총 회 (시간)
	오프라인 세미나	총 회	실시간 온라인 화상 세미나	총 회

교육기관은 「사회복지사업법 시행규칙」 제3조 [별표1]의 규정에 따라 자격요건을 갖춘 실습세미나 지도교수에 의해 실습세미나를 진행하였으며, 상기 실습생은 위와 같이 실습세미나를 이수하였음을 확인합니다.

20 년 월 일

실습세미나 교수: (서명 또는 인) 학 과 장: (직인)

한국사회복지사협회장 귀하

재발급 사유	※ 사회복지현장실습 확인서 재발급 시 재발급 사유 기재 바랍니다.

[사회복지현장실습에 관한 기준] - 사회복지사업법 시행규칙[별표1] 사회복지 관련 교과목(제3조 관련)

① 기관실습 실시기관: 보건복지부장관으로부터 선정된 사회복지사업을 수행하는 기관, 법인, 시설 또는 단체

② 기관실습 지도자: 사회복지사 1급 자격증을 취득한 이후 3년 이상 또는 사회복지사 2급 자격증을 취득한 이후 5년 이상 사회복지사업의 실무경험이 있는 자로 기관실습이 실시되는 연도의 전년도에 8시간 이상의 보수교육을 받은 자

③ 기관실습 시간: 160시간 이상으로 한다.(단, 시행일 2020.1.1. 기준일 2019.12.31. 사회복지학 전공교과목과 사회복지 관련 교과목의 전부 또는 일부 이수하였거나 수강하고 있는 사람은 120시간 이상)

④ 실습세미나: 1회당 2시간 이상의 실습세미나를 총 15회 이상 실시하며, 정보통신망을 이용한 온라인 교육을 실시하는 교육기관의 실습세미나에는 대면 방식의 세미나가 총 3회 이상 포함되어야 하며, 한 세미나에 참여하는 학생 수는 30명 이내일 것

⑤ 실습세미나 교수: 학사, 석사 또는 박사 학위 중 2개 이상의 학위를 사회복지학 또는 사회사업학 전공으로 취득한 사람으로서 3년 이상의 사회복지학 교육경험 또는 3년 이상의 사회복지사업 실무경험이 있는 교수가 지도할 것

※ 법령이 정한 상기 <u>기준은 모두 충족해야 하며, 미충족 시 사회복지사 자격증을 교부할 수 없습니다.</u>

[학생 33] 최종보고서

최 종 보 고 서

실습기관명 (15point, 진하게, 가운데)

실습생: □□□ (11p, 오른쪽 정렬)

Ⅰ. 기관 소개 (12p, 진하게)

1. 소재지(주소 및 전화번호 포함) (11p, 진하게)

1) (10p)

(1) (10p)

① (10p)

2. 조직구조 및 재정 (11p, 진하게)

3. 주요 사업 및 프로그램 (11p, 진하게)

Ⅱ. 실습 내용 (12p, 진하게)

1. 실습기간 및 일정 (11p, 진하게)

2. 실습의 목표(기관 및 실습생의 목표 포함) (11p, 진하게)

3. 주요 실습 내용 (11p, 진하게)

Ⅲ. 사례(개별 또는 집단 또는 프로포절) (12p, 진하게)

1. 사례 개요 (11p, 진하게)

2. 사례에 대한 사정 및 계획 (11p, 진하게)

3. 사례 개입 과정 (11p, 진하게)

4. 평가 (11p, 진하게)

Ⅳ. 실습에 대한 평가 (12p, 진하게)

1. 실습생 자신에 대한 평가 (11p, 진하게)

2. 실습기관에 대한 평가(슈퍼비전에 대한 평가 포함) (11p, 진하게)

3. 학교에 대한 평가 (11p, 진하게)

Ⅴ. 기타 (12p, 진하게)

1. 실습활동 사진(3-4매) (11p, 진하게)

2. 보도자료 및 특기사항 자료 (11p, 진하게)

※ 사회복지현장실습 서식 출처: 한국사회복지사협회 홈페이지 2022년 「사회복지현장실습 안내서」 내용 중 발췌, 재구성함.

참고문헌

곽미정 · 홍희석 · 구성숙 (2016). **사회복지윤리와 철학**. 정민사.

구혜영 (2010). **사회복지실천기술론**. 신정.

권구영 외 (2008). **사회복지실천론**. 창지사.

권진숙 역 (2004). **사례관리 개념과 기술**. Frankel, Arthur J. & Gelman, Sheldon R. (2004). *Case Management*. 학지사.

권진숙 외 (2009). 인천광역시 사회복지관 사례관리실천을 위한 매뉴얼 연구보고서. 인천광역시사회복지관협회 · 사례관리연구회.

길귀숙 · 강희숙 · 이재호 · 천덕희 · 김상곤 · 오영훈 · 현영렬 · 임승희 (2010). **사회복지실천론**. 양서원.

길귀숙 · 강희숙 · 오영훈 · 오하나 · 유진희 · 제미자 · 현영렬 (2018). **사회복지실천론**. 양서원.

길귀숙 · 강희숙 · 김상곤 · 오영훈 · 유용식 · 임승희 · 천덕희 · 현영렬 (2021). **사회복지실천기술론**(제2판). 양서원.

김만두 편역 (1993). **효과적인 복지서비스를 위한 사례관리실천론**. Moxley, D. P. (1993). *The Practice of Case Management*. 홍익재.

김상곤 (2008). **사례관리의 이론과 실제**. 보건복지부 · 한국보건복지인력개발원.

김수지 외 (2001). **호스피스총론**. 한국호스피스협회.

김융일 외 (2000). **사회복지실천론**. 나남출판.

김익균 외 (2006). **사회복지실천론**. 교문사.

김종명 외 (2017). **사회복지 프로그램 개발과 평가**. 양서원.

김충식 · 나용선 · 서상범 · 신상수 · 최명주 (2009). **사회복지실천기술론**. 공동체.

김혜란 · 홍선미 · 공계순 (2005). **사회복지실천기술론**(개정판). 나남출판.

김희성 · 나용선 (2008). **사회복지현장실습 매뉴얼**. 양서원.

남기민 (2004). **현대 사회복지학의 이해**. 양서원.

남일재 · 박형준 · 손정일 · 신현석 · 양정하 · 오종희 · 오주 · 유용식 · 이상직 · 이선영 · 이양훈 · 조윤득 · 최용 (2007). **사회복지개론**. 현학사.

문인숙 · 김만두 역 (1995). **사회사업 면접의 기법**. Kadushin, A. (1983). *The Social Work Interview*. 홍익재.

박희숙 · 현민석 · 김애선 (2021). **사회복지현장실습과 실습세미나**. 지식공동체.

배태순 · 최명민 · 김영미 역 (2007). **전문 사회복지실천 기술**. Maguire, L. (2007). *Clinical Social Work*. 시그마프레스.

백은령 외 (2009). **사회복지실천론**. 대왕사.

보건복지부 (2017). 2017년 통계로 보는 사회복지 보도자료. 보건복지부.

보건복지부 (2021). 2021년 사회복지시설 관리 안내. 보건복지부.

보건복지부 (2022). 보건복지통계연보. 보건복지부.

보건복지부 · 한국사회복지사협회 (2014). 표준실습교육매뉴얼: 장애인복지관. 한국사회복지사협회.

보건복지부 · 한국사회복지사협회 (2017). 2017 사회복지사 보수교육: 사회복지현장실습지도자 기초교육. 한국사회복지사협회.
보건복지부 · 한국사회복지사협회 (2021). 2021년 사회복지사 자격관리 지침. 한국사회복지사협회.
서미경 외 (2000). **사회복지실천윤리**. 양서원.
서울특별시사회복지사협회 (2016). 현장실습 슈퍼바이저 기초과정. 서울특별시사회복지사협회.
성규탁 (1994). **사회복지행정론**. 법문사.
신민선 · 김남식 · 김옥례 · 변호순 · 엄미아 · 임봉호 · 조영선 (2020). **사회복지현장실습-실습생을 위한 매뉴얼**. 양서원.
양옥경 외 (1993). **사회복지 실천과 윤리**. 한울아카데미.
양옥경 외 (2004). **사회복지 윤리와 철학**. 나눔의집.
양옥경 외 (2005). **사회복지실천론**. 나남출판.
양옥경 · 최소연 · 이기연 · 현진희 (2017). **사회복지현장실습 슈퍼비전**(개정판). 한국사회복지사협회.
양정남 · 최성렬 (2008). **사회복지실천론**(개정판). 양서원.
엄명용 · 김성천 · 오혜경 · 윤혜미 (2014). **사회복지실천의 이해**. 학지사.
오수경 · 박병금 · 최은희 (2012). **사회복지현장실습**. 공동체.
오혜경 · 하지영 (2010). **사회복지현장실습 매뉴얼**. 양서원.
우수명 (2007). **사회복지 프로그램 개발과 평가**. 인간과복지.
유수현 · 오수희 · 길귀숙 · 이재령 · 이재호 (2009). **인간관계론**. 양서원.
윤철수 · 김정진 (2010). **예비사회복지사를 위한 현장실습 길라잡이**. 학지사.
이경아 · 서홍란 (2011). **사회복지현장실습**(개정판). 공동체.
이시형 (2010). **세로토닌하라!**. 중앙북스.
이영실 · 조미숙 · 이미선 · 강윤경 (2010). **사회복지현장실습**. 창지사.
이준우 · 이화옥 · 임원선 (2004). **사회복지실천론**. 인간과복지.
임상록 외 (2009). **사회복지현장실습 매뉴얼**. 양서원.
장인협 (1993). **사회사업실천방법론**. 서울대학교 출판부.
전재일 · 이성희 2003). **사회복지실천기술론**. 형설출판사.
정무성 역 (2001). **사회복지 프로그램 기획과 관리**. Kettner, P. M., Moroney, R. M., & Mortin, L. L. (1999). *Designing and Managing Programs*. SAGE Publications, Inc. 나눔의집.
정무성 (2005). **사회복지 프로그램 개발론**. 학현사.
정무성 · 조혜영 (2009). 사회복지전공학생의 현장실습 스트레스 증상에 관한 연구. **한국사회복지교육, 10**, 93-118.
정효신 · 정상문 · 이재풍 · 정완립 · 최현철 (2020). **최신 사회복지현장실습**. 양서원.
조성숙 (2020). **사회복지현장실습 이론과 실제**. 공동체.
조휘일 · 이윤로 (2000). **사회복지실천론**. 학지사.
천정웅 · 박신희 · 이태숙 (2020). **사회복지윤리와 철학**. 양성원.
최선화 (2017). **풀어쓴 사회복지실천기술론**. 공동체.

최세영 · 박경수 (2021). **사회복지현장실습세미나**. 어가.

최세영 · 한주빈 · 오봉욱 (2021). **대인관계기술 향상을 위한 인간관계론(제2판)**. 정민사.

최항순 (2007). **지역사회복지론**. 대영문화사.

한주빈 · 최세영 · 전동일 · 오봉욱 (2019). **사회복지현장실습**. 정민사.

홍나미 · 김혜영 · 이은진 · 신인순 (2022). **사회복지현장실습과 세미나**. 공동체.

홍순혜 · 한인영 역 (1997). **사회사업기록: 이론과 실제**. Kagle, J. D. (1995). *Social Work Records*. 학문사.

한국사례관리학회 (2012). **사례관리론**. 학지사.

한국사회복지교육협의회 (2020). 2021-2022년도 사회복지학 교과목지침서. 한국사회복지교육협의회.

한국사회복지사협회 (2017). 2017년 사회복지현장실습 매뉴얼. 한국사회복지사협회.

한국산업인력공단 편 (2015). 국가직무능력표준. 한국산업인력공단.

한국전문대학사회복지교육협의회 (2005). **사회복지실천론**. 양서원.

Baird, B. N. (2008). *The Internship, Practicum, and Field Placement Handbook: A Guide for the Helping Professions* (5th ed.). Upper Saddle River, NJ: Prentice-Hill.

Bartlett, H. M. (1970). *The Common Base of Social Work Practice*. New York: National Association of Social Workers, Inc.

Berg-Weger, M. & Birkenmaier, J. (2000). *The Practicum Companion for Social Work: Integrating Class and Field Work*. Boston: Allyn and Bacon.

Biestek, E. P. (1957). *The Casework Relationship*. Illinois: Loyola University Press.

Brown, J. (1992). *Handbook of Social Work Practice*. Springfield Ill: Charles C. Thomas.

Brown, A. & Bourne, I. (1995). *The Social Work Supervisor, Supervision in Community, Day Care and Residential Settings*. Buckingham: Open University Press.

Brown, L. & Levitt, J. (1979). A Methodology for Problem: System Identification. *Social Casework, 60,* 408-415.

Chiaferi, R. & Griffin, M. (1997). *Developing Fieldwork Skills: a Guide for Human Services, Counseling and Social Work Students*. Brooks/Cole Publishing Company.

Compton, B. R. & Galaway, B. (1999). *Social Work Processes* (6th ed.). Pacific Grove, CA: Books/Cole Publishing.

Davys, A. & Beddoe, L. (2000). Supervision of students: A Map and a model for the decade to come. *Social Work Education, 19*(5), 437-449.

Epstein, L. (1985). *Taking and Listening: a Guide to the Helping Interview*. St. Louis: Times Mirror/Mosby.

Gursansky, D., Harvey, J., & Kennedy, R. (2003). *Case Management: Policy, Practice and Professional Business*. New York: Columbia University Press.

Hepworth, D. H. & Larsen, J. A. (1993). *Direct Social Work Practice*. Pacific Grove, CA:

Books/Cole Publishing.

Intagliata, J. (1992). Improving the Quality of Community Care for the Chronically Mentally Disavaed: The Role of Case Management. In *Case Management and Social Work Practice*. Ed. S. M. Rose. New York: Longman, 25-55.

Johnson, L. C. (1995). *Social Work Practices: a Generalist Approach* (5th ed.). Boston: Allyn and Bacon.

Kadushin, A. (1992). *Supervision in Social Work* (3rd ed.). New York: Columbia University Press.

Kadushin, A. & Kadushin, G. (1997). *The Social Work Interview* (4th ed.). New York: Columbia University Press.

Kagle, J. D. (1995). *Social Work Records*. Belmont, CA: Wadsworth Publishing Company.

Kamerman, S. B. (1998). Field of Practice. In Mattaini, M. A., Lowery, C. T., & Meyer, C. H.(eds.). *The Foundations of Social Work Practice*. Washington, DC: National Association of Social Workers, Inc.

Kirst-Ashman, K. K. and Hull, G. H. (2002). *Understanding Generalist Practice*. Brooks/cole Thomson Learning.

Lazarus, R. S. & Falkman, S. (1984). *Stress, Appraisal, and Coping*. Springer Publishing Company.

Loewenberg & Dolgoff (1996). *Ethical Decisions for Social Work Practice*(4th ed). F. E. Peacock Publishers.

Mattison, M. (1997). *Ethical Decision Making in Social Work Practice*. Paper Presented at the 15th Annual Bacclaureate Program Directors Conference. Philadelphia.

Miley, K. K., O'Melia, M., & Dubois, B. (1998). *Generalist Social Work Practice: an Empowering Approach*. Needham Heights: Allyn and Bacon.

Moxley, D. P. (1989) *The Practice of Case Management*, Sage Publications, Inc.

National Association of Social Workers (1992). Case Management in Health, Education, and Human Service Settings. In *Case Management and Social Work Practice*. Ed. S. M. Rose. New York: Longman, 21-4.

Netting, F. E. (1992). Case Management: Service or Symptom?. *Social Work, 37*(2), 160-3.

Northen, H. (1995). *Clinical Social Work: Knowledge and Skills* (2nd ed.). New York: Columbia University Press.

Pette, D. E. (1983). *Staff and Student Supervision: a Task-centered Approach*. London.

Perlman, H. (1957). *Social Casework: a Problem Solving Process*. Chicago: University of Chicago Press.

Pincus, A. & Minahan, A. (1973). *Social Work Practices: Model and Method*. Itasca, IL: Peacock Publishers.

Reamer, F. G. (1992). The impaired social work. *Social Work, 37.*

Reamer, F. G. (1999). *Social Work Values and Ethics* (2nd ed.). New York: Columbia University Press.

Royse, D., Dhooper, S., & Rompf, E. L. (2016). *Field Instruction: a Guide for Social Work Students*. Long Grove, Ill: Waveland Press, Inc.

Saleebey, D. (ed.) (1992). *The Strengths Perspective in Social Work Practice*. New York: Longman.

Schulman, L. (1992). *The Skills of Helping: Individuals, Families, and Groups* (3rd ed.). Itasca, IL: Peacock Publishers.

Sheafer, B., Horejsi, G., & Horejsi, C. (2005). *Techniques and Guideline for Social Work Practice*. Boston: Allyn & Bacon.

Trevithick, P. (2000). *Social Work Skills: A Practice Handbook*. Philadelphia, PA: Open University Press.

Weinbach, R. W. (2008). *The Social Worker As Manager-A Practical Guide to Success*. Boston: Allyn & Bacon.

Woodside, M., & McClam, T. (2006). *Generalist Case Management a Method of Human Service Delivery* (3rd ed.). Thomson Brooks/cole.

Zastrow, C. (1995). *The Practice of Social Work* (5th ed.). Pacific Grove: Books/Cole Publishing Company.

■ 사회복지 관련 웹사이트

국가법령정보센터 www.law.go.kr
보건복지부 www.mohw.go.kr
사회복지공동모금회 www.chest.or.kr
사회복지현장실습 등록시스템 http://lic.welfare.net
한국정신건강사회복지학회 www.kamhsw.org
한국사회복지사협회 www.welfare.net
한국사회복지행정연구회 www.ksswa.or.kr
한국학교사회복지사협회 www.kassw.or.kr

저자 소개

길귀숙

인덕대학교 사회복지학과 교수

숭실대학교 사회복지학과 박사
숭실대학교 사회복지학과 석사
숭실대학교 사회복지학과 학사

광주여자대학교, 열린사이버대학교, 대구사이버대학교 사회복지학과 교수 역임
서울특별시립근로청소년복지관, 서울특별시립한남여자전문학교, 세브란스병원 호스피스실 등 사회복지사 근무

사회복지실천론(공저, 양서원)
사회복지실천기술론(공저, 양서원)
사회복지개론(공저, 양서원) 등

▌사회복지현장실습과 세미나▐

1판 1쇄 인쇄 2022년 12월 23일
1판 1쇄 발행 2022년 12월 28일

저　　자 | 길귀숙
발 행 인 | 박철용
발 행 처 | 양서원
주　　소 | 경기도 파주시 직지길 522 파주출판도시
전　　화 | 031-955-8000(代)
팩　　스 | 031-955-8005
홈페이지 | www.yswpub.co.kr
이 메 일 | yswgroup@naver.com
출판등록 | 1987년 11월 24일 제406-2003-037호

ISBN 978-89-994-1297-4

정가 19,000원